QUELLEN UND FORSCHUNGEN
ZUR HÖCHSTEN GERICHTSBARKEIT
IM ALTEN REICH

HERAUSGEGEBEN
VON
FRIEDRICH BATTENBERG, BERNHARD DIESTELKAMP,
ULRICH EISENHARDT, GUNTER GUDIAN (†), ADOLF LAUFS,
WOLFGANG SELLERT

Band 32

DER MÜNSTERISCHE „ERBMÄNNERSTREIT"

Zur Problematik von Revisionen Reichskammergerichtlicher Urteile

von

RUDOLFINE FREIIN VON OER

1998

BÖHLAU VERLAG KÖLN WEIMAR WIEN

Gedruckt mit Unterstützung des

Landschaftsverband
Westfalen-Lippe

Die Deutsche Bibliothek – CIP-Einheitsaufnahme

Oer, Rudolfine: von
Der münsterische „Erbmännerstreit": zur Problematik von Revisionen
reichskammergerichtlicher Urteile / von Rudolfine Freiin von Oer. –
Köln ; Weimar ; Wien : Böhlau, 1998
(Quellen und Forschungen zur höchsten
Gerichtsbarkeit im alten Reich ; Bd. 32)
ISBN 3-412-03197-6

© 1998 by Böhlau Verlag GmbH & Cie, Köln
Alle Rechte vorbehalten
Satz: Richarz Publikations-Service GmbH, Sankt Augustin
Druck und Bindung: MVR-Druck GmbH, Brühl
Printed in Germany
ISBN 3-412-03197-6

Dem Andenken an
Kurt von Raumer und Dietrich Gerhard

INHALTSVERZEICHNIS

Vorwort IX

I. Forschungsstand und Quellenbasis 1

II. Die juristische Diskussion um die Revision in der
    Reichsgerichtsbarkeit 11

III. Die münsterischen Erbmänner 18

IV. Der Prozeß am Reichskammergericht 28

V. Die Einleitung des Revisionsverfahrens 35

VI. Die päpstliche Provision für Jacob Johann von der
    Tinnen 47

VII. Die Aufstellung der münsterischen Ritterschaftsmatrikel . 60

VIII. Die Durchsetzung der *Extraordinari Revisionskommission* 66

IX. Die Arbeit der *Extraordinari Revisionskommission* 83

X. Der Erbmännerstreit vor dem Reichstag in Regensburg . 96

XI. Die Entscheidung in Wien 104

XII. Rückzugsgefechte in Regensburg und Durchführung des
     Urteils in Münster 115

XIII. Ergebnisse 127

Quellen und Literatur 134

Personenregister 159

VORWORT

Der münsterische „Erbmännerstreit" wird in jeder ausführlicheren Darstellung der Geschichte Münsters und Westfalens erwähnt. Das Urteil über diesen mehr als ein Jahrhundert währenden Streit ist bisher jedoch noch kaum über die im 19. Jahrhundert gängige bürgerliche Adelskritik hinausgekommen, was sicher nicht mit Quellenmangel – eher schon mit der Dichte der Überlieferung – zusammenhängt. Insbesondere ist die juristische Literatur des 18. Jahrhunderts, die den Fall immer wieder aufgriff, bisher wenig herangezogen worden.

Die vorliegende Untersuchung versucht ein Zweifaches: Antworten auf die durch diesen Streit aufgeworfenen Fragen zur Sozialgeschichte der Region wie auch auf die Problematik der Wirkungen des hier verfolgten Verfahrens in der Geschichte der Höchsten Gerichtsbarkeit im Alten Reich zu finden. Der dazu beschrittene Weg ist die Analyse des reichhaltigen archivalischen Materials in westfälischen staatlichen, städtischen und privaten Archiven und im Archiv des Mainzer Erzkanzleramtes im Wiener Haus-Hof- und Staatsarchiv sowie die Heranziehung der reichen juristischen Literatur, die sich mit diesem Fall bis in die Anfänge des 19. Jahrhunderts befaßt hat.

Dieses Buch wäre nicht zustande gekommen ohne Unterstützung von vielen Seiten, für die ich Dank schuldig bleibe. An erster Stelle möchte ich die Eigentümer der für diese Untersuchung so ergiebigen Fundgruben, den Familienarchiven Haus Stapel, Haus Hülshoff und Ketteler-Harkotten, Ermengard Freifrau Raitz von Frentz, Jutta Freifrau von Droste Hülshoff und Clemens Freiherr von Ketteler-Harkotten nennen, sowie den Landschaftsverband Westfalen-Lippe als den Eigentümer des Archivs Nordkirchen. Im Archivamt des Landschaftsverbandes erhielt ich jede nur mögliche Hilfe bei der Koordination meiner Arbeiten und der Zugänglichmachung von Archivalien unterschiedlicher Provenienz.

Bereitwillig Unterstützung fand ich ferner im Wiener Haus-Hof- und Staatsarchiv, im Staatsarchiv und im Stadtarchiv Münster sowie in der Universitäts- und Landesbibliothek Münster.

Für anregende Gespräche danke ich neben meinen Münsteraner Kollegen insbesondere vielen Mitgliedern der Gesellschaft für Reichskammergerichtsforschung in Wetzlar, vor allem dem Vorsitzenden ihres wissenschaftlichen Beirates, Bernhard Diestelkamp; ihm und den Mitherausgebern der „Quellen und Forschungen zur Höchsten Gerichtsbarkeit im Alten Reich" danke ich für die Aufnahme dieser Arbeit in ihre Reihe.

Als unersätzlich für Korrekturen und die technische Herstellung erwies sich die Hilfestellung von Frau Annegret Ritter vom Institut für Didaktik der Geschichte in Münster; ihr sei in besonderer Weise gedankt.

Für materielle Unterstützung bei der Drucklegung danke ich dem Landschaftsverband Westfalen-Lippe.

Münster/Westf., im Oktober 1997

Rudolfine Freiin von Oer

I. FORSCHUNGSSTAND UND QUELLENBASIS

Unter den mehr als 6.000 Akten aus Reichskammergerichtsprozessen, die das Staatsarchiv Münster seit der Aufteilung der 1845 an Preußen gefallenen Bestände auf die einzelnen Staatsarchive nach 1924 bewahrt[1], umfaßt eine der umfangreichsten den 1597 eingeleiteten Prozeß „Statthalter und Räte des Stiftes Münster" als Kläger gegen „die gemeinen münsterischen Erbmänner: Bertold Kerckerinck zu Giesking, Egbert Travelmann zu Ebbeling, Joh. Kerckerinck zur Borg, Rudolf v. d. Tinnen zu Kaldenhof, Henr. Bock zu Soest, Lambert Bock zu Sentmaring, Henr. Bischopinck zu Telgte, Joh. Clevorn zu Darfeld, Everwin Stevening zum Brock, Everwin Stevening zu Wilkinghege, Herm. Schencking zur Wieck, Boldewin Warendorf zu Nevinghof, Bernd Droste zu Hülshof" als Beklagte.[2] Es handelte sich dabei um eine Diffamationsklage mit dem Ziel der Feststellung, „daß nur Domkapitel, Ritterschaft und Städte im Stift Münster zu den Landesständen gehören", nicht aber die Beklagten.

Dies zwölf Bände umfassende Quellengut ist von der Forschung schon häufiger genutzt worden, insbesondere die darin enthaltenen Urkunden, Urkundenabschriften und -auszüge, die bis ins 12. Jahrhundert zurückreichen. Hohes Interesse für die Geschichte der Stadt Münster beanspruchen die unter den Prozeßakten erhaltenen Kopien aus dem im Verlauf des Rechtsstreites verlorenen ältesten münsterischen Bürgerbuch, aber auch die Verzeichnisse der münsterischen Ritterschaft, deren frühestes aus dem Jahr 1495 datiert.[3]

---

[1] Walther Latzke, Das Archiv des Reichskammergerichts, ZRG 91, GA 78, 1961, S. 323ff.

[2] Günter Aders, Helmut Richtering, Das Staatsarchiv Münster und seine Bestände 2, Gerichtsakten des Alten Reiches Teil 2, Münster 1968, S. 105f.

[3] Günter Aders, Das verschollene älteste Bürgerbuch der Stadt Münster (1351 – 1531), WestfZ 110, 1960, S. 33f. Vermutlich trifft die Feststellung Filippo Ranieris, daß „Lokalhistoriker und Genealogen" zu den häufigsten Benutzern solcher Prozeßakten zählen, auch hier zu, nur muß dies nicht unbedingt negativ bewertet werden. F. Ranieri, Recht und Gesellschaft im Zeitalter der Rezeption, Quellen und Forschungen zur höchsten Gerichtsbarkeit im Alten Reich Bd. 17, Teilbd. 1, Köln 1985, S. 52 u. 95.

Über den Prozeß selbst, seinen Gegenstand und Verlauf liegen dagegen bisher nur recht summarische Darstellungen und Urteile vor. Als Stadtgerichtsdirektor in Wetzlar hat der um die Organisation geschichtlicher Forschung in Westfalen hochverdiente Paul Wigand noch vor der Aufteilung des Reichskammergerichtsarchivs es „nicht verschmäht ..., die Akten dieses berühmten und mit größter Wichtigkeit und Leidenschaft in 3 Jahrhunderten ventilirten Prozesses ... zu perlustrieren."[4] Sein Schluß lautete: „Die Sache ist verschollen und gehört zu den Antiquitäten deutscher Reichs- und Rechtszustände. Der Gegenstand an sich und die dabei entwickelte juristische Weisheit bieten kein Interesse mehr für die Gegenwart." Wigand begnügte sich daher mit einer „Skizze", einem „Blick in jene vergangene Zeit, in ihre kleinlichen Bestrebungen, Irrthümer und Vorurteile" und auf die „unsäglichen Hindernisse ... die den Rechtsgang in jenen endlosen Formen des deutschen Prozesses, hemmten". Die Ursache des Streites sah Wigand im Abschluß der „Kriegerkaste" durch die Forderung nach „rittermäßiger Abkunft", wodurch „die freien Landsassen, die nicht die Waffen führten ... sich im Bauernstand ... verloren". Doch „die Bürger in den aufblühenden Städten rivalisierten mit den Rittern, weil auch sie waffenfähig waren ... namentlich waren es aber in den alten Städten die, aus den größeren erblichen Gutsbesitzern hervorgegangenen, als Burgmannen die Stadt beschützenden, als Obrigkeiten die Gemeinschaft beherrschenden Geschlechter, deren Glieder sich dem Ritterstand ebenbürtig hielten ... das waren die Patricier der Stadt, die alle obrigkeitliche Stellen (Bürgermeister und Rat) erblich besetzten, und sich von den Handwerkern und Zünften getrennt hielten", bis diese ihren Teil am Stadtregiment erstritten „und die alte strenge Scheidewand niederwarfen, dadurch aber auch wieder eine neue Scheidewand gegen Adel und Ritterstand veranlaßten." Das Aufblühen der Städte jedoch verdunkelte den Glanz des Rittertums und machte seine Träger „neidisch auf den Reichthum und die Macht der Städte". Gestützt auf Georg Gottfried Gervinus „in seinem neuesten Buch"[5] verwies Wigand auf die Entstehung des Buchdruckes und den Ewigen Landfrieden als

---

[4] Paul Wigand, Denkwürdigkeiten für die deutsche Staats- und Rechtswissenschaft ... gesammelt aus dem Archiv des Reichskammergerichts zu Wetzlar, Leipzig 1854, S. 162 – 179, auch zum Folgenden. Zu Wigand neuerdings: Alfred Bruns, Das Westfälische Urkundenbuch Teil 1: 1824 – 1851, WestfZ 142, 1992, S. 283ff.

[5] Georg Gottfried Gervinus, Einleitung in die Geschichte des neunzehnten Jahrhunderts, Leipzig 1853, einschlägig bes. S. 15, 24, 169.

dem ritterlichen Stande abträglich mit der Folge: „Der Landadel zog sich grollend auf seine verfallenen Burgen ... zurück und ließ den Zorn an seinen Bauern aus, die er mit Habsucht und Uebermut niederdrückte." Schließlich konnten die Ritter nach Wigand ihren Einfluß durch „die Hofstellen, die Raths- und Amtmannstellen" wieder steigern, insbesondere jedoch dadurch, „daß nur Ritterbürtige in die Domcapitel, und in alle reiche, für sie lockende Stiftungen aufgenommen wurden." Um dabei auch die seit Karl IV. steigende Zahl der Neugeadelten auszuschließen, sei die „strenge Ahnenprobe" eingeführt worden und „man fing an, die alten Geschlechter der Patricier, als Stadtjunker, nicht mehr für ebenbürtig zu halten, und bestritt ihren Ritterstand ... die rittermäßige Abkunft" und die „Lehns- und Turnierfähigkeit".

In diesen „eng begrenzten Horizont ihrer kleinlichen Sonderinteressen" ordnet Wigand nun die Entstehung des Erbmännerstreites im Jahre 1557 ein. Der Erbmann und Dr. jur. Johann Schencking erhielt damals eine päpstliche Präsentation auf ein münsterisches Domkanonikat, stieß jedoch auf den Protest des „aus der Ritterschaft hervorgegangenen" Domkapitels mit dem Verweis auf die der Erbmännerfamilie Schencking fehlende Rittermäßigkeit. Schencking brachte seinen Streit „vor die römische Curie selbst, die allzeit bereit war, Streitigkeiten jeder Art, unter irgend einem scheinbaren Vorwand, vor ihr Forum zu ziehen, und ihren Einfluß, wie ihre Einkünfte, dadurch trefflich zu vermehren." 1573 habe die Kurie zu Schenckings Gunsten entschieden, was die Ritter veranlaßte, „lange über den zu fassenden Entschlüssen [zu] brüten". Aus Sorge vor „päpstlichen Executorialen" schließlich habe man die Statthalter des Stiftes veranlaßt, im Jahr 1597 „ex lege diffamari" gegen die Erbmänner zu klagen. Antrieb hierzu seien „Heuchelei ... aufgeblasener hohler Dünkel ... ungemessener Stolz ... Unwissenheit ...kleinlicher Neid gegen das Bürgerthum und seinen thätigen Erwerb" gewesen. Wigand summiert dann die Argumente beider Seiten, erwähnt auch, daß 1607 die Erbmänner Gegenklage erhoben und der Prozeß sich hinzog, bis „die Wirren des unseligen 30jährigen Krieges" den Fall „in's Stocken" brachten. In dem besonders seit 1681 wiederbelebten Prozeß sei schließlich einsehbar gewesen, daß „die Erbmänner ... eine Stellung zu der städtischen Gemeinheit ... die ihrem Ritterstand nicht schadete" innehatten, „denn sie waren bevorzugt, die obrigkeitlichen Stellen zu besetzen." Allein, so Wigand, „der hohle Dünkel des Landadels, der nur von hoher Abkunft und ritterbürtiger Abstammung träumte" habe ihnen ihre ererbten

"Ehrenrechte" streitig gemacht. Doch am 30. Oktober 1685 entschied das Reichskammergericht zugunsten der Beklagten und erklärte die Erbmänner „rechten alten, adelichen und R i t t e r b ü r t i g e n Standes", weshalb sie nicht von ritterbürtigen Stiftern und Kollegien ausgeschlossen werden dürften, sofern sie keine „membra des Raths der Stadt Münster" seien. Die Kosten des Verfahrens seien „wie gewöhnlich, compensiert" worden. Doch die nach Wigand Unterlegenen legten Revision ein, was einen Streit um die Frage der Rechtskraft des Urteils bzw. seine Suspension bis zum Entscheid der Revision auslöste. Nach geleisteter Kaution der Erbmänner jedoch verlangte das Reichskammergericht in mehreren Mandaten Parition gegenüber seinem Urteil, dem jedoch von Münster aus mit „Renitenz" und „beleidigende[n] Angriffen gegen das höchste Reichsgericht" begegnet wurde. Den Anwalt der Unterlegenen, Licentiat Eichrodt, bedrohte deshalb das Reichskammergericht mit einer Strafe von 15 Mark löthigen Goldes. Die mitkreisausschreibenden Mächte, den Kurfürsten von Brandenburg und den Pfalzgrafen bei Rhein, forderte das Gericht zur Exekution gegen die widerspenstigen Münsteraner auf. Daß eine solche nicht stattfand, offenbart nach Wigand nur „den trostlosen Zustand deutscher Reichsjustiz". „Aus publizistischen Werken"[6] entnahm Wigand ferner, daß der Streit schließlich vor eine „außerordentliche Reichs-Revisionscommission" kam, die jedoch wegen „Gleichheit der Stimmen" kein Ergebnis erreichte, ebensowenig wie der Regensburger Reichstag, an den sich die Parteien daraufhin gewandt hätten. Hier widersprach das kurfürstliche Kollegium dem Votum der Fürsten- und Städtekurie, so daß der Fall schließlich dem Kaiser vorgetragen wurde, der Ende 1709 das Reichskammergerichtsurteil von 1685 bestätigte.

An dieser Darstellung trifft der äußere Datenrahmen weitgehend zu. Der Streit begann mit der Vorlage einer päpstlichen Provision für Dr. jur. Johannes Schencking beim Domkapitel zu Münster am 27. Oktober 1557.[7] Da das Domkapitel ihm unter Berufung auf sein Statut von 1392[8] die Aufnahme verweigerte, brachte Schencking den Fall

---

[6] Vermutlich Anton Faber (nach Johann Stephan Pütter, Literatur des teutschen Staatsrechts Bd. 1, Göttingen 1776, S. 307, Pseudonym für Christian Leonhard Leucht), Europäische Staatskanzley (Frankfurt) 1697 – 1760, die Bände 11, 12, 13, 15 und 16, 1707 – 11, worauf auch bei Rudolf Smend, Das Reichskammergericht, Weimar 1911, Neudr. Aalen 1965, S. 224, Anm., verwiesen wird.

[7] Wilhelm Kohl, Das Domstift St. Paulus zu Münster, Germania sacra NF Bd. 17,2, Berlin 1982, S. 614.

[8] Kohl (wie Anm. 7) Bd. 17,1, Berlin 1987, S. 263.

vor die römische Rota und erwirkte zwei Urteile zu seinen Gunsten.[9] Sein Ziel erreichte er jedoch nicht. Soweit bisher bekannt, ging es in diesem Prozeß ausschließlich um die Frage der in dem erwähnten Statut geforderten rittermäßigen Abkunft des Providierten; eine Erreichung seines Ziels durch Berufung auf die tridentinische Forderung nach Aufnahme Graduierter in die Domkapitel[10] hat Schencking auch nach der Verabschiedung dieser Forderung in Trient offenbar nicht versucht.

Der Prozeß am Reichskammergericht lief vom 19. August 1597 bis zum Urteil am 30. Oktober 1685. Das Revisionsverfahren endete in einer „paritas votorum", der Reichstag kam nur zu einem „conclusum trium collegium separatum" und Kaiser Joseph I. bestätigte unter dem 19. Dezember 1709 das Speyrer Urteil von 1685 endgültig. Aber noch Karl VI. erließ am 30. Oktober 1715, volle dreißig Jahre nach dem Reichskammergerichtsurteil, ein scharfes Mandat an den Fürstbischof von Münster, Franz Arnold Wolff Metternich, er möge bei seinem Domkapitel und der Ritterschaft für Gehorsam gegenüber dem Urteil und den kaiserlichen Mandaten Sorge tragen.[11] Der Frage, wann und unter welchen Umständen dies letztlich geschehen sei, ist Wigand nicht mehr nachgegangen. Gravierender noch, Wigand verschweigt – er muß es gesehen haben –, daß von Beginn des Reichskammergerichtsprozesses im Jahr 1597 an, neben – formal vor – Domkapitel und Ritterschaft die Landesregierung, damals Statthalter und Räte für den zumeist in Bonn, Lüttich oder Arnsberg residierenden Fürstbischof und Kölner Kurfürsten Ernst von Bayern, Kläger in diesem Verfahren war und daß sie auch im Urteil von 1685 als solche angesprochen wird. Wenn auch, und das mag Wigand entlasten, Statthalter und Räte bzw. die Fürstbischöfe von Münster nicht die eigentlich treibenden Kräfte in diesem Verfahren gewesen sind, so fällt doch auf, daß hier eine Landesherrschaft zumindest Mitkläger in einem Verfahren gegen eigene „Untertanen" oder „Stände" – dies ist strittig – war, eine Konstellation, deren Häufigkeit in der Rechtsprechung des Alten Reiches noch überprüft werden müßte. Zu überprüfen wären ferner die Ursachen der

---

[9] Am 6. 7. 1558 und 1. 7. 1573, Wolfgang Weikert, Erbmänner und Erbmännerprozesse, phil. Diss., Münster 1990, S. 107 u. 115. Die Urteile bei: J. Holsenbürger, Die Herren von Deckenbrock, Münster 1886, S. 123 u. 125.

[10] Wilhelm Kohl, Die Durchsetzung der tridentinischen Reformen im Domkapitel zu Münster. FS Erwin Iserloh, Paderborn 1980, S. 746, weist auf die nachgeordnete Bedeutung der Bildungsanforderungen des Tridentinums für Domherrn gegenüber dem Zölibatsproblem in Münster hin. Vgl auch u. S. 17f.

[11] STAAMS, Ftm. Münster, Landtagsprotokolle 91, fol. 44 – 46.

Prozeßpausen und -schübe, z.B. in den dreißiger, vierziger und sechziger Jahren des 17. Jahrhunderts; nicht alles erkärt sich aus den „Wirren des unseligen 30jährigen Krieges".[12] Als völlig unzureichend muß Wigands Darstellung des Revisionsverfahrens angesehen werden, handelte es sich doch um einen Vorgang von großer Seltenheit in der Geschichte der Rechtspflege im Alten Reich. Ein Gutachten von 1767/68 hat diese Revision gar als den einzig bekannten derartigen Fall bezeichnet, eine Einschätzung, der Rudolf Smend gefolgt ist.[13] Wigand erwähnt weder die allgemeinpolitischen Hintergründe: Einfall der Franzosen und Zerstörung der Stadt Speyer und des Reichskammergerichtsgebäudes, Verlegung, zeitweiliger Stillstand der Gerichtstätigkeit noch den 1689 päpstlich providierten Erbmann Jacob Johann von der Tinnen, dem ein Dr. Johann Schencking vergleichbares Schicksal beschieden war.

Tinnen wird auch in der nach Wigand ausführlichsten Darstellung des „Erbmännerprozesses" nicht erwähnt, die der Niederländer W. Moorrees in seiner 1911 erschienenen Familiengeschichte des Erbmännergeschlechtes von der Wieck vorlegte.[14] Tinnens Bedeutung für den Fortgang des Prozesses hat als erster Günter Aders und nach ihm Friedrich Keinemann in seiner Untersuchung des münsterischen Domkapitels im 18. Jahrhundert gesehen und zugleich das Revisionsverfahren, die Uneinigkeit der sechs konfessionsparitätisch bestellten Revisoren und schließlich auch des Reichstages skizziert, die Kaiser Joseph I. den – Anlaß oder Vorwand? – zu letztlich alleiniger Entscheidung bot. Keinemann hat auch auf umfangreiche Korrespondenzen mit anderen Reichsständen zum Erbmännerstreit hingewiesen, ohne sie im Rahmen seiner Studie auszuwerten.[15] Dies ist, wenigstens in Ansätzen, in einer von der westfälischen Landesgeschichtsschreibung wenig beachteten Bonner Dissertation von 1954 erstmals geschehen.[16] Ohne die Bestände des münsterischen Staatsarchivs überhaupt herangezogen zu haben,

---

[12] Wigand (wie Anm. 4), S. 172; Weikert (wie Anm. 9), S. 164.
[13] Johannes Bärmann, Mainzer Kammergerichtsvisitation und Verfassungshermeneutik im 18. Jahrhundert, FS Ludwig Petry Bd. 2, Geschichtliche Landeskunde Bd. 5, Wiesbaden 1969, S. 187 u. 199; Smend (wie Anm. 6), S. 224.
[14] W. Moorrees, Het Münstersche Geslacht van der Wyck, den Haag 1911, S. 16 – 25 unter Heranziehung archivalischer Zeugnisse, leider ohne Einzelbelege.
[15] Aders (wie Anm. 3), S. 30; Friedrich Keinemann, Das Domkapitel zu Münster im 18. Jahrhundert. Geschichtliche Arbeiten zur westfälischen Landesgeschichte Bd. 11, Münster 1967, bes. S. 31ff.
[16] Gerhard Granier, Der deutsche Reichstag während des Spanischen Erbfolgekrieges (1700 – 1714), phil. Diss. Bonn 1954, bes. S. 114ff. u. S. 381ff.

schildert der Verfasser, Gerhard Granier, die Vorgänge am Reichstag nur aufgrund gedruckter Quellen und der Berichte der hannoverschen Reichstagsgesandtschaft. Allein aus diesem Material erkannte Granier die reichsrechtliche Bedeutung des Falles, die sich in der Frage zuspitzte, ob der Kaiser der uneinigen Revisionskommission einen siebten, kaiserlichen Delegierten mitbeiordnen und damit den Streit praktisch allein entscheiden könne. Graniers Studie, die dem Immerwährenden Reichstag zwischen 1700 und 1714 gilt, läßt den Quellenwert der zeitgenössischen Reichstagskorrespondenzen zum Erbmännerstreit erkennen, eine Einsicht, die der Forschung ohne Berücksichtigung des münsterischen Bestandes „Produkte" des Domkapitels und des „Landesarchivs" nicht möglich war. Denn insbesondere die Schriftwechsel in diesen Beständen zeigen, daß so ziemlich alle Reichsstände mit dem Fall befaßt und von den Betreibern der Revision angeschrieben wurden. Kaum ein reichsständisches Archiv, das die Reichstagskorrespondenzen des fraglichen Zeitraumes bewahrt, wird vermutlich ganz frei von Schriftgut zum Erbmännerstreit geblieben sein. Gewichtige Varianten dürfen hier freilich kaum erwartet werden.

Wigands Darstellung beruhte noch ausschließlich auf den Gerichtsakten und „publizistischen Werken", eine Verfahrensweise, die auch heute bei der Darstellung von Reichskammergerichtsprozessen häufig angewandt wird. Ein anderes Vorgehen ist vermutlich in der überwiegenden Mehrzahl der Fälle kaum möglich, denn die Parteiakten teilten das Schicksal der Nachlässe ihrer Vertreter und deren Erben. Ist jedoch wie hier eine Landesherrschaft, sind darüber hinaus Landstände beteiligt, so steht es um die Chancen des Aktenerhalts schon günstiger. Tatsächlich verfügt das münsterische Staatsarchiv neben den Gerichtsakten auch über diejenigen der klagenden Prozeßpartei, deren Quellenwert durch die Notwendigkeit häufiger schriftlicher Abstimmung zwischen Statthaltern oder Fürstbischof und Domkapitel sowie zwischen diesem und der Stiftsritterschaft erhöht wird; auch in den Protokollen des Domkapitels und der Ritterschaft kommt der Erbmännerstreit über seine gesamte Dauer hinweg immer wieder zur Sprache.[17]

Als besonders günstiger Überlieferungsbefund darf gewertet werden, daß sich auch Akten der erbmännischen Partei, die ja gleichfalls eine

---

[17] STAAMS, RKG M 1653, 12 Bde., Fürstentum Münster, Landesarchiv, 7 Bde., und Domkapitel, Produkte Nr. 393, 2 Bde. sowie die Protokolle des Landtages, des Domkapitels und der Ritterschaft für die entsprechenden Jahre.

Prozeßgemeinschaft bildete und daher häufiger interner schriftlicher Abstimmung bedurfte, in beachtlicher Dichte erhalten haben. Hervorzuheben sind der Nachlaß und darin insbesondere das Abrechnungsbuch des Jacob Johann von der Tinnen von 1669 bis 1706 und das zwischen 1685 und 1709 von Johann Ludwig Kerckerinck geführte Protokollbuch über die mit dem Prozeß zusammenhängenden Vorgänge.[18]

Hinzu tritt, offenbar bisher nur von den verzeichnenden Archivaren erkannt, eine reiche Überlieferung im Wiener Haus- Hof- und Staatsarchiv: das Protokoll der Revisionskommission, Korrespondenzen aus dem Mainzer Erzkanzlerarchiv, Niederschriften von den letztlich entscheidenden Ministerialskonferenzen in Wien.[19] Dagegen sind die bisher im Rotaarchiv des Vaticans vermuteten Akten des Prozesses von 1557 bis 1573[20] offenbar nicht mehr dort, sondern im Nachlaß des bereits mehrfach erwähnten Jacob Johann von der Tinnen im Archiv Ketteler-Harkotten in Münster;[21] es war nichts Ungewöhnliches, daß die Rota solche Akten nach Abschluß eines Verfahrens auf Verlangen herausgab, auch im Fall des Schencking-Prozesses scheint sie so verfahren zu sein. In anderen römischen Beständen freilich dürfte sich noch weiteres Material zu diesem Rechtsstreit finden.[22]

Freilich hat auch diese, insgesamt günstige Überlieferungssituation Schwachstellen. Als empfindlichste, vor allem für die Geschichte der Stadt Münster, muß der bereits erwähnte Verlust des ältesten Bürgerbuches gewertet werden, das 1681 in Speyer als Beweismittel vorgelegt wurde und – im Gegensatz zum Großteil der übrigen Prozeßakten – als verloren gelten muß. Auch sonst gibt es Verluste, besonders auf

---

[18] In den Archiven Ketteler-Harkotten, Bestand Möllenbeck VIII, bes. H 5, H 6 u. H 15 a und Haus Stapel, bes. in den Akten 2, 15, 33; Einzelnes auch im Archiv Haus Hülshoff.
[19] HHSTA, MEA Reichskammergerichtsakten 105 b und RTA, Bde. 325, 334 und 348 sowie Reichskanzlei 14, Visitationsakten 1705 – 15 und Vorträge 1709 und 1710. Vgl. Ludwig Bittner, Gesamtinventar des Wiener Haus- Hof- und Staatsarchivs Bd. 1, Wien 1936, S. 365. Weikert (wie Anm. 9), S. I u. 21, erwähnt diese Bestände, ohne sie auszuwerten.
[20] Helmut Lahrkamp, Das Patriziat in Münster, in: Deutsches Patriziat, hg. v. Hellmuth Rössler, Limburg 1968, S. 207, Anm. 26.
[21] Archiv Ketteler-Harkotten, Bestand Möllenbeck, Akten VIII H.
[22] Alois Schröer, Die Kirche in Westfalen im Zeitalter der Erneuerung Bd. 1, Münster 1986, S. 535, Anm. 75.

erbmännischer Seite und bei den Referenten des Verfahrens[23]; dennoch kann von einer nicht leicht zu übertreffenden Vollständigkeit der Überlieferung eines so langwierigen Reichskammergerichtsprozesses ausgegangen werden.

Bedeutet schon diese Tatsache eine Herausforderung für Historiker, so dürfte es ferner an der Zeit sein, das – lange nachwirkende[24] – Urteil Paul Wigands zu überprüfen. Historiker haben inzwischen gelernt, die „kleinlichen Bestrebungen, Irrthümer und Vorurteile" auch der Historiographie des 19. Jahrhunderts zu sehen und sich selbst immer erneut auf Derartiges hin zu prüfen. Darüber hinaus wissen wir heute, daß soziale Abschließung von Gruppen kein Spezifikum der Vormoderne – auch nicht der Westfalens – gewesen ist, sondern ihre je spezifischen – und damit zu untersuchenden – Ursachen hat. Will man den langen Streit nicht weiterhin vorwiegend mit moralischen Kategorien bewerten, so ist ein Blick auf die Geschichte von Patriziaten und ihr Verhältnis zum Landadel wie zum Kaiser auch in anderen Teilen des Reiches zu werfen. Nur unter Berücksichtigung einer vergleichenden Perspektive kann das von der Stadt- und Landesgeschichte längst gesehene Desiderat einer Aufarbeitung gerade dieses Prozesses heute angegangen werden.[25] Ganz besonders aber bedarf es hinsichtlich des Revisionsverfahrens eines weiteren Blickwinkels, als er Wigand möglich war. Trotz wachsenden Interesses[26] ist Rankes Forderung nach einer Beachtung der Geschichte des Reichstages, „deren sie wert ist"[27], bisher nicht eingelöst. In unserem Fall liegt zum großen Teil schon seit etwa 1707 wichtiges Material bis hin zu

---

[23] Vgl. u. S. 41 u. 52 ff.
[24] Hermann Rothert, Westfälische Geschichte Bd. 2, Münster 1950, S. 90 f.; Keinemann (wie Anm. 15), S. 32, Anm. 6.
[25] Eduard Schulte, Eine Londoner Liste von Münsterschen Erbmännern, Quellen und Forschungen zur Geschichte der Stadt Münster Bd. 4, Münster 1931, S. 327 u. 339; Lahrkamp (wie Anm. 20), S. 202; Ingrid Batori, Das Patriziat der deutschen Stadt, Zeitschrift für Stadtgeschichte, Stadtsoziologie und Denkmalpflege Bd. 2, 1975; Carl-Hans Hauptmeyer, Probleme des Patriziats oberdeutscher Städte vom 14. bis zum 16. Jahrhundert, ZBayerLdG Bd. 49, 1977; Heinz Schilling, Vergleichende Betrachtungen zur Geschichte der bürgerlichen Eliten in Nordwestdeutschland und in den Niederlanden, Städteforschung Reihe A Bd. 23, Wien 1985.
[26] Deutlich insbesondere in den vom Mainzer Institut für Europäische Geschichte herausgegebenen Beiträgen zur Sozial- und Verfassungsgeschichte des Alten Reiches.
[27] Leopold von Ranke, Deutsche Geschichte im Zeitalter der Reformation, hg. v. Paul Joachimsen, Neudr. 1933 Bd. 1, S. XCVII.

Abstimmungsprotokollen des Reichstages gedruckt vor[28]; bisweilen erlaubt darüber hinaus die archivalische Überlieferung Einblick in das Zustandekommen von Reichstagsvoten. An diesem Einzelfall sind daher Erkenntnisse von der Institutionen- bis hin zur Alltagsgeschichte im Umkreis des Regensburger Reichstages wie auch des kaiserlichen und päpstlichen Hofes zu gewinnen – wo immer die Parteien ihre Sache betrieben und worüber sie Protokoll führten oder nach Münster berichteten. Nicht zuletzt dürfte die seit einiger Zeit verstärkt in das historische Interesse tretende Geschichte der Rechtspflege im Alten Reich[29] von einer Untersuchung des Revisionsverfahrens gewinnen, handelte es sich doch um einen Vorgang von schon den Zeitgenossen bewußtem Ausnahmecharakter, weshalb sie ihn offenbar ausführlicher als manchen anderen Prozeß beschrieben haben. Daher kann hier auch ein Beitrag zur immer noch als ungenügend empfundenen Erforschung der „Realität des kammergerichtlichen Verfahrens in der prozessualen Praxis" erwartet werden.[30]

Gerade aus den zuletzt genannten Gründen empfiehlt es sich, diese Untersuchung auf das Revisionsverfahren zu konzentrieren. Dem Vorwurf, den Prozeß damit gleichsam „am Schweif aufzuzäumen", kann einmal mit dem Hinweis auf die dabei zutage getretenen Prozeßakten des 16. Jahrhunderts begegnet werden, die einer eigenen Bearbeitung bedürfen; ferner rechtfertigt die sich mit Beginn des Revisionsverfahrens auf das Reich ausweitende Fragestellung eine Schwerpunktsetzung gerade hier. Daß eine moderne Aufarbeitung des römischen sowie des Reichskammergerichtsverfahrens für die westfälische Landesgeschichte ein dringendes Desiderat bleibt, sei jedoch nochmals nachdrücklich betont.[31]

---

[28] Faber (wie Anm. 6); Johann Joseph Pachner von Eggenstorff, Vollständige Sammlung Bd. 3, Regensburg 1776; und Johann Christian Lünig, Des Teutschen Reichs-Archivs Spicilegii Ecclesiastici Ander Teil Bd. 17, o. O. [Leipzig] o.J.
[29] Manifest insbesondere in der 1973 von Bernhard Diestelkamp, Ulrich Eisenhardt u. a. begründeten Reihe: „Quellen und Forschungen zur höchsten Gerichtsbarkeit im Alten Reich" und in den Arbeiten der 1985 in Wetzlar gegründeten Gesellschaft für Reichskammergerichtsforschung.
[30] Ranieri (wie Anm. 3), S. 196.
[31] Die bereits erwähnte jüngste Darstellung des Prozesses von Weikert (wie Anm. 9) basiert im wesentlichen auf den in Münster erhaltenen Akten und Druckschriften. Freilich sollte auf die schon Zeitgenossen vor Abschluß des Verfahrens beeindruckende Masse von Akten hingewiesen werden, vgl. u., S. 74.

II. DIE JURISTISCHE DISKUSSION UM DIE REVISION IN DER REICHSGERICHTSBARKEIT

Das Problem, einen Revisionsweg zu schaffen, bestand im Grunde seit der Entstehung des Reichskammergerichts und der Zuweisung von Zuständigkeiten an dieses Gericht, nicht nur in Appellationsfällen, sondern auch in der ersten Instanz wie etwa Klagen zwischen Reichsunmittelbaren oder in Verfahren, in denen eine Landesherrschaft Partei war; doch bis zur Auflösung des Gerichts im Jahr 1806 ist dieses Problem nicht wirklich gelöst worden.[1] Die ursprünglich vorgesehenen jährlichen Visitationen des Reichskammergerichts durch Kaiser und Reich, denen auch die Revisionen obliegen sollten, kamen selten zustande und wenn sie tätig wurden, so hatte dies zumeist besondere Ursachen und verlangte von den Visitatoren die Bewältigung ganz spezieller Aufgaben. Die Klagen über sich häufende unerledigte Revisionsbegehren sind bekannt; Smend spricht von nur acht wirklich durchgeführten Verfahren in der mehr als dreihundertjährigen Geschichte des Reichskammergerichts, von denen das letzte durch den münsterischen Erbmännerstreit ausgelöst worden sei.[2]

Für das bei Revisionen einzuhaltende Verfahren hatte die Reichskammergerichtsordnung von 1555 Regeln aufgestellt.[3] Danach war ein

---

[1] Grundlegend zur rechtsgeschichtlichen Fragestellung: Klaus Mencke, Die Visitationen am Reichskammergericht im 16. Jahrhundert, Köln 1984; Wolfgang Sellert, Die Problematik der Nachprüfbarkeit von Urteilen des Reichshofrates und des Reichskammergerichts durch Revision und Supplikation, in: Consilium Magnum, Brüssel 1977; Gerhard Buchda, Art. Appellation, HRG 1, Berlin 1971, Sp. 196ff.; Max Kaser, Das römische Zivilprozeßrecht, Hdb. d. Altertumswissenschaft Abt. 10, Teil 2 Bd. 4, 1966; Rudolfine Freiin von Oer, Revisionsverfahren in Theorie und Praxis des Kaisers- und Reichskammergerichts – Ein Fall aus Münster zwischen Wetzlar, Regensburg und Wien, in: Bernhard Diestelkamp (Hg.), Die politische Funktion des Reichskammergerichts. Quellen und Forschungen zur höchsten Gerichtsbarkeit im Alten Reich Bd. 24, Köln 1993.

[2] Vgl. o. S. 4, Anm. 6.

[3] Adolf Laufs (Hg.), Die Reichskammergerichtsordnung von 1555. Quellen und Forschungen zur höchsten Gerichtsbarkeit im Alten Reich Bd. 3, Köln 1976, S. 275ff., auch zum Folgenden.

II. Die juristische Diskussion um die Revision in der Reichsgerichtsbarkeit

Revisionsbegehren zwei Monate vor dem 1. Mai eines jeden Jahres an den Reichserzkanzler, den Kurfürsten von Mainz, zu richten, der davon dem Kaiser und den Reichsständen Mitteilung machte. Letztere sollten, soweit ihnen die jeweilige Visitation des Reichskammergerichts zukam, auch zur Revision geeignete Kommissare oder Räte delegieren. Diese hatten *alle und jede gerichtsacta solcher sachen mit fleyß zu revidiren und besichtigen und darauf vermög der recht zu handlen und die billicheit zu verfügen.* Auch die Urteiler aus dem zu revidierenden Fall sollten gehört werden, jedoch an der Revisionsentscheidung nicht teilnehmen. Neues vorzubringen war den Parteien verwehrt, die betreibende Seite hatte zudem eine von den Visitatoren festzulegende Kaution zu leisten, die im Fall der Bestätigung des Urteils verfiel.

Die 1555 offen gebliebene Frage, ob eingelegte Revision ein Urteil suspendiere, entschied der Jüngste Reichsabschied vom 17. Mai 1654 negativ – mit Ausnahme von Religionssachen.[4] Allerdings mußte nun auch die obsiegende Partei, wenn sie bei laufendem Revisionsverfahren die Exekution des Urteils betrieb, eine vom Prozeßgegner anzuerkennende Kaution leisten, um bei Verwerfung des Urteils den Kontrahenten entschädigen zu können. Die Frist zwischen Urteil und Revisionsbegehren wurde jetzt auf vier Monate festgesetzt und den Revisoren auferlegt, zunächst einen Vergleich zwischen den Parteien zu versuchen. Um die *alte überhäuffte ... Revisiones* zügig zu erledigen, sollte noch im November desselben Jahres eine *Extraordinari-Deputation* von 24 Beauftragten der Reichsstände in Speyer sich einfinden und in vier Räten zu je sechs Mitgliedern die seit 1582 angefallenen Sachen in Angriff nehmen. Zur Regelung der Zusammensetzung der Visitations- bzw. Revisionskommission wurden aus den Ständen des Reiches fünf religionsparitätische *Classes* zu je 24 Mitgliedern aus Kurfürsten, Fürsten und Städten gebildet, die in halbjährigem Wechsel zunächst die alten Revisionen erledigen, gleichzeitig aber auch neue Begehren behandeln sollten, damit diese *in der Zeit nicht wieder aufschwellen.* Bei einem Wechsel sollten die Deputierten die jeweils *unter Händen habenden Sachen ... vollends erörtern und sich vorhin ... nicht hinweg begeben.* Kurmainz allein war in allen fünf *Classes* vertreten, d. h.

---

[4] Hanns Hubert Hofmann (Hg.), Quellen zum Verfassungsorganismus des Heiligen Römischen Reiches Deutscher Nation 1495 – 1815, Darmstadt 1976, bes. S. 206ff.; Karl Zeumer, Quellensammlung zur Geschichte der deutschen Reichsverfassung in Mittelalter und Neuzeit, Tübingen ²1913, S. 452f.

der Kurerzkanzler entsandte Deputierte in alle Visitations- und Revisionskommissionen.[5] Auch die übrigen Kurfürsten werden mehrfach aufgeführt, denn neben 16 Mitgliedern des Reichsfürstenrates sollten je vier Kurfürsten und vier Reichsstädte beteiligt sein. Ein strenges Verbot richtete sich dagegen, am Kammergericht *rechthangende sachen* anderwärts anhängig zu machen; sogar das, was etwa vom Kaiser oder seinem Reichshofrat erlangt würde, müsse in einem solchen Fall *vor krafftlos gehalten* werden.

Beide Revisionsordnungen gingen freilich von Voraussetzungen aus, die nie bestanden: von einer jährlichen Visitation des Kammergerichts und der Aufarbeitung der *überhäuffte Revisiones*. Nicht schon im Spätherbst 1654, sondern erst 1707 und danach wieder 1767 kamen Visitationen zustande und nur die bekannteste offenbar einzig wirklich durchgeführte *Extraordinari Revisionskommission* behandelte den münsterischen Erbmännerstreit. Das Problem der Revision von Reichskammergerichtsentscheidungen blieb freilich Thema der juristischen Diskussion, die den münsterischen Fall einbezog, noch ehe er endgültig entschieden war. Zwar zeigt sich der – soweit bekannt – erste Kommentator nicht sonderlich informiert, indem er Kaiser Leopold I. ein Dekret zuschreibt, das erst vom 25. August 1707 – also mehr als zwei Jahre nach dessen Tod – datiert, die Sistierung der Urteilsvollstreckung durch den Kaiser erkennt er jedoch als ein ganz außergewöhnliches Vorgehen.[6] Weite Verbreitung dürfte diese Schrift durch Anfügung an Georg Melchior von Ludolfs grundlegendes Werk *De Jure Camerali commentatio systematica* gefunden haben, das in erster Auflage 1714 in Frankfurt erschien und den Fall ebenfalls erwähnt.[7] 1716 druckte Johann Christian Lünig das Urteil im Erbmännerstreit von 1685 in seinem Reichsarchiv ab[8], ein Jahr später erörtert Paul Henning Gerken die Frage der Exekution von Urteilen bei eingelegter Revision in einem in Hildesheim gedruckten Traktat.[9] Zwischen 1730 und 1767 behandelt die juristische Literatur den Münsteraner Fall mehrfach, so Johann

---

[5] Heinz Duchhardt, Kurmainz und das Reichskammergericht, BlldtLdG Jg. 110, 1974, S. 213ff.
[6] Christian Valentin Happel, De Recursu ad Caesareum Majestatem vel ad Comitia universalia, Erfurt (?) o. J., wohl 1707 – 09, abgedruckt als Anhang III bei Georg Melchior Ludolf, De Jure Camerali, o. O. ²1722, S. 104ff.
[7] Ebd. 1. Aufl. Frankfurt 1714, S. 329.
[8] Johann Christian Lünig, Des Teutschen Reichs-Archivs Spicilegii Ecclesiastici, Teil 17, Leipzig 1716, S. 1134f.
[9] Paul Henning Gerken, Otium Vienna Ratisbonense, Hildesheim 1717, S. 27 u. 81f.

Jakob Moser, Johann Friedrich Pfeffinger, Johann Heinrich Bocris, David Georg Strube und die Freiherren Johann Ulrich von Cramer und Johann Heinrich von Harpprecht.[10] In der sich verdichtenden Erörterung des Reiches und seiner Institutionen im letzten Viertel des 18. Jahrhunderts wird dem Erbmännerstreit sogar zunehmende Aufmerksamkeit gewidmet. 1780 erwähnt Friedrich Wendel Lang in seiner *Lehre von dem Rechts-Mittel der Revision an dem kaiserlichen und des Reichs Cammergericht,* den Erbmännerstreit als einen einzigartigen Fall.[11] Fünf Jahre später beschäftigt sich Franz Anton Dürr in Mainz in seiner *Abhandlung vom Recurse an die Reichs-Versammlung ... mit* der Erbmännersache. Zwar sind für ihn die Rekurse *Hauptfehler unserer Justizverfassung,* doch rechnet er den Erbmännerstreit wegen der Stimmengleichheit in der Revisionskommission zu den sechs Ausnahmefällen, in denen der Rekurs zulässig sei; denn die *Eigenheit des Rechtsfalles* zeige sich darin daß er *nicht sowohl in einer Justiz- als Statssache* bestehe, in der ein Rekurs *ohne Abbruch der Reichssatzungen* durchgeführt werden könne.[12] Auch Diedrich Heinrich von Ompteda, Verfasser einer Geschichte der Kammergerichts-Visitationen, betont die Einzigartigkeit des Falles. Im Zusammenhang mit der Darstellung der Visitation von 1707 bis 1713 bemerkt Ompteda: *Indessen ist während der Zeit, da solche Visitation gehalten, der merkwürdige Fall eingetreten, daß unter so vielen nun seit Jahrhunderten ruhenden Revisions – Sachen eine einzige, nemlich die berühmte Münstersche Erbmänner – Sache, das Glück gehabt hat, durch ein eigends von Kaiser und Reich dazu angeordnetes Revisions – Gericht ihre Erledigung zu*

---

[10] Johann Jacob Moser, Miscellanea juridico-Historica, 2. Teil, Frankfurt 1730, S. 570ff.; Johann Friedrich Pfeffinger, Vitriarii Institutionum Juris publici Bd. 4, Gotha 1731, S. 379ff.; J. H. B. (Johann Heinrich Bocrisius), Reichsgesätzliche Prüfung der Frage: Ob nicht denen Remediis Revisionis et Supplicationis nach dem eigenen Sinn derer Reichsgesäze noch heut zu Tage der effectus suspensivus ordnungs-mäßig zu vergönnen, und in welchen Fällen auch an solcher Würckung die Berufungen auf den Reichs-Tag Theil nehmen. Leipzig 1751, S. 9, 15, 18f. u. 23; David Georg Strube, Nebenstunden Bd. 4, Hannover 1755, S. 177; Johann Ulrich Freiherr von Cramer, Wetzlarische Nebenstunden Bd. 53, Ulm 1765, S. 83ff.; (Johann Heinrich Freiherr von Harpprecht), Staats-Archiv des Kayserlichen und des H. Römischen Reichs Cammergerichts Bd. 5, Frankfurt 1767, S. 40.

[11] Friedrich Wendel Lang, Lehre von dem Rechtsmittel der Revision an dem Kaiserlichen und des Reichs Cammergericht, Tübingen 1780, S. 119.

[12] Franz Anton Dürr, Abhandlung vom Rekurse an die Reichs-Versammlung in wieweit dieselbe den Rechten nach zulässig ... Mainz 1785, S. 10ff.

Die juristische Diskussion bis zum Ende des Reiches 15

erhalten.[13] Ompteda hielt den Fall für *wichtig* genug, ihn ausführlich zu beschreiben und die *extraordinaire Revision* als etwas darzustellen, *wovon weder vor noch nachher irgend ein Beispiel von der Art vorhanden ist;* Ompteda weist dabei auf den *merkwürdigen Vorgang* hin, daß hier *der Kaiser aus eigener Macht – Vollkommenheit den durch den J.R.A. abgeschafften effectum suspensivum revisionis wieder herstellt,* begründet dies jedoch mit der begrenzten Frist dieser Anordnung.[14] Zwei Jahre später, französische Revolutionstruppen erreichten in diesem Jahr den Rhein, erschienen in Göttingen und Berlin erneut juristische Schriften, die den Erbmännerprozeß behandeln.[15] Unter Berufung auf Ompteda betont Günther Heinrich Berg, daß *in der bekannten Münsterschen Erbmänner – Sache* ein *ausserordentliches Revisions – Gericht* von Kaiser und Reich niedergesetzt worden sei, wie dies *in dringenden Fällen* durchaus zu Recht geschehen könne. Im Falle der Stimmenparität – wie im Erbmännerstreit – fehle es allerdings *an einer gesetzlichen Bestimmung darüber, was in diesem Falle Rechtens seyn solle.* 1766 habe Pfalz-Lautern unter Berufung auf die Erbmänner-Sache angefragt, was bei Stimmenparität gelte. In Zusammenhang mit der Behandlung der Visitation sei diese Frage *einstimmig nach dem Beyspiele der Münsterschen Erbmänner-Sache beantwortet* worden.[16] Und in seinem verbreiteten *Handbuch des Teutschen Staatsrechts* wies der Helmstedter Publizist Karl Friedrich Häberlin darauf hin, daß Mehrheitsentscheidungen in den einzelnen Kollegien des Reichstages zwar die Regel seien; unter Berufung auf den münsterischen Erbmännerstreit stellt er jedoch fest, daß es solche Entscheidungen unter den drei Kurien nicht geben könne, sonst falle die Entscheidung zwischen Kur- und Fürstenrat u. U. den Reichsstädten zu und diese *stimmen bekanntl. mehrenteils gern den Wünschen und Absichten des Kaiserlichen Hofes bey.*[17]

Der münsterische Erbmännerstreit stellt, nach dem einhelligen Urteil der reichen Literatur, die ihn behandelt, alles andere als eine juristische oder reichsverfassungsmäßige Routineangelegenheit dar. Gerade sein

---

[13] Diedrich Heinrich von Ompteda, Geschichte der vormaligen ordentlichen Cammergerichts -Visitationen, Regensburg 1792, S. 247.
[14] Ebd. S. 258, Anm. d.
[15] Günther Heinrich Berg, Darstellung der Visitation des Kaiserlichen und Reichs-Kammergerichts nach Gesetzen und Herkommen, Göttingen 1794; Karl Friedrich Häberlin, Handbuch des Teutschen Staatsrechts Bd. 1. Berlin 1794.
[16] Berg (wie Anm. 15), S. 21, 157 f. u. 171 f.
[17] Häberlin (wie Anm. 15), S. 527 u. 529.

Ausnahmecharakter ließ ihn für die Reichspublizistik so interessant werden, zumal reichsweite Bekanntheit des Falles noch nach Jahrzehnten vorausgesetzt werden konnte. Auch Bedeutendere unter den Staatsrechtslehrern betrachten ihn nicht als eine ad acta zu legende Querele, sondern heben sein Gewicht noch nach über siebzig Jahren hervor. Was noch kurz vor 1800 interessiert, ist freilich nicht die im 19. Jahrhundert so heftig diskutierte eigentliche Streitfrage nach der Stiftsmäßigkeit der münsterischen Erbmännerfamilien; diese Frage galt ihnen offenbar als nicht abstruser als mancher andere Streitgegenstand, um den am Reichskammergericht mit gleicher oder höherer Intensität und ebensolcher oder längerer Dauer prozessiert wurde. Ihr Interesse richtete sich vielmehr auf das im Erbmännerstreit eingeschlagene Verfahren; tatsächlich dürfte es wenige Fälle in der über dreihundertjährigen Geschichte des Reichskammergerichts gegeben haben, in denen, wie hier, sein Verhältnis zu Kaiser und Reich und damit die Frage nach dem Grad der Selbständigkeit der Justiz berührt wurde. Schon in der Jahrhundertmitte war das hier zutage tretende Problem sozusagen „auf den Punkt" gebracht worden mit der Feststellung: *Die Revision ist zwar für die Parthey ein Beneficium, doch ein odiosum, in Rücksicht der Reichs-gerichte*, denn die *Cameralen* wollten ihre *Jurisdiction amplieren*; Bestreben der Stände jedoch sei, daß *sie nicht Domini sondern Ministri bleiben*.[18] Selbst nach dem Ende des Reiches und des Reichskammergerichts hat man offenbar Auswirkungen dieses Falles für möglich gehalten, noch in der Zusammenstellung der „Provinzial- und Statutarischen Rechte in der preußischen Monarchie" aus den zwanziger Jahren des 19. Jahrhunderts wird er erwähnt.[19] Und auch Wigands scharfes Verdikt über die Antiquiertheit dieses Rechtsstreites relativiert sich durch die Ausführlichkeit, mit welcher er ihn beschreibt und schließlich in seine „Denkwürdigkeiten" aufnahm. Wer immer das Interesse von Zeitgenossen und Späteren an einem Geschehen zu den legitimen Antrieben historischer Forschung rechnet, wird eben dieses dem Erbmännerstreit nicht absprechen können.

Nach der Auflösung des Reichskammergerichts gerät die Frage nach dem Verfahren im Erbmännerstreit und seinen Implikationen für die Stellung des Reichskammergerichts, seine Beziehungen zum Kaiser,

---

[18] Severin Theodor Neurodes, Gegenwärtige Verfassung des Hl. Röm. Reichs in Staats- und Justiz-Sachen, Jena 1752, S. 501 u. 503.
[19] Karl Albert von Kamptz, Die Provinzial- und statutarischen Rechte in der preußischen Monarchie, 2. Teil, Berlin 1827, S. 513ff.

zum Mainzer Erzkanzler, zum Regensburger Reichstag und den Ständen überhaupt immer mehr aus dem Blickfeld der juristischen Diskussion. Was jetzt noch an diesem Fall interessiert, ist der historische Streitgegenstand: Wer waren denn diese Erbmänner? Waren sie adelig und stiftsmäßig oder nicht? Gefragt wird nun nach der Geschichte der münsterischen Erbmännerfamilien, nach ihren Besitzungen und ihrer Stellung in der Stadt Münster, im Hochstift und darüber hinaus in der mittelalterlichen Hanse. Das Urteil über ihre Prozeßgegner, die vormalige Stiftsregierung, das Domkapitel und die Ritterschaft lag seit deren Ende offenbar fest. Fragen danach, warum ein so gearteter Streit gerade in der Mitte des 16. Jahrhunderts und gerade in Münster ausbrach, geraten nicht in den Blick. Auch die Masse des Materials wird manchen Forscher verschreckt haben, zumal lange Zeit kaum andere Ergebnisse erwartet wurden als die Bestätigung der Urteile Wigands und seiner Nachfolger. Doch neben der diesem Fall in der Geschichte des Hochstiftes Münster sicher auch innewohnenden Tragik zeigt sich hier die Problematik der seit 1648 zu beobachtenden Religionsparität: Voraussetzung für die *Paritas votorum* in der Revisionskommission und damit von deren Scheitern im Bemühen um die Beilegung des Streites war die paritätische und damit paarzahlige Besetzung dieser Kommission, die das Risiko einer „Pattsituation" vom Beginn an in sich trug. Es wird aber auch deutlich, wie sehr das „Kaisers- und Reichs-Kammergericht" vom jeweiligen Stand der Beziehungen zwischen Kaiser und Reichstag abhing, vom Einfluß des Erzkanzlers in Speyer bzw. Wetzlar, in Regensburg und Wien und von der Wiener Einschätzung der Vorgänge in Regensburg und der Bereitschaft, strittige Fälle vor die kaiserliche Konferenz zu ziehen. Es ist ja bekannt, daß diese Bereitschaft unter Kaiser Joseph I. besonders ausgeprägt war und daß der Reichstag in Fragen der Reichsjustiz eine zeitweilig recht distanzierte Haltung einnahm, was ein Agieren des Kaisers als des höchsten Richters im Reich geradezu herausforderte.

III. DIE MÜNSTERISCHEN ERBMÄNNER

Die früheste uns bekannte Charakterisierung der Erbmänner stammt aus der Feder des münsterischen Schulrektors und Geschichtsschreibers der Täuferwirren, Hermann von Kerssenbrock. Dieser schrieb zu Ende der sechziger Jahre des 16. Jahrhunderts: *Es sind aber die adlichen Patricier Bürger und Abkömmlinge der alten Geschlechter, welche gemeiniglich Erbmänner genennet werden, das ist, eingebohrene und erbliche Nachfolger der Rechte ihrer Vorfahren, welche die angestammten Wappen ihrer Ahnen unbefleckt auf ihre Nachkömmlinge bringen, und keinen vom bürgerlichen Stande, wenn er gleich sehr reich ist, unter sich aufnehmen, es wäre denn, daß er von patricischen Eltern abstammete. Daher kömmt es, daß dieser, von dem bürgerlichen unterschiedene Stand bereits seit geraumer Zeit sich in seinem Wesen erhalten hat. Diese Patricier leben von den Renten und von der Landwirtschaft und ahmen den Rittern nach. Inzwischen schliessen wir sie doch von der Zahl der Bürger aus, indem sie patricische, die übrigen aber gemeine Bürger, beide aber den Gesetzen der Stadt unterworfen sind. Zu diesem Orden der Patricier rechne ich auch diejenigen Personen, die durch ihre Gelehrsamkeit gleichsam geadelt sind, ich meine die Doctoren und Licentiaten aller Facultäten, ob sie gleich ursprünglich gemeinen Bürgerstandes sind.*[1] Kerssenbrock hält die münsterischen Erbmänner-Patricier für eine seltene, wenn nicht singuläre

---

[1] *Sunt autem patricii nobiliores cives et antiqui sanguinis reliquiae antiquarumque familiarum posteri, quos vulgos Erffmannos quasi indigenatus et iure haereditario maiorum suorum successores vocat, quasi suas imagines a maioribus sibi traditas integre ad posteros sic transmittunt, ut nullum plebeium quantumvis ditatum in suum ordinem recipiant, nisi a parentibus eiusdem originis sit procreatus. Hinc est quod hic status a plebeio discretus longo iam tempore in suo valore permanserit; suis redditibus ac agricolatione contentus equestrem seu militarem ordinem imitatur. Neque tamen hos civium numero excludimus, cum hi sint patricii, relequi vero plebei cives. Utrique enim civitatis legibus tenentur. Ad hunc etiam ordinem refero promotionibus ratione eruditionis nobilitatos, ut sunt doctores et licentiati quamlibet professionem, licet plebeiae originis.* Hermanni a Kerssenbrock Anabaptistici furoris Monasterium, hg. v. Heinrich Detmer, Geschichtsquellen des Bistums Münster Bd. 5, Münster 1899, S. 176*ff. u. 108f.; Übersetzung nach Simon Peter Widmann, Geschichte der Wiedertäufer, Münster, ³1920, S. 53; dazu Friedrich von Klocke, Das Patriziatsproblem

Gruppierung, ausgezeichnet durch Alter ihrer Familien und Wappen und durch ihre gesellschaftliche Exklusivität. Doch trotz Nachahmung des ritterschaftlichen Lebensstils und vom plebejischen Stand unterschieden rechnet Kerssenbrock sie aufgrund ihrer rechtlichen Stellung innerhalb der Stadt zu den Bürgern, für ihn sind sie *patricii ... cives*.

Zusätzlich zu seinem Streit mit dem Rat der Stadt über den Inhalt seines Geschichtswerkes handelte sich der Autor mit dieser ständischen Zuordnung der Erbmänner deren Unwillen ein. Ebensowenig wie diese Einordnung entsprach dem Selbstverständnis der Erbmänner im 16. Jahrhundert – Kerssenbrock ist das offensichtlich bewußt –, daß er auch akademisch Graduierte (und damit sich selbst?) zum Patrizierstand zählte.[2] Da Kerssenbrock kein vollbürtiges Mitglied der westfälischen ritterschaftlichen Familie Kerssenbrock war, aber den Magistergrad an der Kölner Universität erworben hatte, liegt die Frage nahe, ob sich hier der Anspruch einer nachrückenden Schicht artikuliert oder doch so verstanden wurde und der auch deshalb auf Ablehnung seitens der Erbmänner stieß?

Wie diese selbst gesehen werden wollten, erläutert eine etwa ein Jahrzehnt später an die römische Kurie gerichtete Vorstellung. Nicht weniger als 36 unterzeichnende Erbmänner erklärten darin: *Was aber uns (die wir Adlige der Stadt Münster sind) betrifft, so ist unbezweifelbare Wahrheit, daß wir nicht nur seit unvordenklichen Zeiten, sondern bereits seit zwei- bis dreihundert Jahren, ohne daß man den Beginn wüßte, ritterliche Wappen und Lehen besitzen, uns der Ausübung jedes niederen Gewerbes enthalten, adligen Ritterdienst zur Verteidigung der Religion und des Landes ebenso wie andere Adlige ritterschaftlichen Standes geleistet haben, ohne daß jemand dessen Anfang bestimmen könnte und daß wir an den Höfen und in den Kriegszügen der Fürsten seit unvordenklichen Zeiten durchweg wie ritterliche Adlige behandelt*

---

und die Werler Erbsälzer, Münster 1965, S. 39 ff. ; J. Holsenbürger, Die Herren v. Deckenbrock (v. Droste – Hülshoff), Münster 1868, S. 139; Joseph Hansen, Westfalen und Rheinland im 15. Jahrhundert Bd. II, Die Münstersche Stiftsfehde, PubllPreuß-Staatsarch Bd. 42, S. 86f.; Albert K. Hömberg, Giselbert von Warendorp: Fernhändler oder Minsterialadeliger? in: Franz Petri (Hg.), Westfalen, Hanse, Ostseeraum, VeröffProvInstWestfLdKde, Reihe 1, Heft 7, Münster 1955; zuletzt Wolfgang Weikert, Erbmänner und Erbmännerprozesse, Münster 1990.

[2] Zu Kerssenbrock zuletzt: Karl-Heinz Kirchhoff, Kerssenbrock oder Vruchter, Jb-WestfKG 68, 1975, S. 39ff. u. demnächst: Ders., Hermann von Kerssenbrock, in: Westfälische Lebensbilder 17; in einer Vorstellung der Erbmänner an das RKG vom 12. Febr. 1651 wird Kerssenbrock als *liederlicher Mensch* bezeichnet, Archiv Ketteler-Harkotten, Bestand Möllenbeck VIII, H 3, ca Entw.

werden.[3] Diese Selbstdarstellung ist nicht frei von Widersprüchen. Zu einer Zeit, in der sich die Erbmänner bereits weitgehend aus der Stadt zurückgezogen hatten, bezeichnen sie sich Rom gegenüber als Stadtadel, begründen ihren Adel jedoch mit eben jenen Kriterien, die die stiftsmäßige Ritterschaft kennzeichneten; im Gegensatz zu Kerssenbrock fehlt der Ausdruck „Patrizier". Mehr als anderthalb Jahrhunderte später findet sich in Band 8 von Zedlers Universallexikon die Eintragung: Erbmänner sind gewisse Familien, daraus vor Zeit der Magistrat der Stadt Münster bestellt worden und die von denen vielen Aemtern, die sie gleichsam erblich besassen, Erbmänner genennt, auch nunmehr, gleich andern Ritterbürtigen Geschlechtern, so wohl zu Stifftern als Land- und Ritter-Tagen admittiert seyn wollen, und dahero mit dem Dom-Capitel und der Ritterschaft im Stift Münster über 100 Jahr Prozeß geführet,[4] es folgt eine kurze Schilderung auch des Revisionsverfahrens unter Verweis auf Faber, Lünig und Pfeffinger. Den Haller und Leipziger Lexikographen ist der Begriff „Erbmänner" offenbar vor allem durch den berühmten Prozeß vertraut; sie halten ihn für einen in Münster spezifischen, erklärt durch erblichen Anspruch auf die städtischen Magistratspositionen.

Hinsichtlich des Wortsinnes der Bezeichnung wird dies von der neueren Forschung nicht anders gesehen: „Erbbürger, Erbsassen, Erbgenoten" und „viri heriditarii" gab es auch in anderen Städten zwischen Wien, Dortmund, Hamm und Gent, „Erbmänner" heißt eine spezifische städtische Gruppierung, soweit bisher bekannt, nur in Münster.[5] Der Sache nach deckt sich dieser Begriff im wesentlichen mit „Erbbürger" oder „Erbgenoten", mit den „meliores", den „guten Leuten" oder „Geschlechtern", d. h. mit jener städtischen Führungsschicht, die man seit der Rezeption des Römischen Rechtes als „Patricier"

---

[3] *Ad nos vero (qui nobiles civitatis Monasteriensis sumus) quod attinet, indubitate de nobis veritas est, quod non solum ab immemorabili tempore, sed etiam a ducentis trecentique annis, ac sine scientia alicuius initii militaria insignia militariaque feuda habentes, ab omnium artium vilium exercitio abstinentes, nobilem equestremque militiam, sine scientia alicuius initii exercuerimus, tantumque pro defensione religionis et Reipublicae praestiterimus, quantum alii nobiles militaris ordinis, qua etiam de causa in aulis bellisque principum ab immemorabili tempore tamquam nobiles militares tractati et communiter pro talibus reputati sumus.* Wilhelm Eberhard Schwarz (Hg.), Nuntiaturkorrespondenz Kaspar Groppers (1573 – 1576), Paderborn 1898, S. 273.
[4] Zedlers Universallexikon Bd. 8, Halle u. Leipzig 1734, Sp. 1497f.
[5] Knut Schulz, Ministerialität und Bürgertum in Trier, RheinArch 66, Bonn 1968; Wilfried Ehbrecht, Art. „Erbbürger", Lexikon des Mittelalters Bd. 3, München 1986, Sp. 2101f.; Heinz Lieberich, Art. "Patrizier", HRG Bd. 3, Berlin 1984, Sp. 1551 ff.

oder „Stadtjunker" zu benennen sich gewöhnt hatte. Sie sind durch bedeutenden innerstädtischen Grundbesitz und – teils ausschließlicher – Teilhabe am Stadtregiment ausgezeichnet; sie bilden die politisch wie wirtschaftlich herausgehobene Schicht in der jeweiligen Stadt.

Münsters Erbmännerfamilien besetzten den Rat der Stadt bis in die erste Hälfte des 15. Jahrhunderts;[6] nach dem dann folgenden Aufstieg der Gilden zogen sie sich auf ihre Landgüter zurück, um nach der Niederwerfung der Täuferherrschaft für die begrenzte Zeitspanne von 1537 bis 1553 auf Anordnung des Bischofs wiederum Magistratsstellen zu übernehmen.[7] Im folgenden Zeitraum wuchs ihr Widerstand gegen innerstädtische Funktionen. 1670 endete die letzte Amtszeit eines münsterischen Bürgermeisters erbmännischer Herkunft, die des Rudoph von der Tinnen; auch er hatte diese Position nur nach längerem Widerstreben übernommen.[8]

Lange vor diesem Zeitpunkt, in einigen Fälle bereits im 13. Jahrhundert, hatten die Erbmännerfamilien Landgüter, vorzugsweise in Stadtnähe, erworben und in der Folge zu Wasserburgen ausgebaut – nicht anders, als die Stiftsministerialität, mit der sie die Lehnsfähigkeit, den Kriegsdienst zu Pferde und Burgmannsfunktionen auf den Landesfestungen teilten. Zu den Belagerungskosten 1534/35 leisteten sie durchweg denselben Beitrag wie die Mitglieder der Ritterschaft.[9] Bis ins 15. Jahrhundert besteht nachweislich Konnubium mit der Ritterschaft der Bischöfe in den geistlichen Territorien Nordwestdeutschlands[10],

---

[6] Karl-Heinz Kirchhoff, Die Unruhen in Münster/Westfalen 1450 – 1457, in: Wilfried Ehbrecht (Hg.), Städtische Führungsschichten und die Gemeinde in der werdenden Neuzeit, Städteforschung Reihe A Bd. 9, Köln 1980, S. 158 u. 162; Karl Zuhorn, Vom Münsterschen Bürgertum um die Mitte des XV. Jahrhunderts, WestfZ 95, 1939.

[7] Johann Josef Scotti (Hg.), Sammlung der Gesetze und Verordnungen ... Bd. 1, Münster 1842, S. 134.

[8] Gerd Dethlefs, Rudolph von der Tinnen (1612 – 1702), in: FS Dreihundert Jahre Stiftung Rudolph von der Tinnen, Münster 1986, S. 40 ff.

[9] WUB Bd. 3, Die Urkunden des Bisthums Münster 1201 – 1300, Münster 1859, S. 408, 617, 750f., 759, 764f.; Karl-Heinz Kirchhoff, Die münsterischen Erbmänner, in: Der Landkreis Münster 1816 – 1966, Oldenburg 1966; Gerd Dethlefs, Erbmännergüter um 1500, in: Münster 800 – 1800, Katalog des Stadtmuseums, Münster 1984, S. 190f. u. 195ff.; Ernst Müller, Die Abrechnung des Johannes Hageboke über die Kosten der Belagerung der Stadt Münster 1534 – 1535, Geschichtsquellen des Bistums Münster Bd. 8, Münster 1937, S. 10f.

[10] W. Moorrees, Het münstersche Geslacht van der Wyck, Den Haag 1911, S. 10f.; Holsenbürger (wie Anm. 1), S. 1ff.; Friedrich Philippi, Standesverhältnisse der münsterschen Erbmänner, insbesondere der Familie Kerckerinck zur Borg, Westfalen 12, 1924/25, S. 11f.

seither wird offenbar die Heirat von Erbmännertöchtern in ritterschaftliche Familien seltener, während der umgekehrte Fall weiterhin belegt ist. Als der in der Endphase des Erbmännerprozesses eifrigste Verfechter der Sache seiner Familiengruppe, Johann Ludwig von Kerckerinck zu Stapel, im Frühjahr 1705 das *Stiftsfrawlein von Hörde, eine Tochter vom Hauß Eringerfeld* zu St. Maria im Capitol in Köln um ihre Hand bat, gab es offenbar weder bei ihr noch ihrer Familie, die immerhin auch einige Domherrn in Münster und anderen westfälischen Domkapiteln stellte, Bedenken gegen eine solche Verbindung.[11] Im Unterschied zur Ritterschaft – und dies sollte später ein häufig angeführtes Argument gegen die Stiftsmäßigkeit der Erbmänner werden – sind Mitglieder ihrer Familien im Fernhandel der Hanse tätig. Von der ersten Hälfte des 14. Jahrhunderts bis 1530 wurden über fünfzig Erbmännernamen in die Register des Londoner Stahlhofes eingetragen.[12] Zwischen 1383 und 1563 vertraten vorzugsweise Erbmänner die Stadt auf den Hanse- und Drittelstagen; im lübischen Patriziat finden sich münsterische Erbmännernamen. Kein Zweifel, Erbmänner aus Münster waren Teil jener Gruppierung, die als „Kaufmannsoligarchie der hansischen Frühzeit" bezeichnet wird.[13] Erbmännische Aktivitäten im Ostseeraum beschränkten sich jedoch nicht auf kaufmännische Tätigkeit, Erbmännernamen finden sich ebenso im Deutschen Orden und, noch zu Beginn des 17. Jahrhunderts, in der livländischen Ritterschaft.[14] In den beiden zuletzt genannten Institutionen treffen sie dabei auf Abkömmlinge westfälischer ritterschaftlicher Familien, von denen sie

---

[11] Archiv Haus Stapel, Akte Nr. 33, Protokollbuch 1685 – 1708, S. 257 u. 260.
[12] Eduard Schulte, Eine Londoner Liste von Münsterschen Erbmännern, Quellen und Forschungen zur Geschichte der Stadt Münster Bd. 4, Münster 1931, S. 331 ff.
[13] Heinz Schilling, Wandlungs- und Differenzierungsprozesse innerhalb der bürgerlichen Oberschichten West- und Nordwestdeutschlands im 16. und 17. Jahrhundert, in: Marian Biscup und Klaus Zernak (Hg.), Schichtung und Entwicklung der Gesellschaft in Polen und in Deutschland im 16. und 17. Jahrhundert, Wiesbaden 1983, S. 128; ders., Vergleichende Betrachtung zur Geschichte der bürgerlichen Eliten in den Niederlanden und in Nordwestdeutschland, Städteforschung Reihe A Bd. 23, Wien 1985, S. 4: „Hanse-Patriziat".
[14] Eduard Frhr. v. Firks, Die Ritterorden in Kurland, Jahrbuch für Heraldik und Sphragistik 1895, Mitau 1896, S. 21; Friedrich von Klocke, Genealogische Beziehungen zwischen Westfalens Patriziat und Livlands Ritterschaft, Westfälisches Familienarchiv 6, 1926, Neudr. Klocke, Westfalen und Nordosteuropa, Wiesbaden 1964, S. 135ff.; Erich Maschke, Deutschordensbrüder aus dem städtischen Patriziat, Jahrbuch des Kölner Geschichtsvereins 26, 1951, S. 66f.; Lutz Fenske und Klaus Militzer (Hg.), Ritterbrüder in Livlands Zweig des Deutschen Ordens, QuStudzBaltG Bd. 12, Köln 1993, S. 375, 591, u. 653.

nur die Teilhabe am münsterischen Stadtregiment und am Fernhandel sowie die fehlende oder wenig ausgeprägte Beteiligung an der Landesadministration unterschied. In den Kanoniker- und Kanonissenstiften Westfalens lebten nichterbende Nachkommen erbmännischer Familien wie solche aus der Ritterschaft der Region. Im vornehmsten münsterischen Stift, dem Domkapitel, finden sich zwischen der ersten Hälfte des 13. und der Mitte des 15. Jahrhunderts etwa zehn Erbmännersöhne; von Aufnahmeschwierigkeiten ist während dieses Zeitraums, der sich mit dem des münsterischen Stadtregiments der Erbmänner und zumindest teilweise mit dem ihres Fernhandels deckt, bisher nichts bekannt.[15] Die von der älteren Forschung in Anlehnung an die Argumentation der Prozeßparteien viel erörterte Frage nach dem Adel der Erbmänner erscheint daher nur für spezifische Fälle, Zeiten und Regionen oder Institutionen beantwortbar zu sein. Will man den Ursachen des langen Streites im 16. Jahrhundert nachgehen, so muß eher nach den auslösenden Momenten gesellschaftlicher Differenzierung – nicht nur auf Seiten des Stiftsadels – und der jetzt offenkundigen Diskreditierung kaufmännischer Tätigkeit gefragt werden.[16] Zeitgenossen begründeten das wachsende Interesse der Ritterschaften am Erhalt der Stifter damit, *das Lyfflandt nunmehr von den Muscobiten eingenommen und die von Adell Ihre Kyndere und Verwandten nyt dahin schicken mochten, derhalver die hoge Nötth erforderten, das die Collegien, Stiften und Cloisteren underhalten* und auch ein Vorbehalten von Stiftern für Adel wie für Bürgerkinder notwendig sei.[17] Ob der Verlust von Aufgaben und Karrierechancen im Baltikum die Konkurrenz im Nordwesten des Reiches um kirchliche Versorgung und Laufbahnen verschärfte, scheint einer Untersuchung wert.

---

[15] Wilhelm Kohl, Das Domstift St. Paulus zu Münster, Germania sacra NF 17,2, Berlin 1982, S. 108f., 168f., 218f., 251, 361f., 462, 471, 507. Zu Erbmännern in den münsterischen Stiftern St. Mauritz und Alter Dom vgl. Antonia Bösterling-Röttgermann, Das Kollegiatstift St. Mauritz-Münster, Westfalia sacra Bd. 9, Münster 1990 u. Klaus Scholz, Das Stift Alter Dom St. Pauli in Münster, Germania sacra NF 33, Berlin 1995. Erbmännernamen finden sich auch unter den Notaren der römischen Rota, Karl Heinrich Schäfer, Deutsche Notare in Rom, HJb 33, 1912, S. 727f.

[16] Ellery Schalk, From Valor to Pedegree, Princeton 1986, S. 11, 25 u. 86; Jonathan K. Powis, Aristocracy, Princeton 1986, dt. Paderborn 1986, S. 8.

[17] Eingabe von Ritterschaft und Städten an Herzog Wilhelm von Kleve, Dinslaken, 4. Nov. 1563, Ludwig Keller (Hg.), Die Gegenreformation in Westfalen und am Niederrhein, Teil 1, PubllPreußStaatsarch 9, Leipzig 1881, S. 98.

III. Die münsterischen Erbmänner

Hinsichtlich ihres nachweislichen Alters unterscheiden sich die meisten Erbmännerfamilien nicht von den Rittergeschlechtern. Etliche ihrer Namen erscheinen um 1200 erstmals urkundlich, ihre Wappen sind eher einfach gehalten und weisen damit ebenfalls auf ein hohes Alter hin. In der zweiten Hälfte des 13. Jahrhunderts siedeln Erbmänner am Prinzipalmarkt, dem frühesten in der Stadt Münster nachweisbaren Markt.[18] Bis ins 14. und 15. Jahrhundert lassen sich die meisten im übrigen Stadtgebiet verteilten größeren Höfe der Erbmänner zurückverfolgen; sie stehen auf „wortgeldpflichtigem", d.h. ursprünglich kirchlichem Grund, können daher schon vor 1235 errichtet worden sein.[19] Diese größeren Stadthöfe zeichnet auffallende Kontinuität in erbmännischem Besitz aus, ein Gleiches gilt von ihren Landsitzen im Umland der Stadt; zuweilen wechselt der Besitzername, doch die Güter bleiben zu allermeist erbmännisch. Damit spiegelt die Besitzgeschichte die auch von Kerssenbrock hervorgehobene Exklusivität der Erbmänner; man heiratet unter sich oder in ritterschaftliche Familien, Konnubium mit dem Patriziat anderer Städte scheint selten vorzukommen. Will man Hermann Mitgaus – nicht ganz unproblematische – Charakterisierung als „geschlossener Heiratskreis sozialer Inzucht" überhaupt verwenden, so besteht dazu hier einiger Anlaß.[20] Auch nach dem Rückzug aus der Stadt im Gefolge der Stiftsfehde werden die Stadthöfe keineswegs aufgegeben; etliche sind noch während des westfälischen Friedenskongresses in erbmännischem Besitz und werden als Gesandtenquartiere von der Stadt herangezogen.[21]

Die Reformation findet in den Erbmännerfamilien – im Gegensatz zur Ritterschaft – offenbar wenig Resonanz. Soweit bisher bekannt zog nur eine Familie, die von der Wiecks, als protestanisch im 16. Jahrhundert außer Landes; sie ist daher am Erbmännerprozeß nicht

---

[18] Joseph Prinz, Mimigernaford – Münster, Münster ³1981, S. 178; Manfred Balzer, Die Stadtwerdung, in: Franz-Josef Jakobi (Hg.), Geschichte der Stadt Münster Bd. 1, Münster 1993, S. 58 ff.

[19] Karl-Heinz Kirchhoff, Die Erbmänner und ihre Höfe in Münster, WestfZ 116, 1966, S. 14 u. 16.

[20] Hermann Mitgau, Geschlossene Heiratskreise sozialer Inzucht, in: Hellmuth Rössler (Hg.), Deutsches Patriziat, Limburg 1968, S. 1; Carl-Hans Hauptmeyer, Probleme des Patriziats oberdeutscher Städte vom 14. bis 16. Jahrhundert, ZbayerLdG 40, 1977, S. 45 u. 54; Holsenbürger (wie Anm. 1), S. 87ff.

[21] Helmut Lahrkamp (Hg.), Stadtmünsterische Akten und Vermischtes, Acta pacis wesphalicae, Serie III, Abt. D, Varia Bd.1, Münster 1964, S. 32ff., 157 Anm. 1.

beteiligt.[22] Einzelne Erbmännernamen tauchen zwar unter den münsterischen Täufern – bis in den Hofstaat des Jan van Leiden hinein – auf, die meisten Erbmänner hatten die Stadt jedoch vor Beginn der Belagerung verlassen und galten dem Bischof als so zuverlässig, daß er, nach der Niederwerfung der Täufer, die Hälfte des neuen Magistrats mit ihnen besetzte;[23] wie erwähnt, zogen sie sich jedoch bald aus diesen Funktionen wieder zurück. Ob die meisten Erbmänner nun dauerhaft oder doch vorwiegend auf ihren Landsitzen lebten, um, nach Kerssenbrock, die Ritter nachzuahmen, bedarf noch der Untersuchung. Auch unbestritten ritterschaftliche Familien hatten inzwischen größeren städtischen Grundbesitz erworben und Stadthöfe errichtet, vermutlich um dort etwa während der Land- oder Lehnstage oder im Fall der Übernahme eines Regierungsamtes abzusteigen. Offenbar traf man sich bis ins 16. Jahrhundert auch auf den Landtagen mit den Erbmännern, wobei nicht geklärt ist, ob Erbmänner dort die Stadt vertraten oder ob sie aufgrund ihres Ritterdienstes geladen wurden.

Noch viele Fragen hinsichtlich der Erbmänner gerade in der ersten Hälfte des 16. Jahrhunderts wären zu beantworten, ehe sich klären ließe, was den Erbmann Dr. jur. Johannes Schencking im Jahr 1557 dazu bewog, sich im Rom um ein am 1. Mai freigewordenes Kanonikat zu bewerben. Im Mai, einem ungeraden und damit „päpstlichen" Monat stand die Neubesetzung freiwerdender Kanonikate am Dom zu Münster nach dem Wiener Konkordat von 1448 – wie auch sonst an deutschen Kathedralkirchen – der Kurie zu; in den geraden Monaten übernahm ein turnusmäßig wechselndes Mitglied des Kapitels diese Funktion. Mehr als hundert Jahre lang hatte das Domkapitel in Münster keinen Erbmann mehr aufgeschworen, und es ist nicht bekannt, ob sich seit dem 15. Jahrhundert überhaupt ein solcher beworben hätte. Wohl gab es auch in Münster das Bestreben der katholischen Reformer, verstärkt Graduierte mit Kanonikaten auszustatten; erneut bekräftigt wurde diese alte kirchliche Forderung vom Trienter Konzil in seinen Herbstsitzungen des Jahres 1563 – freilich ohne daß dies in Münster oder den meisten anderen deutschen Domkapiteln durch-

---

[22] Moorrees (wie Anm. 10), S. 112.
[23] Karl-Heinz Kirchhoff, Die Täufer in Münster 1534/35, Münster 1973, S. 57ff., 65, 166; Scotti (wie Anm. 7), S. 133f.; Helmut Lahrkamp, Das Patriziat in Münster, in: Deutsches Patriziat (wie Anm. 21). S. auch o. S. 21.

gesetzt werden konnte.[24] Abgewiesen wurde Schencking in Münster mit der Begründung mangelnder adeliger Abstammung, welche die Kapitelstatuten seit 1392 forderten.[25] Auf seine Klage hin gab die Römische Rota Schencking in zwei Instanzen recht, das Domkapitel bewog dies jedoch nicht zum Einlenken.[26] 1574, ein Jahr nach seinem letzten Sieg, reiste Schencking als Hofmeister Ernst von Bayerns erneut nach Rom, um die Exekution der für ihn günstigen Urteile zu betreiben; spätestens nun unterstützten ihn auch andere münsterische Erbmänner, 36 von ihnen unterzeichneten 1575 die oben zitierte Supplik.[27] Doch auch dies half nicht, Rom verfuhr sehr vorsichtig gegenüber dem zu diesem Zeitpunkt konfessionell zerstrittenen Domkapitel, von dem man die Wahl des katholischen Wittelsbachers Ernst erhoffte.[28] 1576 schied Schencking aus den Diensten Herzog Ernsts, gewählt wurde dieser 1577 gleichwohl nicht. Erst acht Jahre später, 1585, stellten die Domherrn in Münster mit seiner Wahl die Weichen hin auf Festigung der katholischen Konfession, teils auch der Rekatholisierung des Hochstifts. Johann Schencking lebte zu diesem Zeitpunkt schon nicht mehr, am 3. August 1580 verstarb er; das von ihm erstrebte Kanonikat war längst anderweitig vergeben worden. Einer – hier nicht nachzuprüfenden – Tradition zufolge übertrug Schencking seine Ansprüche einem in Livland zum Bischof aufgestiegenen Vetter und dieser seinem Bruder, Propst zu Wenden, der 1593 wiederum in Münster abgewiesen wurde. Versuche der römischen Kurie, nach dem Tod des ersten wie auch des zweiten Inhabers der strittigen Präbende einzugreifen, scheiterten 1575 und 1597 am Widerstand des Kapitels.[29]

Eine genauere Untersuchung aller mit dem Fall Schencking zusammenhängenden Fragen unter Heranziehung auch der nun aufgefundenen römischen Prozeßakten im Archiv Ketteler-Harkotten in Münster verspricht noch manchen Aufschluß sowohl zur Kirchen- wie zur

---

[24] Sessio 24, canon 12; vgl auch: Rudolfine Freiin von Oer, Estates and Diets in Ecclesiastical Principalities of the Holy Roman Empire, Etudes presentées à la Commission internationale pour l'histoire des Assemblées d'Etat 38, Paris 1969, S. 267; Kohl (wie Anm. 15) S. 614; ders., Die Durchsetzung der tridentinischen Reformen im Domkapitel zu Münster, in: Reformatio ecclesiae, FS Erwin Iserloh, Paderborn 1980, S. 732, 739, 746.
[25] Kohl (wie Anm. 15), NF 17,1, 1987, S. 144 u. 282.
[26] Schwarz (wie Anm. 3), S. 272ff. Die Urteile der Rota vom 5. Juli 1558 u. 1. Juli 1573 bei Holsenbürger (wie Anm. 1), S. 123ff.
[27] Vgl. o. S. 20, Anm. 3.
[28] Günther von Lojewski, Bayerns Weg nach Köln, Bonn 1962, S. 181ff.
[29] Holsenbürger (wie Anm. 1), S. 122; Kohl (wie Anm. 15), S. 627.

Sozialgeschichte der Region. Fragen der Binnendifferenzierung und des Wandels von Schichtungskriterien wurden bisher nur unzureichend behandelt, und der Vergleich mit den für den deutschen Südwesten vorliegenden Forschungsergebnissen steht noch aus.[30] Vermutlich wird auch im Problemkreis um das Verhältnis von Patriziaten zu Ritterschaften eine Phasenverschiebung zwischen dem Südwesten und dem Nordwesten des Reiches zu beobachten sein – deren Grenzen und Ursachen dann weiterer Untersuchungen bedürften. Einbezogen werden müßten dabei auch die Träger erbmännischer und ritterschaftlicher Namen, die dem jeweiligen Stand gleichwohl nicht zuzurechnen sind. Die Führung des Vaternamens war weit verbreitet auch unter den nicht legitimen Nachkommen, etwa den sog. „Papenkindern", ein Umstand, der die Ständeforschung nicht gerade erleichtert. Interessant in diesem Zusammenhang ist die Stellung solcher „Zwischenglieder" zu der nächstfolgenden Schicht, die offenbar häufig eine bevorzugte war. Insgesamt erscheint die Bezogenheit der Stände aufeinander eine – verglichen mit den Abgrenzungsmechanismen – bisher zu wenig beachtete Erscheinung in der Ständegesellschaft zu sein.[31] Noch immer dominiert – in der Tradition des vergangenen Jahrhunderts – der Blick auf die Differenzierungen, der jedoch den vollen Ertrag einer eingehenden Analyse von Prozessen, wie den hier erwähnten, kaum zu erfassen vermag. Nur ein Lösen von der Fixierung auf vorgegebene Fragestellungen bietet die Chance, unser Wissen vom frühneuzeitlichen Ständestaat hin zu besserer Einsicht in die Realität der ständischen Gesellschaft zu erweitern.

---

[30] Zusammenfassend: Hauptmeyer (wie Anm. 20); Ingrid Bátori, Das Patriziat der deutschen Stadt, Zeitschrift für Stadtgeschichte, Stadtsoziologie und Denkmalpflege Bd. 2, 1975; dies., Soziale Schichtung und soziale Mobilität in der Gesellschaft Alteuropas: Methodische und theoretische Probleme, in: Ilja Mieck (Hg.), Historische Kommission zu Berlin, Informationen Beiheft Nr. 5, Berlin 1984. Zur Begriffsgeschichte grundlegend Werner Conze und Christian Meyer, Art. "Adel, Aristokratie", in: Werner Conze u.a. (Hg.), Geschichtliche Grundbegriffe Bd. 1, Stuttgart 1972. In diesem Zusammenhang kann nur auf einige wichtige Einzelstudien verwiesen werden: Joachim Lampe, Aristokratie, Hofadel und Stadtpatriziat in Kurhannover, Göttingen 1963; Heinz Reif, Westfälischer Adel 1770 – 1860, Kritische Studien zur Geschichtswissenschaft 35, Göttingen 1979.

[31] Vgl. hierzu: Winfried Schulze, Vom Gemeinnutz zum Eigennutz, über den Normenwandel in der ständischen Gesellschaft der Frühen Neuzeit, HZ 243, 1986, S. 591ff. u. Barbara Stollberg-Rilinger, Handelsgeist und Adelsethos, ZHF 15, 1988.

IV. DER PROZESS AM REICHSKAMMERGERICHT

Der von 1597 bis 1685 währende Prozeß, den die Stiftsregierung, das Domkapitel und die Ritterschaft gemeinsam gegen die münsterischen Erbmänner führten, ist etwas besser untersucht als der Schencking-Prozeß an der Rota. Beginn, Ende, Klagschrift und Urteil sowie manches Einzelstück aus den in Münster lagernden Gerichtsakten sind bekannt.[1] Nie jedoch wurden auch die gleichzeitigen Domkapitels „Produkte" und „Protokolle", die der Landtage und der Ritterschaft sowie das Material in den betreffenden Familienarchiven ausreichend herangezogen. Aus schon in Kapitel I angeführten Gründen kann dies auch hier nicht geschehen; es muß bei einer knappen Skizze bleiben.

Unter dem 19. August 1597 erhoben die Statthalter des abwesenden Landesherrn, Ernst von Bayern, zusammen mit dem Domkapitel und der Ritterschaft beim Reichskammergericht in Speyer eine Diffamationsklage gegen 13 namentlich aufgeführte münsterische Erbmänner wegen deren Behauptung, stifts- und rittermäßig zu sein und daher zu den adligen Stiftern – voran dem Domkapitel – und zur Ritterschaft Zugang beanspruchen zu können. Es dürfte sich dabei nicht um alle damals lebenden Nachkommen erbmännischer Familien gehandelt haben – untersucht wurde das bisher nicht. Jene 13 und ihre Erben bildeten jedoch fortan die erbmännische Prozeßgemeinschaft; sie sind aufgrund der erhaltenen Prozeßvollmachten während der vollen 88jährigen Verfahrensdauer nachzuweisen.[2] Nur die Kerckerincks zur Borg schieden 1626 aus dieser Gemeinschaft aus, vermutlich, weil sich ihnen durch Nachweis älterer „Landtagsbriefe", d.h. Aufforderungen zur Teilnahme, und durch ritterschaftliches Konnubium auch ohne Beteiligung an den hohen Kosten des Prozesses die Aussicht auf Erreichung

---

[1] Jüngste Zusammenfassung bei Wolfgang Weikert, Erbmänner und Erbmännerprozesse, Münster 1990.
[2] Rudolfine Freiin von Oer, Wer waren die Erbmänner? in: Helmut Lahrkamp (Hg.), Beiträge zur neueren Stadtgeschichte, Quellen und Forschungen zur Geschichte der Stadt Münster, NF 12, Münster 1987, S. 279 – 286.

des angestrebten Ziel eröffnete.³ Weniger Vertrauen setzte man offenbar in eine kaiserliche Adelsbestätigung, wie sie Johannes von Bischopink 1609 von Rudolf II. für sich und seine legitime Nachkommenschaft erreichte; die Bischopinks blieben bis zum Ausgang Beteiligte am Erbmännerprozeß.⁴

Der münsterische Erbmännerprozeß sollte einer der langwierigsten – wenn auch bei weitem nicht der am längsten währende – Reichskammergerichtsprozeß werden, der in der zweiten Hälfte des 16. Jahrhunderts begann. Prozessiert wurde jedoch nicht mit gleichbleibender Intensität durch die 88 Jahre seiner Dauer; Einträge wie *nihil actum* im Protokollbuch des Reichskammergerichts finden sich mehrfach und über Jahre.⁵ Nicht allein der dreißigjährige Krieg dürfte Ursache des zeitweiligen Stillstandes gewesen sein; immerhin wurden 1634 und 1641 neue erbmännische Vollmachten vorgelegt. Intensiv prozessiert wurde vor allem in den letzten zwanzig Jahren des Verfahrens; den Ursachen der „Schübe" und „Stillstände" wäre noch im einzelnen nachzugehen. Nicht hinreichend geklärt erscheinen auch Zeitpunkt und Anlaß einer Gegenklage der Erbmänner, die auch im Endurteil angesprochen wird.⁶ Dem Domkapitel war dieser Prozeß so wichtig, daß es, jedenfalls seit 1652, die Verpflichtung zur Unterstützung darin in die Wahlkapitulation jedes neugewählten Fürstbischofs aufnahm. Christoph Bernhard von Galen, Ferdinand von Fürstenberg, Max Heinrich von Bayern, Friedrich Christian von Plettenberg und Franz Arnold von Wolff Metternich versprachen unter Eid, Kapitel und Ritterschaft im Erbmännerprozeß zu unterstützen.⁷ Besonderen Nachdruck erhielt diese Verpflichtung nach dem Speyrer Endurteil von 1685; drei Jahre später mußte Friedrich Christian von Plettenberg in seiner Wahlkapitulation versprechen, sich die Betreibung der Revision in Regensburg wie am

---

³ Ebd., S. 283, Anm. 18. Archiv Nordkirchen, KA 206/20, fol. 516-533.
⁴ Weikert (wie Anm. 1), S. 163f.; Oer (wie Anm. 2), S. 283ff.
⁵ STAAMS, RKG M 1653, Bd. 1. Zur Dauer von Reichskammergerichtsprozessen im 16. Jahrhundert vgl. Filippo Ranieri, Recht und Gesellschaft im Zeitalter der Rezeption 2, Köln 1985, S. 409ff.
⁶ Paul Wigand, Denkwürdigkeiten, Leipzig 1854, S. 171; je ein Abriß des Prozeßverlaufs in den Druckschriften: *Justitia pressa non oppressa* (Heidelberg 1686) und *Gründliche und actenmäßige Deduction*, o.O. 1687; vgl. auch Weikert (wie Anm. 1), S. 184f. und Rudolfine Freiin von Oer, Das Urteil des Reichskammergerichts im Münsterschen „Erbmännerprozeß" vom 30. Oktober 1685, Westfälische Quellen im Bild 20, hg. v. Alfred Bruns, Münster 1986.
⁷ STAAMS, Ftm. Münster, Domkapitel Akten, Nr. 97 – 106, 18. 9. 1652, 13. 9. 1679, 19. 9. 1683, 29. 7. 1688, 30. 8. 1706.

Kaiserhof *sonderlich angelegen sein zu laßen* weil *daß Speyerische Cammergericht denen Erbmänneren gahr zu sehr zugethan ist*.[8]

Zu den Gegenstrategien der Erbmänner gehörte, daß Matthias Kerckerinck zu Stapel 1677 als Oberamtmann des Fürstbischofs von Speyer zu Bruchsal mit seiner Familie dorthin übersiedelte, um im Reichskammergerichtsprozeß *das interesse causa communi ... beobachten ... zu können*, wie sein Sohn später schrieb.[9] Neben Kerckerinck trat sehr bald der Kanoniker am St. Mauritzstift vor Münster, Jacob Johann von der Tinnen. Er entstammte der damals begütertsten Erbmännerfamilie; sein Vater konnte neben der standesgemäßen Ausstattung aller seiner Kinder die bis heute in Münster wirkende „Stiftung Rudolph von der Tinnen" errichten.[10] Jacob Johann hatte an der Universität Marburg und am Collegium Germanicum in Rom studiert, sein römisches Studium schloß er mit einer *summa cum laude* bewerteten Disputation ab.[11] Anders als Dr. Johann Schencking gut hundert Jahre zuvor beschloß Tinnen seine Studien nicht mit einem akademischen Grad, obwohl eigene Befähigung und das Vermögen seines Vaters ihm dies zweifellos ermöglicht hätten. Die Quellen rühmen seine hohe Gelehrsamkeit und *fürtreffliche talenta*, die beim Gericht eingereichten Schriftsätze habe er *mehrenteils selbst concipiert*.[12] Man wird kaum fehlgehen, auch diesen Umstand als Teil adeligen Lebensstils zu ver-

---

[8] Ebd. Nr. 105, fol. 17v.
[9] Archiv Haus Stapel, Akten 33, Johann Ludwig Kerckerinck, *Nachricht über die am kayserlichen und deß Reichs Cammer-Gericht zu Speyer und Wetzlar wieder das Stift Münster erhaltenen obsieglichen Urthelen und Mandata de exequendo in Causa nobilitatis Erbmannorum undt die ex adverso dagegen interponierte Revision*, undatierte Handschrift.
[10] Werner Frese, Die Stiftung Rudoph von der Tinnen, in: FS Dreihundert Jahre Stiftung Rudoph von der Tinnen, Münster 1988.
[11] Peter Schmidt, Das Collegium Germanicum in Rom und die Germaniker, Bibliothek des deutschen historischen Instituts in Rom 56, Tübingen 1984, S. 307; Andreas Steinhuber, Geschichte des Kollegium Germanikum Hungarikum in Rom 2, Freiburg 1906, S. 68; Wilhelm Kohl, Das Domstift St. Paulus in Münster, Germania sacra NF 17,2, Berlin 1982, S. 710, das Todesdatum ist zu korrigieren, Tinnen starb bereits 1709. Vgl. auch Rudolfine Freiin von Oer, Karrieren westfälischer Germaniker im 16. und 17. Jahrhundert, in: Paul Leidinger und Dieter Metzler (Hg.), Geschichte und Geschichtsbewußtsein. FS Karl-Ernst Jeismann, Münster 1990, S. 244ff.
[12] Archiv Haus Stapel (wie Anm. 8), S. 3 u. 12; Steinhuber (wie Anm. 11), S. 68. Bei dem hier mit „Elbing" angegebenen Geburtsort Jacob Johanns dürfte es sich um das Gut Ebbeling bei Münster handeln, vgl. Gerd Dethlefs, Rudolph von der Tinnen 1612 – 1702, in: FS Dreihundert Jahre Stiftung Rudoph von der Tinnen, Münster 1988, S. 35f.

stehen, mit dem es sich damals nicht vertrug, akademische Grade zu erwerben.[13]

Im Februar 1684 verstarb Matthias Kerckerinck zu Bruchsal im Alter von 56 Jahren. Seine Witwe, Hedwig Christina aus der ritterschaftlichen Familie von Graes aus Haus Loburg bei Coesfeld, zog nun ganz nach Speyer, logierte beim erbmännischen *Cammerprokuratoren H. Doctori Seiblin* und betrieb weiterhin den Prozeß. Ihr noch minderjähriger Sohn setzte zunächst seine Studien bei den Jesuiten fort.[14]

In Münster erfuhr man offenbar von den Aktivitäten der Hedwig Christina und deputierte den Offizial Bole und den Licentiaten Bünighmann nach Speyer, um zu verhindern, *daß die vermuthete Urthel in die hundtstägige publication Jahres 1685 nicht möge herauskommen*.[15] Als dies nicht geschah, traten die beiden Deputierten den Rückweg nach Münster an. Hedwig Christina jedoch blieb in Speyer, *hat ihr sollicitatur desto eiffriger fortgesetzt* und offenbar Jacob Johann von der Tinnen zu erneutem Erscheinen in Speyer veranlaßt, *umb sich die Ehr oder Palmam Victoriae in obtinenda sentientia ... mit meiner Fraw Mutter zu theilen*, wie der Sohn später festhielt. Als daraufhin die Deputation der Prozeßgegner erneut auftaucht, versteckt Seiblin Tinnen und die Witwe Kerckerinck auf seinem *Landgut im Gebürg ... zum Weinlesen*. Erst sechs Tage vor der nächsten Publikation von Urteilen kehren beide nach Speyer zurück, Seiblin hatte inzwischen erfahren, daß das Urteil nun *concipiert und referiert sei*. Ihren ältesten Sohn, Johann Ludwig, ließ die Witwe Kerckerinck nun zu sich kommen und absolvierte mit ihm die Besuche bei den Kammerpräsidenten und Assessoren. Er begleitete sie auch zur Audienz des Gerichts am 30. Oktober 1685. Darüber schreibt er: *der 30te Tag Monaths octobris des lauffenden Jahres 1685 der von unß und unsern Vorfahren längst erwünschte Tag gewesen ... dem allerhöchsten sey dafür ewig lob, preiß und danck gesagt, in publicatione ordinaria omnium sanctorum, zu unseren höchsten Trost und unaussprechlicher Freude ... [meine] Fraw Mutter der H. von der Tinnen, und ich die publicationem haben*

---

[13] August Franzen, Die Informativprozesse anläßlich der Bischofswahlen des Kölner Weihbischofs Georg Paul Stavius und der Straßburger Bischöfe Franz Egon und Wilhelm Egon von Fürstenberg, AnnHistVNrh 155/156, Bonn 1954, S. 359; Alois Schröer, Christoph Bernhard von Galen, Korrespondenz mit dem Heiligen Stuhl, Westfalia sacra 3, Münster 1972, S. 5.
[14] Archiv Haus Stapel (wie Anm. 9), S. 3f.
[15] Ebd. S. 5f., auch zum Folgenden.

mitangehöret ...[die als] *num: 6to abgeleßen worden.*[16] Der Tenor dieses Urteils entsprach voll der seit über 130 Jahren von den Erbmännern vertretenen Auffassung: *In Sachen Statthaltern undt Räth des Stiffts Münster, Klägere, wieder die gemeine Erbmänner besagten Stiffts, beclagte, Citationes ex l[ege] diffamari per Edictum, itzo der Gemeinen Erbmänner des Stiffts Münster Klägeren, eines wieder gedachte Statthalter unndt Räthe des Fürstlichen Stiffts Münster, nunmehr Herrn Maximilian Henrichen Churfürsten zu Cöllen alß Bischoffen zu Münster, wie auch daß Thum-Capitul unndt gemeine Ritterschaft besagten Stiffts, Beclagte ... zu recht erkandt, das die familien oder geschlechter der Klagendter in actis benenter erbmänner rechten alten Adelichen und Ritterbürtigen Standts zu erklären unndt darfür gleich anderen des Stiffts Münster Rittermäßigen von adel zu halten seyen dahero beclagten sambt und sonders nit gezihmet noch gebührt, bemelte Erbmännische Familien unndt die, do darauß Ehelich herstammen, durch unternohmenen Veränderung der titulen außschliesung von Ritterbürtigen Stiffteren unndt Collegien, nitzulaßung derjenigen Erbmänner, so keine membra des Raths der Statt Münster sindt, auff denen Landtagen besagten Stiffts Münster gleich anderen Rittermäßigen Persohnen zu erscheinen undt sonsten in anderen dem Adell zustehenden rechten unndt praerogativen von anderen Ritterbürtigen geclagter maßen zu unterscheiden, abzusondern unndt geringeren Standts zu halten, sondern darahn zu viel undt unrecht gethan undt derowegen sich dessen allen hinfüro zu enthalten undt deßhalben ihnen Klägeren genugsame Caution zu leisten schuldig unndt darzu condemniren und verdammen seyen, als Wir hiemit erklähren, halten, schuldig erkennen, condemniren unnd verdammen, die Gerichtskösten, derentwegen uffgeloffen, aus bewegenden ursachen gegeneinander compensirend unndt vergleichendt. Dan ist zu Leistung aufferlegter Caution obgedachten Beclagten Zeit Vier Monaten pro Termino prorogatione von Ambts wegen ausgesetzt, mit dem anhang, wo sie solchem also nicht nachkommen werden, daß sie jetzt alßdan unndt das alß jetzt in die straff Zehen Mercken löthigen goldts, halb dem Kay[serlichen] fisco undt zum anderen halben theill ihnen klageren ohnnachlässig zue bezahlen hiemit erklährt sein, auch der Real Execution halben auff derselben ferner anruffen ergehen*

---

[16] Ebd. S. 7.

solle, was recht ist.[17] Abgesehen von der Kostenentscheidung[18] bedeutete dies einen vollen Erfolg für die Erbmänner; wenn das Gericht Erbmänner, die etwa im Rat der Stadt Münster saßen, von seiner Entscheidung ausnahm, so traf das zu diesem Zeitpunkt niemanden mehr. Es bestätigte vielmehr den Rückzug aus den städtischen Ämtern als dem angestrebten Ziele dienlich – vermutlich aus diesem Grunde ist der noch 1670 zum Bürgermeister gewählte Rudolph von der Tinnen, der Vater des Jacob Johann, zu den münsterischen Ratssitzungen nie erschienen.[19]

Jacob Johanns Freude über den endlich – wie er wohl meinte – errungenen Sieg war so groß, daß ihm die damals übliche Druckausfertigung des Urteils nur für die Insinuation beim unterlegenen Gegner genügte; für die Obsiegenden bestellte er in der Kanzlei des Gerichts neun gesiegelte Pergamentausfertigungen *umb ieder Familiae de medio DDnorum Erbmannorum ein Authenticum zu praesentieren*.[20] Dr. Seiblin erhielt die ihm für den Fall des günstigen Prozeßausgangs versprochenen 200 Rt, seine Schreiber und das Hausgesinde weitere vier Rt. 12 Rt waren der Kanzlei zu *verehren* und weitere 52 Rt kosteten die Urteilsausfertigungen bei der Kanzlei; der Druck von 50 zusätzlichen Exemplaren jedoch nur 1 Rt 9 s 4pfg. Den gratulierenden *familiaribus assessorum* waren 6 Rt zu verehren, auch der Sieg in einem Reichskammergerichtsverfahren war nicht ganz billig.[21] Gemeinsam mit Dr. Seiblin verfaßte Tinnen die Triumphschrift *Iustitia pressa non oppressa* und ließ sie in Heidelberg erscheinen.[22] Die Witwe Kerckerinck, ihr Sohn und der Kanonikus Tinnen statteten Präsidenten und Assessoren in Speyer Dankvisiten ab. Tinnen und Johann Ludwig Kerckerinck reisten auch nach Koblenz, um dem Kammerrichter, 1676 bis 1711 der Trierer Kurfürst Johann Hugo von Orsbeck, ihre Aufwartung zu

---

[17] Oer (wie Anm. 6). Druck im STAAMS, Ftm. Münster, Landesarchiv 522, Nr. 26, fol. 309; Pergamentausfertigungen in den Archiven Haus Stapel, Ketteler-Harkotten und Haus Hülshoff.

[18] Nach Wigand (wie Anm. 6), S. 174 „das übliche Verfahren", für das späte 18. Jahrhundert gilt jedoch, daß grundsätzlich die unterlegene Partei die Verfahrenskosten übernahm. Die Praxis des Reichskammergerichts um 1700 ist bisher nicht untersucht, Heinrich Wiggenhorm, Der Reichskammergerichtsprozeß am Ende des Alten Reiches, jur. Diss. Münster 1966, S. 161f.

[19] Dethlefs (wie Anm. 12), S. 45f.

[20] Archiv Haus Stapel, Akten 33, S. 8.

[21] Archiv Ketteler-Harkotten, Möllenbeck Akten H 15a.

[22] Archiv Haus Stapel, Akten 33, S. 9. Exemplare dieser Schrift im Archiv Ketteler-Harkotten, Möllenbeck Akten VIII, H 11 und in der Universitätsbibliothek Münster.

machen. Beide wurden zu Tisch geladen, Tinnen an der kurfürstlichen Tafel placiert und Johann Ludwig *als ein knab an der Hh. Edellknaben Taffel zu mittag behalten, an welcher Ihro Churfürstliche Gnaden, den H. von der Tinnen ein groß glas wein auff die Gesundtheit aller deren, so sich über die erhaltene obsiegliche urtheil zu erfreuen haben ggst zu trincken beliebet;*[23] das Protokoll des kurfürstlichen Hofes trug dem Speyrer Urteil Rechnung. Hedwig Christina Kerckerinck reiste mit ihrer jüngsten Tochter über Haus Osthoff – wohl der bischopinksche Familienbesitz – nach Stapel zurück, während Jacob Johann von der Tinnen zusammen mit Johann Ludwig über Worms, Köln, Wesel und Haus Hülshoff heimkehrten und zu St. Thomas (21. Dez.) wieder in Münster eintrafen. Das Weihnachtsfest 1685 dürfte nicht nur in Haus Stapel, sondern in allen Höfen und festen Häusern der beteiligten Erbmännerfamilien in besonders guter Stimmung begangen worden sein.

---

[23] Archiv Haus Stapel, ebd., S. 9.

V. DIE EINLEITUNG DES REVISIONSVERFAHRENS

Etwa am 17. November 1685 kannte man in Münster den Ausgang des langen Rechtsstreites. Den an diesem Tage in der Domdechanei versammelten Kapitularen wurde ein Schreiben des Dr. Bole aus Speyer verlesen, *daß daselbsten in causa Erbmannorum völlig pro Erbmannis definitive gesprochen, der punckt expensarum aber compensirt seye.*[1] Man beschloß, die Rückkehr des Lic. Bünighmann abzuwarten, und mit ihm die Sache zu besprechen. Am 2. Dezember lag dem Kapitel eine Kopie des Urteils aus Speyer vor. Zum 3. Januar 1686 vermerkt das Kapitelsprotokoll: *Erschienen ante Capitulum der Kays. Cammerbode Cyrus, und thete dem Hern Syndico doctori Herde in praesentia mei Secretary et Cammerary Strick zu erkennen geben, was gestald beym Hochlöblichen Kayl. Cammergericht zu Speyer in Sachen Münster contra die Münsterische Erbmänner Cit. ex leg. diff. eine sicher Urtheill außgesprochen, und Er alß Kayl. Cammer-Botte requirirt wehre, um sothane Urtheill einem Hochw. Münst. Thumb-Capitull gebührendt zu insinuieren, übergab zu solchem endt das original, sambt einer gedrückten copey von der Urhteill Bath darauf einige resolution wieder zu kommen zu laßen.* Nach Verlesung des Urteils beschloß das Kapitel, daß es *zu allerunterthänigster Respect Ihre Kayserl. Mjt. und dero hohen Gerichts die Beschehene insinuation führ richtig und die Urtheill pro insinuato ahnerkennen thete,* was der Syndikus dem Kammerboten mitteilte. Der Kammerbote bestätigte die Insinuation auf der Rückseite der Kopie, überließ diese dem Domkapitel und verließ die Stadt.[2] Daß man nicht bereit war, sich dem *widerwärtigen Urteil,* wie es oft genannt wird, ohne weiteres zu fügen, stand offenbar sogleich fest. Schon zwei Wochen später, am 18. Januar, ging eine neue Vollmacht an den Speyrer Anwalt Johann Reiner von der Sultz. Gleichzeitig beantragten Kurfürst Max Heinrich von Köln als Bischof von Münster, das

---

[1] STAAMS, Ftm. Münster, Domkap. Protokolle 48, fol. 95r.
[2] Ebd. Landesarchiv 522, Nr. 2 b Bd. 6, fol. 309v.: *Insinuiert durch mich, Johann Peter Cyrus, deß hochlöblichen Kayl. Cammerg. zu Speyer, geschworenen Cammerbottmeister den 3. Tag January 1686.*

münsterische Domkapitel und die Ritterschaft das *beneficium revisionis* beim Erzkanzler des Reiches, dem Mainzer Kurfürsten Anselm Franz von Ingelheim (1679 – 1695).[3] Der Kurfürst unterrichtete den Kaiser sowie den Regensburger Reichstag und übersandte das münsterische Revisionsbegehren dem Reichskammergericht; am 10./20. Februar 1686 wurde es dort zu den Akten genommen. Wenig später informierte Anselm Franz auch den Trierer Kurfürsten Johann Hugo von Orsbeck (1676 – 1711) als den Kaiserlichen Kammerrichter und höchsten Repräsentanten des Speyrer Gerichts.[4] Das ausführliche *Gravamen revisionis* konnte Anwalt Sultz jedoch nicht sogleich vorlegen; er erbat und erhielt drei Monate Aufschub zu dessen Ausarbeitung.[5]

Während die unterlegene Partei zunächst nur für die fristgerechte Insinuation ihres Revisionsbegehrens Sorge trug, bemühten sich die Erbmänner um möglichst baldige Exekution des Urteils. Die dazu bei eingelegter Revision reichsrechtlich vorgeschriebene Kaution zu leisten, waren sie bereit. Schon am 26. März 1686 lag die erbmännische Verpfändung aller beweglichen und unbeweglichen Güter für den Fall des Unterliegens im Revisionsverfahren nach erfolgter Exekution des Urteils dem Speyrer Gericht vor.[6] Als erste unterschrieben Rudolph von der Tinnen und seine Söhne Jacob Johann und Gottfried, ferner Mitglieder der Familien Kerckerinck zur Borg und zu Stapel, Droste Hülshoff, Schencking, Clevorn zu Darfeld, Buck, Bischopink und Droste zu Telgte. Von den 1597 beklagten Familien fehlten nun die inzwischen ganz oder beinahe erloschenen Stevening, Travelmann und Warendorf, während die Kerckerinck zur Borg wieder teilnahmen. Güter aus Travelmannschem Besitz waren durch die Heirat des Rudolph von der Tinnen mit der Erbin Richmod an die Tinnens gefallen; diese erwarben ferner Besitzungen aus der *discussion* der Droste zu Möllenbeck.[7] Von den am Prozeß soweit bekannt zu keinem Zeitpunkt

---

[3] Ebd. Domkap. Protokolle 48, fol. 98v. u. 49, fol. 1r. Bestätigung durch Kurfürst Anselm Franz, Mainz, 25. Januar 1686, *Decretum*, ebd. Landesarchiv 522, Nr. 2c Bd. 7, fol. 116.

[4] Ebd. RKG M 1653 Bd. 1, fol. 64r. Der Kammerrichter sagte seine Unterstützung zu, Zur Mühlen an Max Heinrich, Mainz 14. Sept. 1686, ebd. Landesarchiv 522, Nr. 2c Bd. 7, fol. 252.

[5] Ebd. RKG M 1653 Bd. 1, fol. 64v.

[6] Ebd. Bd. 1, fol. 64v. Die Ausfertigung der Kautionsurkunde datiert erst vom 28. März 1687, ebd. Bd. 12. fol. 207f.

[7] Gerd Dethlefs, Rudolph von der Tinnen, in: FS Dreihundert Jahre Stiftung Rudolph von der Tinnen, Münster 1986, S. 28ff.

beteiligten Drolshagen wußte man, daß sie *valde indebitate* seien und auch bei den Travelmanns gab es ein Konkursverfahren. Gleichwohl akzeptierte das Gericht die erbmännische Kaution, bei der Publikation dieses Aktes kam es offenbar zu einigem Tumult.[8]

Am 26. April 1686 lagen auch die ausführlichen *Gravamina Revisionis* der Gegenseite in Speyer vor.[9] Der Schriftsatz wendet sich, wie in normalen Verfahren üblich, an den kaiserlichen Kammerrichter, obwohl nach Reichsrecht in Revisionssachen der Kurfürst von Mainz zuständig war, der bei den mit Revisionen zu beauftragenden Visitationskommissionen eine herausgehobene Position einnahm[10]. Eine Visitationskommission bestand jedoch trotz aller Vorschriften der Kammergerichtsordnungen damals nicht, was vielleicht die Ursache war, daß man den „Dienstweg" nicht einhielt.[11] Das Gravamen beantragte zunächst, unter Berufung auf die von Kurmainz zugesagte Revision, eine Ausnahme von der Regelung des Jüngsten Reichsabschiedes hinsichtlich des Suspensiveffektes von Revisionen. Der Fall betreffe eine geistliche Sache und falle daher nicht unter die Abschaffung der Suspension, auch füge die Exekution des Urteils den Klägern irreparablen Schaden zu, der auch durch eine Kaution der Erbmänner niemals behoben werden könne, denn falls ein Erbmann inzwischen geistliche Würden erlange und darauf die höheren Weihen nähme, könne er aufgrund der tridentinischen Canones *geistliche Rechte für die Brust spannen ... verfolglich in des hochlöbl. Kay. Cammergerichts macht und gewalt alßdan nicht stehen würde ...* so Bepfründete zu degradieren, vielmehr werde daraus eine *collisio jurisdictionum, inter Pontificem, Imperatorum et status Imperij tam catholicos quam acatholicos gewiß entstehen,* was keine Kaution von Seiten der Erbmänner je wieder gutmachen könne. Wenn ferner ein präbendierter und geweihter Erbmann bei Bischofs- oder Prälatenwahlen votiere, hernach das Urteil *reformiert* werde, entstünden Zweifel hinsichtlich der betreffenden Wahl. Wenn gar *einer von den Geschlechtern der Erbmänneren zum Ertz- oder Bischoffen ex gremio Capituli pendente Revisionis erwehlet, folgents zum Chur- und Fürsten erhoben, sein votum bey den Reichs-*

---

[8] Archiv Ketteler-Harkotten, Bestand Möllenbeck, Akten VIII H 7, fol. 298r. Unter dem 4. Juni 1686 beschwerte sich Anwalt Sultz, er habe am 26. März *wegen deß tumults bey der publication ... den receß nicht zu hören vermögt.*
[9] STAAMS, RKG M 1653 Bd. 1, fol. 65r.
[10] S.o. S. 12ff.
[11] S.o. S. 13, auch zum Folgenden.

und Craiß-Conclusis, iah sogar bey der Kay Wahl abgebe, hiernach aber sententia reformatoria außfallen würde, was hierauß für irreparabilia ... tam in Ecclesiasticis quam politicis nothwendig erfolgen ... nicht wiederbringliche Kösten und schaden alßdan ohnumgänglich entstehen müssen; zur Erhaltung der öffentlichen Ordnung und zur Vermeidung eines *Skandalum* sei die Exekution *zu differieren.* Auch genüge die erlegte Kaution nicht, denn sie sei von Erbmännern unterzeichnet, *deren Elterliche Güter bey offenen Gerichten in discussion längst gezogen worden.* Angeführt werden in diesem Zusammenhang die Droste zur Hove, Bischopink zum Darl, Bischopink zu Nünning, Bischopink zu Handorf *(Handrup)*, Travelmann zu Bellering (es hatte gar kein Travelmann unterschrieben!), Schencking zu Vögeding, Clevorn zu Alverskirchen. Da die Unterschriften der Kautionsurkunde die erwähnten Güter nicht eigens nennen, sind diese Behauptungen nicht im Einzelfall nachprüfbar, mehrere gleichzeitige Konkursverfahren werden jedoch auch sonst erwähnt.[12] Gottfried von der Tinnen besitze, soweit bekannt, überhaupt keine Güter, anderer erbmännischer Besitz dürfe wegen seiner Lehns- oder Fideikommiseigenschaft gar nicht verpfändet werden. Ferner entstehe unstreitig ritterschaftlichen Familien unersätzlicher Schaden durch Heirat mit Erbmännerkindern, da die Nachkommen aus solchen Ehen bei *Reformation* der Speyrer Sentenz von Domkapiteln und Ritterschaften *nothwendig abgewiesen* würden. Welche *confusiones* würden entstehen, wenn solche Nachkommen inzwischen in Domkapitel oder Ritterschaften aufgenommen seien und dann wieder *abtretten müßten.* Schließlich werde *dem Münster Thumbcapitul und der Ritterschaft in Jahren erworben ruhm und reputation das bißanhero woll conservirten Rittermäßigen adels ein ohnersetzlicher schade und nachtheill verursachet* und dazu *andere Teutsche Ertz- und Thumbstiffter als Ritter orden mit allerhandt verdruß und weitläufige händeln leichtlich hochst beschweret.* Das heißt, die Exklusivität des münsterischen Adels begründete seinen Status im Stiftsadel des Reiches, sie bedurfte jedoch rechtlicher Festlegungen, um auf die Dauer aufrecht erhalten zu werden. Tatsächlich war Hedwig

---

[12] Archiv Ketteler-Harkotten, Möllenbeck Akten VIII, H 4, fol 70r. Notar v. d. Sultz an den Kammerrichter, o.O. 26. April 1687, wohl Kopie; J. Holsenbürger, Die Herren v. Deckenbrock, Münster 1868, S. 95 u. 113.

Christina von Graes keineswegs die einzige Tochter aus der münsterischen Ritterschaft, die einen Erbmann geheiratet hatte;[13] was man aber befürchtete, war, daß infolge des Urteils auch Töchter aus Erbmännerfamilien – einige waren zudem noch begütert – in die Ritterschaft heirateten. Solche *mixturas stemmatum* jedoch würden dem Ansehen des münsterischen Stiftsadels im Reich schaden, so argumentierte man und hielt diese Überlegungen für durchaus gerichtsbeständig. Auch der nationale Aspekt wird herangezogen: Dulde man derartige Eingriffe der römischen Kurie, dann *quasi super Germana Nobilitate in partibus Italiae vel ab Italis aut Hispanis judicandum foret,* da doch *questione nobilitatia mere laica* sei.[14]

Die Quellen lassen nicht erkennen, wieviel von dieser Argumentation in Münster konzipiert wurde und wie groß der Anteil des Speyrer Anwalts Sultz daran war. Für das Argument, die *reputation* des münsterischen Stiftsadels im Reich, weisen parallele Formulierungen in einem Schreiben an Kurfürst Max Heinrich vom Februar 1687 auf das münsterische Domkapitel als Urheber hin. Unter Bezugnahme auf die Gravamina Revisionis wird dem Kurfürsten vorgestellt, *in dem dannoch bekant ist, daß umb dieser Erbmänner willen die Ritterschaft am Rhein und daselbst belegener ertz- und Rittermäßige hohe Stiffter den Westphälischen und folgendts den Münsterischen Adell gleichsamb nicht so gueth und geringer halten wollen, undt darumb solcher gedachter Westphälischer Rittermeßige Adell also zu hertzen gangen, daß darumb proceß führen mueßen.* Das Interesse der münsterischen sei mit dem anderer Ritterschaften und Stifter *verknüpft ... uf die conservation ihres Rittermäßigen Standts, undt damit derselbe durch andere mehr bürgerliche alß adeliche Geschlechter nicht gemischt werde.* Offenbar war Nachdruck erforderlich, um das Interesse Max Heinrichs, als des ranghöchsten in der klagenden Partei, am Erbmännerstreit aufrecht zu erhalten; selbst an die in seiner Wahlkapitulation übernommene Verpflichtung zur Unterstützung in diesem Prozeß mußte der Kurfürst sich erinnern lassen.[15] Er entsprach dem Verlangen aus Münster und unterzeichnete die notwendigen Vollmachten trotz tiefer Skepsis,

---

[13] Vgl. Dethlefs (wie Anm. 7), S. 61ff. Stammtafel des Geschlechts von der Tinnen 1300 – 1731.
[14] An den Kammerrichter, Entw., etwa 1687, STAAMS, Ftm. Münster, Landesarchiv 522, Nr. 3 a Bd. 1, fol. 191ff.
[15] STAAMS, Ftm. Münster, Landesarchiv 522, Nr. 3 a Bd. 1, fol. 31f. Zur Mühlen an Max Heinrich, Münster 20. Febr. 1687, Ausf. u. Kopie.

daß *von der suchenden revision besorglich wenig früchten zu hoffen.*[16] Der münsterische Hofrat, Christoph Bernhard zur Mühlen, reiste im Herbst 1686 nach Mainz und Speyer, wo für die Betreiber der Revision nicht alles zum Besten stand. Am Reichskammergericht herrsche Uneinigkeit, so berichtete er nach Münster und *so schmachtlich seint hier die subalternen, daß sie einen ante canonisatione zu reliquien machen wollen, wan sie wißen, daß man virtutes oeconomicas bey sich hat.*[17] Zur Mühlen erfuhr ferner, daß der entscheidende Senat zwar hinsichtlich des *possessorio*, also der Frage nach dem Adel der Erbmänner, *unanimiter* votiert hatte, daß jedoch beim *petitorio*, d.h. den von den Erbmännern erstrebten Konsequenzen aus ihrer Stellung, *große Uneinigkeit gewesen.*[18] Der kurmainzische Kanzler empfahl, die *Sache beim Regensburger Director proponieren* [zu] *laßen*, damit dem Reichskammergericht hinsichtlich der Exekution des Urteils *die Hände gebunden werden könnten.*[19] Über die erbmännischen Bemühungen um kammergerichtliche Paritionsbefehle meinte zur Mühlen beruhigend: *es scheinet aber daß wan an einer seithen die macht zu commendiren an diesseits die freyheit nicht zu pariren ist.*[20] Tatsächlich erging unter dem 13. Dezember 1686 ein *Kayl. Brief* des Senatspräsidenten Franz Eberhard von Dalberg an die münsterischen Revisionskläger. Die Kaution der Erbmänner sei *von Amtswegen pro recognitis angenohmen;* ungeachtet der Einreden der von den Klägern beauftragten Licentiaten Eichrod und Albrecht verlange man innerhalb einer dreimonatigen Frist die *gläubige anzeig*, daß dem Urteil vom 30. Oktober des Vorjahres gehorsamlich gelebt sey. Erfolge dies nicht, werde *declaration poenae undt daß mandat de exequendo ... auf ferner anrueffen ergehen.* Den Anwälten beider Seiten wurde eine Geldstrafe *wegen beiderseits ohne erlaubnuß über die zahl der ordnung producirte schriften* angedroht und ihnen befohlen, sich *allen iniuriosen anzüglichkeithen gegen ein ander* zu enthalten. Wieder ritt Kammerbote Johann Peter Cyrus von

---

[16] Ebd. fol. 25f. Max Heinrich an die Geheimen Räte in Münster, Bonn 18. Febr. 1687, Entw. u. Ausf.
[17] Ebd. Landesarchiv 522, Nr. 2 c Bd. 7, fol. 266f. Schreiben Zur Mühlens aus Speyer 1. Okt. 1686, Ausf.
[18] Ebd. Bd. 7, fol. 261f. u. 252. Zur Mühlen aus Mainz 14. u. aus Speyer 28. Sept. 1686. Ausf.
[19] Ebd. Bd. 7, fol. 252, Zur Mühlen an Max Heinrich, Mainz 14. Sept. 1686, Ausf.
[20] Ebd. Bd. 7, fol 266v., Zur Mühlen an *H. Vetter*, Speyer 1. Okt. 1686, Ausf.

Speyer nach Münster und insinuierte diesen Bescheid am 18./28. Febuar 1687.[21]

In Münster verließ man sich jedoch nicht auf die beruhigenden Auskünfte des Hofrats Zur Mühlen, sondern stellte auch gegen den neuen Bescheid einen zweiten Revisionsantrag.[22] Einer Supplik, die Jacob Johann von der Tinnen etwa gleichzeitig an den Landesherrn Max Heinrich richtete, dem in der *causa famosa Münster ca Münsterische Erbmänner* ausgesprochenen Urteil Rechnung zu tragen, entsprach dieser nicht; Tinnen hatte ihm vorgestellt, daß *auch in priori saeculo daß Romanische also bede der gantzen Christenheit höchste tribunalia* für die Erbmänner entschieden hätten und daß *durch Vermehrung des Adelß dero Hochstifts Splendor vielmehr vergrössert würdt.*[23] Max Heinrich unterzeichnete dagegen – wenn auch nach anfänglichem Zögern – auf Drängen des Domdechanten Friedrich Christian von Plettenberg zusätzlich auch die *clausula hypothecationes* zum Revisionsverfahren, verwahrte sich jedoch gegen eventl. eigene Beiträge.[24] Für die Ritterschaft zeichnete und siegelte ihr Senior, der Freiherr von Galen zu Assen, und ließ sich dies von der zum Landtag versammelten Korporation bestätigen. Dieser kamen aber offenbar Bedenken wegen der Finanzierung des Verfahrens aus Landesmitteln, sie drängte das Kapitel, daß dem Landpfennigmeister und den Pfennigkammerdeputierten *bey ihre aydt eingebunden werden deßen verschwiegen zu seyn,* denn schon hätten *die Erbmänner sich verlauten laßen, ob sollen zu behueff processus wieder sie über 2.000 Rt auß gemeinen Landtschaftsmitteln genommen und verwendet sein;* solches *geschrey* gelte es *zu verhueten.* Das Kapitel sagte zu, wies aber darauf hin, daß der Streit von der münsterischen Regierung angefangen worden sei, die die Kosten dazu

---

[21] Ebd. Münsterische Ritterschaft, Akten 22, Kopie mit Insinuationsvermerk des Johann Peter Cyrus vom 18./28. Febr. 1687. Der Kammerbote hatte diesen Bescheid viermal zu insinuiren, beim fürstbischöflichen Rat, beim Domkapitel, bei der Ritterschaft und bei den Erbmännern. Jacob Johann von der Tinnen lud ihn während seiner 5–6-tägigen Anwesenheit in Münster mehrfach zu Tisch und gab ihm 2 Viertel Wein aus, die er der Erbmännerkasse in Rechnung stellte. Archiv Ketteler-Harkotten, Möllenbeck Akten VIII, H 15a.

[22] STAAMS, RKG M 1653 Bd. 12, fol. 256f. Kurfürst Anselm Franz an Kurfürst Johann Hugo, Mainz 10. März 1687, Ausf.

[23] Ebd. Landesarchiv 522, Nr. 3 a Bd. 1, fol 19f., 7. Febr. 1687, Ausf.

[24] Ebd. Landesarchiv 522, Nr. 3 a Bd. 1, fol. 22f., Friedrich Christian an Max Heinrich, Münster 13. Febr. 1687, Ausf.; Max Heinrich an Stift münsterische Räte, Bonn 18. Febr. 1687, Ausf.

mit Zustimmung der Landstände *ex commune billig genommen hette.*[25] Dem Kammergericht präsentiert wurde das zweite Revisionsbegehren durch Notar Sultz am 4. April 1687.[26]

Noch an einer anderen Front mußte man auf der Hut sein. Am 5. September 1686 – d.h. in einem „päpstlichen" Monat – war der münsterische Domdechant, Rotger Torck, der Vorgänger des erwähnten Friedrich Christian Plettenberg, nach kurzer Krankheit verstorben. Schon am folgenden Tag beschloß das Kapitel, seinen römischen Agenten, Antonio Bitozzi, anzuweisen, er möge *in Dataria ein wenig accurate acht geben wann sich vielleicht von hiesigen Erbmännern ein oder ander umb erhaltung solcher präbenden anmelden würde.*[27] Noch nach 130 Jahren erinnerte man sich offenbar lebhaft des Dr. Johann Schencking. Bitozzi erhielt auf sein Verlangen hin die Zusage eines Jahresgehalts von 60 Rt; die päpstliche Provision auf die vakant gewordene Präbende ging an Franz Ludwig Pfalzgraf bei Rhein aus der seit der Konversion seines Großvaters, Wolfgang Wilhelm, von Rom so sehr begünstigten Neuburger Linie.[28] Ein halbes Jahr später erhielt Franz Ludwig die Possession. Auch sonst gab man acht: Verschiedene Schreiben gingen an Kommenden der Deutschordensritter und der Malteser, um zu erfahren, ob dort wirklich Erbmänner aufgenommen worden waren und ob sie weltlichen oder geistlichen Standes gewesen seien; Letzteres hätte ihnen im Prozeß nichts genutzt, da die strengen Ahnenbestimmungen der Ritterorden für Geistliche nicht galten.[29] Als man im September 1687 vom Skandal um den Reichskammergerichtsassessor Schütz hörte, der wegen Bestechlichkeit verhaftet worden war, erkundigte sich das münsterische Domkapitel beim Mainzer Dompropst *ob derselbe auch vielleicht in der Erbmänner Sache – in welcher*

---

[25] Ebd. Ritterschaft 145 Nr. 4, Landtagsprotokoll 31. Jan. 1686 u. 4. März 1687.
[26] Ebd. RKG M 1653 Bd. 12, fol. 256f. u. 261f.
[27] Ebd. Ftm. Münster, Domkap. Protokolle 49, 6. Sept. 1686 und 4. April 1687. Zu Torck vgl. Wilhelm Kohl, Das Domstift St. Paulus zu Münster, Germania sacra, NF 17,2, Berlin 1982, S. 151f.
[28] Zu Franz Ludwig, 1716 – 1729 zweiter Nachfolger Johann Hugos als Kurfürst von Trier – nicht als Kammerrichter – und 1729 – 1732 Kurfürst von Mainz vgl. Kohl (wie Anm. 27), S. 709; Rudolf Reinhardt, Zur Reichskirchenpolitik der Pfalz-Neuburger Dynastie, HJb 84, 1964, S. 119 u. 123 und Hubert Wolf, Die Reichskirchenpolitik des Hauses Lothringen (1680 – 1715), Beiträge zur Geschichte der Reichskirche in der Neuzeit Bd. 15, Stuttgart 1994.
[29] STAAMS, Ftm. Münster, Landesarchiv 522 Nr. 3 a Bd. 1, fol. 50f.

eine sehr wiederwärtige Urtheil ohnlängst herauskommen – ahnsehenliche Verehrung genossen habe.[30] Eine Antwort aus Mainz fand sich bisher leider nicht. Nach der späteren Nachricht Johann Ludwig Kerckerincks hatte Philipp Christian Merle *hodie lumen camerae* 1685 das Referat gehabt. Seine Unterlagen sollten freilich bei der Aufnahme des eigentlichen Revisionsverfahrens 1706 in Wetzlar fehlen. Merle lebte zu diesem Zeitpunkt nicht mehr; auf Bitten des Revisionsgerichts sandte seine Witwe die Akten aus Köln nach Wetzlar.[31] Merle hatte sich offenbar auf die Proberelation eines damaligen Kandidaten gestützt, den der schwäbische Reichskreis zum Assessorenamt präsentiert hatte. Dieser, Johann Adam Pürck, wurde 1687 als Beisitzer aufgeschworen, geriet aber in eine Pasquillenaffäre und wurde 1703 von seinem Amt suspendiert jedoch später an das Prager Oberappellationsgericht berufen.[32] Nach Westfalen drangen – wenn auch nicht sogleich – Nachrichten von den Skandalen am Speyrer Gericht; Friedrich Christan von Plettenberg, seit Juli 1688 Nachfolger Max Heinrichs als Fürstbischof von Münster, wurde 1705 für die Summe von 300 Rt eine Abschrift angeboten *waß gestalt ein gewisser wohlbekannter assessor hiebevor pro admissione zur Beysitzerstelle; oder wie sie es nennen pro statu in causa Erbmannorum ... seine Proberelation abgestattet habe; auff welche relation dann die widrige urtheil herauskommen ist.*[33] Ob Fürstbischof Plettenberg auf den Handel einging, ist nicht festzustellen; weder in Münster noch in der Außenstelle des Bundesarchivs in Frankfurt ist die Proberelation Pürcks erhalten. Nach Johann Ludwig Kerckerincks Angaben war der *extractus* von Pürck schon 1707 *nicht zu finden.*[34] Trotzdem beschweren sich die Betreiber der Revision 1705, das Urteil sei 1685 *umb welche Zeiten die Corruptiones nicht*

---

[30] Ebd. Domkap. Protokolle 49, 7. Nov. 1687; vgl. auch Diedrich Heinrich Freiherr von Ompteda, Geschichte der vormaligen ordentlichen Cammergerichts-Visitationen, Regensburg 1792, S. 238.

[31] Archiv Haus Stapel, Akten 33, S. 16 u. Akten 2, S. 5.

[32] Heinz Duchhardt, Reichskammerrichter Franz Adolf Dietrich von Ingelheim, Nass-Ann 81, 1970, S. 185. STAAMS, Ftm. Münster, Landesarchiv 522, Nr. 3 a Bd. 1, Protokollabschrift 12. Jan. 1687, wohl aus Speyer.

[33] STAAMS, Ftm. Münster, Landesarchiv 522, Nr. 3 a Bd. 2, fol. 344f. Freiherr von Cochenheim an den Fürstbischof, Tencking 22. Okt. 1705, Ausf.

[34] Archiv Haus Stapel, Akten 2, S. 65, J. L. Kerckerinck, 29. März 1707. Lt. Auskunft des Bundesarchivs, Außenstelle Frankfurt vom 13. Jan. 1988 ist diese Proberelation dort nicht erhalten.

wenig vermöget ... erschlichen.[35] Schon früher hatte man aus Wien Erkundigungen eingeholt und erfahren *daß der Reichshofrath wegen der Kayl. Wahlkapitulation undt Reichsabschiedt sich nicht bald undernehme der Cammer ... maß oder ordnung vorzuschreiben weniger einige inhibition zu verfügen da bevorab ein sach bereits abgeurtheilt ist ... et Concurrentia Jurisdictori nicht statt habe,* daß aber *private die Sache für Ihre Kayl. Majt. persohn gehöret.*[36]

In Speyer bemühte sich Dr. Seiblin mit Erfolg um Abwendung des zweiten, gegen die Annahme der erbmännischen Kaution gerichtete Revisionsbegehrens. Am 13. Dezember 1687, genau ein Jahr nach dem ersten Mandat, entsprach das Reichskammergericht dieser Bitte um *Barmherzigkeit und Mitleid.*[37] Es schlug das zweite Revisonsbegehren ab, setzte aber wiederum Strafgeld und Exekution für weitere drei Monate aus, binnen welcher die Vertreter der Revisionskläger ihren Gehorsam anzuzeigen hätten. Bei Ausbleiben solcher Anzeige jedoch werde das Urteil Bestand haben *und der declaration Poenae und Mdti de exequendo halber auf fernerß anruffen ergehen solle was recht ist.*[38] Anstelle der befohlenen Gehorsamsanzeige ging jedoch erneut eine Beschwerde nach Speyer, in welcher man sich unter Hinweis auf erbmännische Konkursverfahren über die Verweigerung der zweiten Revision beklagte und dem Gericht die Unmöglichkeit der Befolgung des ersten Urteils vorstellte, daß man *sich ab omni iuriam et Constitutionibus Imperij benefici solcher gestalt nicht excludiren laßen können.*[39] Seiblin verlangte weiterhin endlich Exekutionsmandate gegen die säumigen Gegner.

Äußere Ereignisse verhinderten jedoch, daß es jetzt dazu kam. Am Abend des 3. Juni 1688 verstarb zu Bonn Kurfürst Max Heinrich von Köln, zugleich Bischof von Hildesheim, Lüttich und Münster.[40] Er hatte Münster kaum je besucht und sich nur auf Drängen seiner

---

[35] Anton Faber (Christian Leonhard Leucht), Europäische Staatskanzley Bd. 11, (Frankfurt) 1707, S. 243, Vorstellung über das Kayserliche Commissionsdekret vom 13. Oktober 1705.
[36] STAAMS, Ftm. Münster, Landesarchiv 522, Nr. 2 c Bd. 7, fol. 160f., Franz von Mayens (?) an das Domkapitel, Wien, 14. März 1686, Ausf.
[37] Ebd. Landesarchiv 522, Nr. 3 a Bd. 1, fol. 189f., Seiblin an den Kammerrichter, undatierte Kopie.
[38] Ebd. Landesarchiv 522, Nr. 3 a Bd. 1, fol. 70f. Mandat, Speyer 13. Dez. 1687, Ausf.
[39] Ebd. fol. 235v, Beschwerde an den Kammerrichter, *d.. 12 März 1688 auf Speyer geschickt.*
[40] Kohl (wie Anm. 27), S. 674.

dortigen Räte und des Domkapitels mit münsterischen Belangen befaßt. Ob das Kapitel aus diesen Gründen Ende Juni desselben Jahres seinen bisherigen Dechanten, Friedrich Christian von Plettenberg, zum Nachfolger des Bayern in Münster wählte, ist nicht geklärt. Plettenberg sollte neben Christoph Bernhard von Galen der einzige Fürstbischof seit der Mitte des 16. Jahrhunderts bleiben, der nicht gleichzeitig ein anderes Bistum innehatte. Friedrich Christian (1644-1706) stammte aus dem kurkölnischen Herzogtum Westphalen, war früh zum geistlichen Stand bestimmt worden und hatte am Collegium Germanicum in Rom studiert.[41] Offenbar hatte man seine Wahl schon bald nach dem Tod des Kurfürsten ins Auge gefaßt. Die Familie Plettenberg dominierte damals im Hochstift Münster, wenn nicht im gesamten westfälischen Stiftsadel. Zeitweise besaßen vier Brüder Plettenberg Domkanonikate in Münster.[42] Der Bedeutendste unter Friedrich Christians Brüdern, Ferdinand, war bereits Domdechant in Paderborn und sollte im Jahr 1700 zum Dompropst in Münster gewählt werden. Als energischster Betreiber des Kampfes gegen das Urteil von 1685 ist er wiederholt aktenkundig geworden.

Die Regierungszeit seines Bruders Friedrich Christian gilt als eine der segensreichsten in der Geschichte des Hochstifts.[43] Trotz Beteiligung am Reichskrieg gegen Frankreich verstand er es, sein Territorium vom Kriegsgeschehen freizuhalten und zudem noch beachtliche Subsidien der Seemächte für das Hochstift und seine eigene Familie zu erwirken. Im Stile barocken Fürstentums verwendete er große Teile davon zu Bauzwecken; in Ahaus entstand 1689 bis 1697 an der Stelle der alten Landesburg eine barocke Residenz, in Nordkirchen begann Friedrich Christian 1696 mit dem Bau eines Familiensitzes, der die großartigste barocke Anlage in Westfalen werden sollte. Die Fertigstellung hat der Bauherr nicht mehr erlebt. Am 5. Mai 1706 verstarb Friedrich Christian im Alter von 51 Jahren offenbar unvorhergesehen.[44] Ein münsterischer Chronist sagt von ihm: *ein sehr klueg und verstendiger Herr, so in viel gesandtschaften an große hofe gebraucht ... Er hatte allezeit auserlesene*

---

[41] Ebd. S. 153ff.
[42] Ebd. S. 71; Peter Schmidt, Das Collegium Germanicum in Rom und die Germaniker. Bibliothek des deutschen historischen Instituts in Rom Bd. 56, Tübingen 1984, S. 285.
[43] Manfred Wolf, Das 17. Jahrhundert, in: Westfälische Geschichte hg. v. Wilhelm Kohl Bd. 1, 1983, S. 598.
[44] Kohl (wie Anm. 27), S. 154; STAAMS, Ftm. Münster, Domkap. Protokolle Nr. 67, fol. 50. Zu Nordkirchen: Karl E. Mummenhoff, Schloß Nordkirchen, 1974.

und capable bediente, fuhrte eine schone und regulirte hoffhaltung, regierte in summa dergestalten loblich, sowohl in geistlichen civilen und militairen sachen, dass man gewiss bekennen muesse, das stift Munster habe nimmer besser florirt als unter seine regirung.[45]

Plettenbergs Leistung, seinem Hochstift den Frieden erhalten zu haben, muß um so höher veranschlagt werden, als gleichzeitg andere Teile des Reiches furchtbaren Verwüstungen ausgesetzt waren. Dies gilt insbesondere für die Pfalz und nicht zuletzt für die Reichsstadt Speyer. Im Herbst 1688 brach der „pfälzische Krieg" mit einem Manifest Ludwigs XIV. und gleichzeitigem Einmarsch seiner Truppen ins Reich aus. Ende September wurden Worms und Speyer sowie andere Städte der Pfalz besetzt. Dem Kammergericht wurde jede Tätigkeit untersagt, seine Gelder beschlagnahmt.[46] Nur wenige Monate durfte man hoffen, dem Schicksal von Mannheim und Heidelberg zu entgehen, Mitte Mai 1689 entschied sich auch das Geschick Speyers in Paris. Am 23. Mai erfuhr die Bevölkerung, daß ihre Stadt in Schutt und Asche gelegt werden sollte. Vom 31. Mai bis zum 2. Juni loderten die Feuer.[47] Vermutlich gehörte auch das Reichskammergericht zu jene Gebäuden, die die Franzosen voller Stroh packten, um eine gründlichere Durchführung ihres Befehls zu erreichen; übrig blieben kaum mehr als die Außenmauern. Die Rechtsprechung stand still; zeitweise schien ungewiß, ob und wann sie wieder aufgenommen werden konnte. Noch im April 1690 wußte man in Münster nicht, *ob die acta Caa Erbmannorum zu Speyer mit verbrannt, oder anderwärts endtführet, oder vielleicht noch conservirt sein.*[48]

---

[45] Lambert Friedrich Corfey, in: Johannes Janssen (Hg.), Die Münsterischen Chroniken von Röchell, Stevermann und Corfey, Geschichtsquellen des Bistums Münster Bd. 3, Münster 1856, S. 275.
[46] Kurt von Raumer, Die Zerstörung der Pfalz, München 1930, S. 150.
[47] Ebd. S. 159ff.; Wolfgang Eger (Red.), Geschichte der Stadt Speyer Bd. 2, Speyer, ²1983, S. 28ff.
[48] STAAMS, Ftm. Münster, Domkap. Protokolle Nr. 52, fol. 31r. 12. April.

VI. DIE PÄPSTLICHE PROVISION FÜR JACOB JOHANN VON DER TINNEN

Jacob Johann von der Tinnen hatte sich – noch ehe die Katastrophe von Speyer absehbar war – erneut auf Reisen begeben. Im Oktober 1687 überbrachte er Dr. Seiblin das Honorar der Erbmänner für das laufende Jahr in Höhe von 8 Rt und reiste nach einem Aufenthalt von zwei Wochen in Speyer, für die er der Erbmännerkasse 25 Rt in Rechnung stellte, weiter nach Rom.[1] Hier hatte er – wohl aus seiner Studienzeit – noch manche Freunde und *patrones;* zu letzteren zählte insbesondere der Kardinal Imperiali.[2] Im Rom blieb Tinnen, *biß ihm endlich das Glück ist günstig gewesen* und der am 6. Oktober 1689 zum Papst gewählte Alexander VIII. ihm unter dem 17. November dieses Jahres eine Provisionsbulle auf die Präbende des am 23. Juli verstorbenen Pfalzgrafen Friedrich Wilhelm, eines jüngeren Bruders des Pfalzgrafen Franz Ludwig, ausstellen ließ.[3] Die schon 1686 geäußerten Befürchtungen des Domkapitels erwiesen sich als keineswegs unbegründet. Obwohl das Kapitel seinen römischen Agenten, Antonio Bitozzi, im Jahr 1688 zweimal hatte warnen lassen und ihm ein Jahresgehalt von 60 Scudi aussetzte, wiederholte sich im Spätherbst 1689 die Situation von 1557.[4] Im Domkapitel sprach man von einer *schweren Sache*, als die Nachricht durch einen notariell präsentierten Brief Tinnens am 27. Oktober angekündigt wurde. Sofort wurde Bitozzi angewiesen, die Expedition der Provisionsbulle möglichst noch zu verhindern. Anfang November 1689 beschloß das Kapitel, seine Gegenvorstellungen zugleich im Gratulationsssschreiben an den neugewählten Papst vorzubringen und Bitozzi

---

[1] Archiv Ketteler-Harkotten, Möllenbeck, Akten H 15a, fol. 255r. *Ausgabe de anno 1687.*

[2] Archiv Haus Stapel, Akten 33, S. 12, Bericht des Johann Ludwig Kerckerinck; ähnlich Fürst Liechtenstein an den Reichsvizekanzler, Rom 15. Mai 1692, Kopie, STAAMS, Ftm. Münster, Landesarchiv 522, Nr. 3 a Bd. 1, fol. 248r.

[3] Archiv Haus Stapel, ebd.; die Ausfertigung der Bulle im Archiv Ketteler-Harkotten, Urkunden, Nr. 764.

[4] STAAMS, Ftm. Münster, Domkap. Protokolle Nr. 50, fol. 2r, 45v., 219v. S.o. S. 25 u. 42.

etwas verweis zu erteilen, da er *nicht eben vorgebawet* habe.⁵ Zugleich informierte Fürstbischof Friedrich Christian seinen auch in Münster präbendierten jüngeren Bruder Ferdinand, Domdechant in Paderborn, der um diese Zeit nach Augsburg zur bevorstehenden Königswahl Josephs I. reiste. Ferner beschloß das Kapitel, alle *Ertz- und Stiffter* um Interzessionsschreiben an die römische Kurie zu bitten. Schon zum 26. November vermerkt das Protokoll des Domkapitels das Vorliegen der Provisionsbulle aus Rom.⁶ Wenige Tage später erklärte Domherr Bevern, es sei bekannt, daß Tinnen die päpstliche Bulle *ad sub- et obreptitia narrata allergnädigst conferirt* sei, er selbst sei der Turnarius, wenn die Präbende verfalle und behalte sich vor, sie zu übertragen.⁷ Mitte Dezember gingen Verwahrungserklärungen nach Rom und an den Kaiserhof, doch schon am 22. desselben Monats standen drei Erbmänner vor dem Syndikus des Kapitels; es waren Lubbert, ein jüngerer Bruder des Jacob Johann von der Tinnen, Johann Kerckerinck, wie Lubbert Kanonikus an St. Mauritz und Bernhard Droste zu Hülshoff. Sie erklärten sich jedoch bereit, nach den Festtagen wiederzukommen.⁸ Spätestens am 10. Januar 1690 erschien Lubbert Tinnen erneut, begleitet vom Notar Arnoldus Freißen, und übergab Schriftstücke. Zum 14. Januar ließen Tinnen, Kerckerinck und Bernhard Droste zu Hülshoff sich *pro audientia ad Caplum anmelden*, erfuhren jedoch durch den Syndikus, das Kapitel wolle schriftlich antworten. Lubbert Tinnen verlor jetzt die Geduld, er protestierte *ob wölte Ein Hochw. Thumbcapitull denen litteris apostolicos nicht parieren ... sondern bloß sie von der einen Zeit zu der anderen herumbführen*. Auf Zureden des Syndikus entfernten sich die Erbmänner schließlich.⁹

Ende Januar erhielt das Domkapitel ein Schreiben des Paderborner Domdechanten Plettenberg aus Augsburg, wo er sich um ein kaiserliches Interzessionsschreiben an den Papst mit dem Ziel einer Suspension von Tinnens Provisionsbulle bemühte.¹⁰ Am 9. März konnte Ferdinand Plettenberg dem Kapitel persönlich über seine Mission nach Augsburg

---

⁵ Ebd. Nr. 51, fol. 122v. u. 124v.
⁶ Ebd. fol. 125ff. 150v. Das Datum erregt Zweifel am angegebenen Ausstellungstermin, da die Provisionsbulle kaum in neun Tagen von Rom nach Münster gelangt sein kann, vermutlich wurde sie vordatiert.
⁷ Ebd. fol. 157r.
⁸ Ebd. fol. 163.
⁹ Ebd. Nr. 52, fol. 2v., 6r, 10. u. 14. Jan. 1690.
¹⁰ Ebd. fol. 10v.

berichten. Sein Fazit lautete optimistisch, zwar sei der päpstliche Nuntius *gantz contraj meinung*, er selbst *vermeine, man nicht nöthig hat, noch zur Zeit denen Bullis apostolicis zu pariren, und dem Decano Tinnen einige possession zu ertheilen*. Gefragt, wie man auf die Androhung von Kirchenstrafen reagieren solle, meinte der Bruder des Fürstbischofs, *man müßte alsoche fulmina in respectum Sancti Sedis apostolico zwarn mit großer reverentz ahnnehmen, und reponiren, Im geringsten aber nicht und wan dieselben auch zehn- und zwanzigmal reiterirt und geschärfet würden, propter irreparabilia inde mergentia damna et praejudicia darauf pariren*. Einige Kurfürsten hätten noch von Augsburg aus im Sinne der Revisionskläger nach Rom geschrieben, der Kurfürst von Mainz habe sich aber wegen eigener *schwere Streitigkeiten zu Rom* entschuldigt und auch der Kurfürst von Trier, der Kammerrichter, *hette vorwenden laeßen, weylen sub suo praesidio die Urtheill in Camera spirensi pro Erbmannis außgesprochen wehre, so würde Ihme nicht ahnstehen anjetzo ichtwas contra eiusmodo sententiam zu recommendiren*. Der Kaiser werde vermutlich den effectus suspensivus *concediren*.[11] Zu Recht sollte Johann Ludwig Kerckerinck später von Ferdinand Plettenberg sagen, *dieser Prälat ist der Herren Erbmänner ärgster Feindt, so iemahlen ab initio Litis mag gewesen sein*.[12]

Der Streit selbst war nun zu einem Politikum im Reich geworden, seit dem münsterischen Antrag auf das *beneficium revisionis* tangierte das Problem vieles, wenn nicht alles, was Münster in der Reichspolitik betraf; dies galt jedoch auch umgekehrt: Konstellationen im Reich und darüber hinaus wirkten mittel- oder unmittelbar auf das Revisionsverfahren; der münsterische Erbmännerstreit wurde zu einer Revisionssache „im Reich". Noch ein weiterer Plan ist offenbar von Ferdinand Plettenberg in Augsburg vorbesprochen worden: Die Übertragung der von Jacob Johann von der Tinnen beanspruchten Präbende an den Bischof von Augsburg, den Pfälzer Alexander Sigismund. Nach Johann Ludwig Kerckerinck nahm sie der Domherr Maximilian von Bevern wegen nicht fristgerechter Besetzung durch die römische Kurie als

---

[11] Ebd. fol. 21ff.
[12] Archiv Haus Stapel, Akten 33, S. 196. *Nachricht über die am Kayserlichen und deß Reichs Cammer-gericht zu Speyer und Wetzlar wieder das Stift Münster erhaltene obsieglichen Urthelen und Mandata de exequendo In Causa Nobilitatis Erbmannorum und die ex adverso dagegen interponirte Revision ... Ab Anno Domini 1685 usque an Annum 1705.*

Turnar vor, *mit vorbeygehung seiner aigenen sehr bedürftigen undt pro quovis Canonicatu etiam in Collegiatis Ecclesiy zu Rom anhaltenden Brüdern.*[13] Am 6. Juli 1690 erteilte das Domkapitel dem Pfälzer die *Possession,* die dazu erforderlichen Dokumente lagen allerdings erst zwei Wochen später vor. Es konnte nicht schaden, das am kaiserlichen wie päpstlichen Hof einflußreiche Pfälzer Fürstenhaus zu gewinnen; ein anderer Bruder Alexander Sigismunds, Johann Wilhelm, war als Herzog von Jülich und Berg mitkreisausschreibender Fürst im Westphälischen Reichskreis und als solcher auch für die Exekution von Reichskammergerichtsurteilen zuständig.

Inzwischen bemühte sich Bitozzi in Rom, wenigstens die päpstlichen Gehorsamsforderungen aufzuhalten, nachdem er die Expedition von Tinnens Provisionsbulle nicht hatte verhindern können. Nur ein kaiserliches Interventionsschreiben könne ihm dabei helfen, so beteuerte er mehrfach.[14] Syndikus Heerde und der Domdechant Matthias Friedrich von der Recke baten den durch Münster reisenden kaiserlichen Gesandten Gudenus um Fürsprache in Wien, erhielten auch dessen Zusage, freilich mit der Bemerkung, *daß uff dergleichen geringe und particular Sachen nicht viel reflection* von den Wiener Ministern verwendet werde.[15] Vor allem aber, und das sah auch Bitozzi, hielten die Spannungen zwischen dem betagten Papst und dem Kaiserhof das erbetene Interzessionsschreiben auf. Wohl erst Anfang 1691 – Papst Alexander verstarb am 1. Februar – ging schließlich ein solches Schreiben im Sinne der Revisionskläger an die Kurie. Das Domkapitel dankte dem Kaiser, betonte aber zugleich, daß von Wien aus auch Tinnens Bemühungen um Exekution des Reichskammergerichtsurteils entgegengewirkt werden müsse, damit dieser nicht, gestützt auf seine *Römischen Patronen* den Suspensiveffekt der Revision verhindere. Selbst eine päpstliche

---

[13] Ebd. S. 13. Wilhem Kohl, Das Domstift St. Paulus zu Münster, Germania sacra, NF 17,2, Berlin 1982, S. 708 u. 711; vgl. auch Rudolf Reinhardt. Zur Reichskirchenpolitik der Pfalz-Neuburger Dynastie, HJb 84, 1964, S. 119.

[14] STAAMS, Ftm. Münster, Domkap. Protokolle Nr. 52, fol. 32 u. 41. Im Herbst wurde diesen Vorstellungen auch finanziell nachgeholfen, der Fürstbischof befahl dem Landpfennigmeister, 100 Rt für den Sekretär der Reichskanzlei, Caspar Florentin von Consbruch, und 50 Rt für Gudenus zu überweisen. ebd. fol. 117. Zur westfälischen (ravensbergischen) Familie Consbruch s. Bernd Hüllinghorst (Bearb.), Protokolle der Vogtei Enger. Herforder Geschichtsquellen Bd. 3. Herford 1993, S. XXIII ff.

[15] STAAMS, Ftm. Münster, Domkap. Protokolle Nr. 52, fol. 31v. Zu Christoph Gudenus vgl. Alfred Schröcker, Die Patronage des Lothar Franz von Schönborn (1655 – 1729) Beiträge zur Geschichte der Reichskirche in der Neuzeit Bd. 10, Wiesbaden 1981, S. 124ff.

Bulle möge der Wiener Hof nicht exekutieren, *in dißem von UnCatholischen Landen und Benachbarten gantz umgebenen Stift, in welchem auch viele, absonderlich ritterbürtige Unterthanen, anderen Religionen so mercklich zugethan sein;* auch gegen die *Türckische Gewalt* könne man besser helfen, wenn im Lande keine *Unruhe entsteht.*[16]

Die Zeit drängte, Tinnen hatte bereits die – im Vergleich zur weltlichen oft rascher handelnde – kirchliche Gerichtsbarkeit angerufen. Am 18. Januar 1691 teilte Lubbert Tinnen dem Domdechanten in Münster mit, daß er *einige processus ex rota romana erhalten* und daß der Kölner Nuntius einen dortigen Notar nach Münster deputiert habe, *weilen alhie zu platze kein Notarius vermögt werden köndte, umb die insinuation zu verrichten.* Zwei Tage später lag die Zitation des römischen Gerichts in Münster vor.[17] Das Domkapitel reagierte mit erneuten Vorstellungen am kaiserlichen und an anderen Höfen, die man um Fürsprache beim Kaiser anging. Kurpfalz und der Bischof von Augsburg – seit dem Vorjahr auch Domherr in Münster – waren unter den ersten, die dieser Bitte entsprachen.[18] Ende März erfuhr man in Münster, daß der Kaiser seinen römischen Gesandten, Fürst Liechtenstein, beauftragt hatte, die Exekution beim neuen Papst zu verhindern. Das Konklave nach dem Tod Papst Alexanders zog sich aus politischen Gründen bis in den Juli hin. Am 10. August schließlich wußte man in Münster, daß Fürst Liechtenstein die kaiserliche Gratulation zur erfolgten Papstwahl Innozenz XII. mit einer Abmahnung, eine Exekutionsbulle im Falle Tinnens zu expedieren, verbunden hatte.[19] Von Rom aus wandte sich Jacob Johann von der Tinnen *mit gebogenen Knien* an den Kaiser und beklagte die Vergabe seiner Präbende an den Bischof von Augsburg durch den *von Bevern anmaßlichen Turnarium* und die kaiserliche Empfehlung an den römischen Gesandten, wegen der *erschlichen suspension beim Papst,* der doch bereits den Kölner Offizial mit der Exekution der Provisionsbulle beauftragt habe.[20] Um

---
[16] STAAMS, Ftm. Münster, Landesarchiv 522, Nr. 3 a Bd. 1, fol. 267 – 70, undatiertes Konzept eines Dankschreibens an den Kaiser. Am. 6. Juni 1691 wird im Domkapitel das Kaiserliche Schreiben an den römischen Gesandten Liechtenstein verlesen, ebd. Domkapitel, Protokolle Nr. 53, fol. 10v. Eine Kopie des kaiserlichen Schreibens an den Papst vom 10. Mai 1691 findet sich im Archiv Haus Stapel, Akten 33, S. 129, es warnt vor *detrimenta quidam aut scandali in his praecipue partibus quibus Haereticis undique immixti sunt.*
[17] STAAMS, Ftm. Münster, Domkap. Protokolle Nr. 53, fol. 10v.
[18] Ebd. fol. 22r, 16. Febr. 1691.
[19] Ebd. fol. 52r. u. 90r.
[20] Ebd. Landesarchiv 522, Nr. 3 a Bd. 1, Kopie, Rom 29. Dez. 1691.

diese Zeit erbat sich Tinnen *certas scripturas in Archivio Romano*, wie Johann Ludwig Kerckerinck später schrieb; sehr wahrscheinlich waren es die Akten des Schencking-Prozesses aus dem Archiv der Rota, denn diese sind dort heute nicht auffindbar, zumindest Teile davon befinden sich jedoch unter Tinnens schriftlichem Nachlaß. Vermutlich versprach er sich aus ihnen Hinweise für seinen nun gegen Alexander Sigismund angestrengten Präbendalprozeß an der Rota. Ferner erwirkte er Kanonikate – es ist nicht gesagt wo – für die Brüder seines Schwagers Ketteler und einen Freiherrn von Merveldt *folglich Freundt und Feindt viel gutes getan*, so Kerckerinck.[21] Seine Mitbrüder im Stift St. Mauritz vor Münster wählten Jacob Johann Tinnen in Abwesenheit zu ihrem Dechanten. Im März 1692 verlautete aus Rom, daß mehrere Kardinäle, vor allem Imperiali, sich Tinnens annähmen. Fürstbischof Friedrich Christian meinte jedoch, man könne ruhig mehrere römische Dekrete abwarten, *und wolten sie zu Rom ohnbesonnener weise fulminieren, interdiciren, und excommuniciren*, man müsse jeweils protestieren, Tinnen jedoch nicht aufnehmen, solange das Revisionsverfahren schwebe.[22]

Eine exakte Rekonstruktion des Tinnen-Prozesses an der Rota ist, weil die Rotaakten bisher nicht aufgefunden werden konnten, erschwert. Aufgrund von Angaben in Tinnens Nachlaß und dem Echo, das dies Verfahren in den Protokollen und Korrespondenzen des Domkapitels wie der Erbmänner fand, lassen sich jedoch Umrisse erkennen. So verlautete Ende 1692 aus Rom, die Rota habe auf den Kölner Nuntius als kommissarischen Richter erkannt, der weitere *Commissarios in partibus* benennen solle. Auch erfuhr man, daß Tinnen sich von Rom aus jetzt auf den Weg nach Köln gemacht habe, um dort sein *interesse zu beobachten.*[23] Im Gepäck trug er offenbar die päpstliche Kommission für den Kölner Nuntius, dem er sie etwa Mitte März 1693 überbrachte.[24] Im November des Jahres war in Münster bekannt, *daß Herr Nuntio bereits ein ziemblich praejudicirliches decretum gegeben* und der domkapitularische Prokurator Theodor Honing *zu appelliren entschlosses seye*. Die dazu notwendigen Unterlagen mußten

---

[21] Archiv Haus Stapel, Akten 33, S. 11 u. 14. Der Nachlaß Tinnens liegt im Archiv Ketteler-Harkotten, Möllenbeck, Akten VIII H 15b; s. auch o. S. 6.
[22] STAAMS, Ftm. Münster, Domkap. Protokolle Bd. 54, fol. 24v.
[23] Ebd. fol. 106v., u. 112r., 13. Nov. u. 5. Dez. 1692. Eine Anfrage nach Tinnens Prozeßakten beim Vatikanischen Archivio Segreto wurde negativ beschieden.
[24] Ebd. Domkap. Protokolle Nr. 55, fol. 21, 9. April 1693.

more Romano uff Postpapier fein et absque magni marginalibus ... abgeschrieben werden.²⁵ Weitere Vorgänge aus diesem Verfahren sind vom Jahr 1694 nicht überliefert; erst im März 1695 berichten zwei münsterische Domherrn aus den Familien Landsberg und Sparr, die an der Sapientia studierten, *daß auditore pontifici mündlich resolvirt habe, daß in Causa Tinniana nichts weiter zu Rom vorgenommen werden sölte* bis Tinnen die Aufnahme von Erbmännern in die Ritterschaft beweise.²⁶ Während der Kölner Nuntius offenbar ganz von Tinnen gewonnen werden konnte und dieser im November 1695 den Protest des Domkapitels gegen seinen ersten Entscheid noch nicht nach Rom weitergeleitet hatte, standen hier die Dinge für das Kapitel nun besser. Aber man war weiter wachsam; im April 1696 hatte die Rota noch immer nichts schriftlich von sich gegeben, weder gegenüber den beiden jungen Domherrn noch gegenüber dem Kölner Nuntius. Letzteres geschah erst im Sommer 1696, wie Landsberg und Sparr auf ihrer Rückreise über Köln erfuhren. Als sie dem Nuntius ihre Aufwartung machten, habe dieser erklärt *in dieser sachen seinestheilß weiter nicht [zu] verfahren,* eine Abschrift des entsprechenden Dekrets sei ihnen freilich verweigert worden. Auch mache Tinnen in Köln weiter *starke instanz,* so berichteten die beiden in Münster.²⁷

Nichts war entschieden, als Anfang Juli 1698 wiederum eine münsterische Dompräbende dem Papst zur Besetzung anheimfiel. Bitozzi erhielt strenge Anweisung, daß er *bei Dataria vigilire.*²⁸ Inwieweit der Agent seinen Auftrag wahrnahm, ist nicht erkennbar; providiert wurde – nach Kerckerincks Aussage auf Tinnens Betreiben – Nikolaus Hermann von Ketteler aus Haus Bollen, gegen welchen das Kapitel keine nachweisbaren Einwendungen erhob. Auch die Erbmänner konnten zufrieden sein, denn es bestand eine Schwägerschaft: die jüngere Schwester des Providierten, Sophie Agatha, hatte 1691 den jüngeren Bruder

---

²⁵ Ebd. Domkap. Protokolle Nr. 55, fol. 73, 13. Nov. 1693 u. Nr. 56, fol. 20r., 26. Febr. 1694.
²⁶ Ebd. Domkap. Protokolle Nr. 57, fol. 22r. 21. März 1695 erwähnt die Berichte Landsbergs und Sparrs aus Rom vom 19. Febr. desselben Jahres. Es handelte sich wohl um Franz Ludolf von Landsberg, 1701 – 1732 Domdechant in Münster, und Johann Karl von Sparr, Domherr 1687 – 1737, vgl. Kohl (wie Anm. 13), S. 156f. u. 712f.; Sparr wird auch erwähnt bei Peter Schmidt, Das Collegium Germanicum in Rom und die Germaniker, Tübingen 1984, S. 302.
²⁷ Ebd. Domkap. Protokolle Nr. 57, fol. 149r. u. 196r., 22. Juni u. 13. Nov. 1696.
²⁸ Ebd. Domkap. Protokolle Nr. 59, 43r. u. 44v., 8. u. 11. Juli 1698.

des Jacob Johann, Gottfried von der Tinnen, geheiratet.²⁹ Das Domkapitel traute Ketteler deshalb nicht ganz, wenn der Erbmännerstreit erörtert wurde, mußte Ketteler *seinen Abtritt nehmen,* nicht jedesmal ging er ohne Protest.³⁰ Wirklich zufrieden war das Kapitel mit der Arbeit seines römischen Agenten nicht, im Protokoll vom November 1701 heißt es von ihm, daß er *es mehrmahlen bereits ahn gehörigen Fleiß* [habe] *ermangelen lassen* [und] *nicht der schlaueste umb eine sache recht zu durchtringen weehre.*³¹ Doch wenige Tage später erfuhr man von dem so Kritisierten, daß Tinnen seine Sache abermals in Rom *starck poussiere* und daß *so gahr Ihro Päpst. Heiligkeit bereits allergnädigst placidirt, daß diese Sache dem Nuntio Coloniensi committiert und recommendirt werden sölte.*³² Offenbar rechnete sich Tinnen erneut Chancen aus, als im November 1700 der Kardinal Francesco Albani zum Papst gewählt wurde. Tatsächlich erreichte er, daß der Fall unter dem neuen Papst, Innozenz XII. (1691 – 1700), wieder an den Kölner Nuntius ging. Ende Mai 1702 schrieb der Kölner Prokurator Honing dem Kapitel, Tinnen habe sich bereits beim Nuntius angemeldet, man solle den Bischof von Augsburg benachrichtigen und erneut um eine kaiserliche Intervention in Rom bitten, *daß dem nuntio Coloniensis wie bereits vor diesem geschehen in dieser Sache alle fernere procedur so lange untersagt und inhibirt werden mögte,* bis die Erbmänner sich zur Münsterschen Ritterschaft qualifiziert hätten. Honing verweigerte die Annahme der *citatio resumendi* und kündigte eine Reise nach Münster an.³³ Der im März und April in Münster beratende Landtag billigte eine Appellation, die der Syndikus des Domkapitels *coram Nuntio et testibus ... zu interponiren* hatte.³⁴ Dem Generalkapitel stellte der Syndikus am 1. August des Jahres die Sache als *ziemblich gefährlich stehende strittigkeit* vor, man beschloß eine Gesandtschaft über Wetzlar nach Rom gehen zu lassen; gleichzeitig bot Fürstbischof Friedrich Christian

---

[29] Kohl (wie Anm. 13), S. 716f.; Friedrich Keinemann, Das Domkapitel zu Münster im 18. Jahrhundert, Münster 1967, S. 249; Werner Frese, Die Stiftung Rudolph von der Tinnen, in: 300 Jahre Stiftung R. v. d. T., Münster 1988, S. 140; Archiv Haus Stapel, Akten 33, S. 14.
[30] STAAMS, Ftm. Münster, Domkap. Protokolle Nr. 65, 13. März 1704; Nr. 66, fol 49r., 28. Juli 1705 .; Nr. 67, fol. 305r. u. 334v., 11. Sept. u. 7. Okt. 1706.
[31] Ebd. Domkap. Protokolle Nr. 62, fol. 144r., 14. Nov. 1701. Zeitweise erwog man die Ersetzung Bitozzis durch einen anderen Agenten, ebd. fol. 142v, 13. Nov. 1701.
[32] Ebd. fol. 156v.
[33] Ebd. Domkap. Protokolle Nr. 63, 47v. u. 51r., 24. Mai u. 7. April 1702.
[34] Ebd. 55r., 21. April 1702. Die Protokolle der münsterischen Ritterschaft erwähnen die Appellation nicht.

an, sich in Wien um die *Auswürkung solche Commission* aus einigen *Chur- und Fürsten* zu bemühen, die den Fall anstelle der zugestandenen aber nicht in Gang gebrachten Revision behandeln solle.[35]

Am 12. August 1702 stand fest, daß der Münsteraner Domherr und Speyrer Domscholaster Johann Bernhard Droste zu Senden zusammen mit dem Syndikus Paul Matthias Heerde die Reise nach Rom antreten sollte.[36] Der Fürstbischof selbst hatte beide dazu vorgeschlagen; er stimmte auch zu, daß alle *nöthigen speesen, und außgaben auß gemeinen Landts Mitteln, wie auch bishero allezeith geschehen hergenohmen, und ahngeschaffet werden müßten.* Friedrich Christian, über den der Syndikus noch Anfang des Jahres geklagt hatte, daß ihn die Sache *nicht so sehr zu bekümmern* scheine, begründete die energische Wiederaufnahme des Streites nun *weilen Sie* [der Fürstbischof] *ihrem gewißen gantz und zumahlen persuadirt wehren, daß man diesseiths eine gerechte Sache und also befugte Ursache hette, auff das recht Hauptwerk zu eiffern.*[37] Die Zustimmung des Landtages konnte nicht eingeholt werden, da er zu diesem Zeitpunkt nicht versammelt war. Eine Anfrage bei *ein oder ander Cavalier*, der sich wohl gerade in der Stadt aufhielt, begegnete jedoch dem Vorschlag, die Romfahrt *aus mediys Praepositura* zu finanzieren, *zumahlen es ohnverantwortlich wehre, selbige dißem Lande aufzutringen.* Ein halbes Jahr später verlangte die Ritterschaft, ihr die Berichte zukommen zu lassen, wenn man schon Landesmittel einsetze.[38] Solche Einwendungen hinderten die Durchführung des Planes jedoch nicht. Anfang September 1702 lag die ausführliche Instruktion für die beiden Deputierten vor.[39]

In Wetzlar war am 15. Mai 1693 das Reichskammergericht wiedereröffnet worden.[40] Noch im selben Jahr erging unter dem 13. Dezember ein Exekutionsmandat im münsterischen Erbmännerprozeß, daher sollte es die erste Aufgabe der beiden Deputierten sein, *der Execution beym Kayserlichen Cammergericht zu hemmen,* mit der Begründung,

---

[35] Ebd. 1. Aug. 1702.
[36] Ebd. 12. Aug. 1702.
[37] Ebd. 12. u. 28. Aug. 1702.
[38] Ebd. 28. Aug. 1702 u. Ritterschaft Akten 145 Bd. 13, 19. März 1703.
[39] Ebd. Landesarchiv 522 Bd. 2, 4. Sept. 1702, Kopie; auch zum Folgenden.
[40] Bernhard Diestelkamp, Die Funktion der Audienz im reichskammergerichtlichen Verfahren, in: Gesellschaft für Reichskammergerichtsforschung (Hg.), 300 Jahre Reichskammergericht in Wetzlar, Wetzlar 1993. Das Mandat: Bundesarchiv, Außenstelle Frankfurt, AR I-III/8 fol. 61, (1693); vgl. u. S. 66.

daß man in Wien und Regensburg *pro remedio extraordinario* arbeite. Für Rom wurde ihnen aufgetragen, Tinnens Präbendalstreit *in stillstandt zu bringen*. Erschwert erschien die Durchführung dieses Auftrages, als man hörte, daß des *Cöllnischen Nuncij Auditor die acta in Causa praebendas zu einholung des Voti Camerae nacher Wetzlar verschicket* habe. Daher wurden die Deputierten beauftragt, in Wetzlar *denen Herren cammer praesidenten undt assessoren mit mehreren vorzustellen,* daß die Revision *ohn dießseitts verschulden ... still gelegen,* daß man sich jedoch jetzt um eine Kommission bei Kaiser und Reich bemühe. Durch Exekution des Urteils von 1685 würden *allerhandt ohnersetzliche, undt ohnwiederbringliche Praejudicia entstehen,* zumal der Kaiser und *fast sämbtliche Chur- und Fürsten in Teutschland sehr wohl begriffen* hätten, worum es gehe und daher *den päbstlichen Stüel von der execution der Bullarum in Causa praebendae* abgeraten hätten. Hinsichtlich des vom Nuntius begehrten Votums sollten die Deputierten in Wetzlar vorstellen, *ob es nicht gegen alsolchen hochsten Kayserl. Cammergerichts reputation und ansehen gereichen thäte, sich a Nuncio pro dando voto requiriren zu laßen.* Zudem sei das Ansuchen des Nuntius *nüll undt nichtig dah man des Nuncij Persohn reccussiret, von dessen ertheilter citatione resumi appellirt* habe. Die Sache eile jedoch, da die Erbmänner beim Kammergericht bereits im April des Jahres *das gewönlich ruffen, wieder des Westphälischen Craises herrn außschreibende Fürsten ... erhalten, undt solches bereits reproduciret, auch pro mandato arctiori cum declaratione poenae et expensis angeruffen haben.*

Von Wetzlar sollten die beiden Deputierten sich nach Augsburg begeben und den Fall dem dortigen Bischof, Alexander Sigismund von der Pfalz, eindringlich vorstellen. Ziel war es, den Bischof zu bewegen, sich sowohl in Wien um eine Kommission zu bemühen, wie auch auch um ein *dehortatorij ad pontificem nec indecisa causa principali in puncto Nobilitatis ad executionem bullarum Apostolicarum procedatur,* daß dieserhalb dem kaiserlichen Gesandten in Rom eine entsprechende Instruktion zukomme. In Rom sollte man vorbringen, daß die Sache *wie vormahls ... nicht bey denen judiciis ordinariis sondern bey Ihr. Päbstl. Heyl. selbsten undt dero geheimbten Ministerio ein zu führen seyn wirdt.* Vor allem galt es, ein *supersessorium*, eine Unterbrechung des ganzen Verfahrens zu erreichen, etwa durch die Vorstellung, daß die von den Erbmännern betriebene Exekution des Reichskammergerichtsurteils nach Ausscheiden des Churfürsten von der Pfalz, der als Bruder des in den Präbendalstreit verwickelten Bischofs von Augsburg *für interessiert angesehen werden konte,* auf *Churbrandenburg allein dörffte erkandt werden,* der jedoch *der wiedrigen Religion zugethan* sei und dessen Länder das Hochstift umschlössen, woraus *leichtlich zu schließen in waß gefahr die Religion und hiesiger Hochstift durch widriges der Erbmänner suchen ... gesetzt werden konte.* Sei jedoch nicht zu erreichen, daß *dem gravierenden Nuncio Coloniense undt deßen Auditori ... die weitere Untersuchung der Sachen verbotten* werde, wären als *Commissarios in partibus ... ein oder ander Chur undt Fürsten geistlichen Standts, in Vorschlag zu bringen* und im übrigen auf *erwerbung gueter Patronen* zu sehen, ein Vorgehen, in dem man Dechant Tinnen wohl nicht weiter den Vorsprung lassen wollte.[41]

Nach einer Rücksprache beim Fürstbischof in Nordkirchen reisten Paul Matthias Heerde und Johann Bernhard Droste zu Senden Anfang oder Mitte September von Münster ab, nicht ohne, daß der Syndikus sein *volliges Sallarium, und emolumenta* verlangt hätte; Kommissionen, wie die ihm nun aufgetragene, erfreuten sich keineswegs großer Beliebtheit bei den münsterischen Bediensteten.[42] Ende September hatte man in Münster erste Nachrichten aus Wetzlar, sie lauteten nicht ungünstig: *daß auch gantz ohngewohnlich seye, daß Camera sich pro voto requiriren laeßen solte,* des Nuntius Ansinnen verfing offenbar in Wetzlar nicht.[43] Insgesamt gewannen die Deputierten den Eindruck, daß *wenn daselbsten fleißig invigiliert würde, man so baldt von darauß nichts widriges zu befahen haben dörffte, darum dan auch von denen sonst mitgenohmmenen geldern wenige pro donatio außgeben hetten.*[44]

Von Wetzlar aus reisten Droste zu Senden und Heerde nach Augsburg und berichteten von dort dem Kapitel über ein Gespräch in Neuburg mit dem Bischof. Alexander Sigismund habe seinen Fall durch seinen Bruder, den Kurfürsten, dem Kölner Nuntius vorstellen lassen, der *mit sonderlichem nachtrück* vor den Folgen einer Wiederaufnahme des Streites in Köln gewarnt worden sei.[45] In zwölf weiteren Reisetagen gelangten die Deputierten von Augsburg nach Venedig, sie

---

[41] Soweit die Instruktion (vgl. Anm. 39).
[42] STAAMS, Ftm. Münster, Domkap. Protokolle Nr. 63, 7. Sept. 1702; vgl. auch Rudolfine Freiin von Oer, Die „verdrießliche Negotiation" des Syndikus Heerde am Kaiserhof in den Jahren 1708 bis 1710, WestfZ 137, 1987, S. 9.
[43] STAAMS, a.a.O., 22. Sept. 1702.
[44] Ebd.
[45] Ebd., 10. Okt. 1702.

legten dort vier Tage Rast ein und besichtigten die *venetianischen raritäten*.[46] Über Padua und Loreto ging es weiter nach Rom, von dort datiert ihr erster Bericht: 4. November 1702.[47] Sie fanden hier weder die ihnen nachgesandten Akten des Kölner Verfahrens noch die begehrte *recommendatio a Caesare ad Pontificem* vor, auch Agent Bitozzi wurde erst in ein bis zwei Wochen erwartet. Die Deputierten dürften sich ziemlich frustriert gefühlt haben, zumal einige Domherrn in Münster offenbar ungeduldig wurden: *dan wan alhie in Martio wieder gelandtaget, und man alsdan abgefragt werden würde, was dah mit so großen Spesen in der Erbmänner Sachen außgerichtet, oder erhalten wehre, kondte man gleichsamb darauf nicht einmal antworten, weylen Sie nichts Bestendiges oder Hauptsächliches berichtet hetten, und wehren gleichwohl nun bereits über zwei Monathen zu platze gewesen.*[48] Droste Senden und Heerde gewannen die Überzeugung, daß an der päptlichen Kurie nichts ohne eine kaiserliche Vorstellung erreicht werden konnte; um diese zu erlangen, wandte sich das Kapitel an einen ehemaligen Mitbruder, Christoph Heinrich von Galen, der in kaiserliche Dienste getreten und 1688 zum Reichshofrat ernannt worden war.[49] Im November 1702 berichtete dieser über eine Audienz bei Kaiser Leopold und ein Gespräch mit dem Reichsvizekanzler Friedrich Karl von Schönborn. Galen erhielt die Zusage eines kaiserlichen Schreibens nach Rom, sah sich jedoch vor dessen Ausfertigung mit einer Forderung von nicht weniger als 500 Reichstalern konfrontiert, die noch aus der Regierungszeit des Fürstbischofs Ferdinand (1678 – 1683) datiere.[50] Im Januar schließlich hatten die römischen Gesandten eine Abschrift der kaiserlichen Instruktion an den Römischen Residenten, Graf Lamberg, in Händen, *daß Du in Sachen ernanten Thumbcapitul, mit deinen officijs ahsestieren, und verhueten helfen söllst, daß wieder selbiges nichts nachtheiliges verhengt werde.*[51] Dies wirkte nach dem

---

[46] Ebd. Landesarchiv 522, Nr. 3 a Bd. 2, fol. 140f., Heerde an Johann Moritz Bisping, Sekretär des Domkapitels, Venedig 19. Okt. 1702, Ausf.

[47] Ebd. fol. 145f., Rom, 4. Nov. 1702, Droste Senden und Heerde an das Domkapitel, Ausf.

[48] Ebd. Domkap. Protokolle Nr. 63, 29. Dez. 1702.

[49] Keinemann (wie Anm. 29), S. 234f.; Kohl (wie Anm. 13), S. 704. Vgl. auch Oswald von Gschließer, Der Reichshofrat, Wien 1942, S. 334.

[50] STAAMS, Ftm. Münster, Landesarchiv 522, Nr. 3 a Bd. 2, fol. 147f., Wien 8. Nov. 1702, Ausf. Im Februar war diese Forderung offenbar *satisfacirt*, Galen an Heerde, Wien 3. Feb. 1703, Kopie, ebd. fol. 224.

[51] Ebd. fol. 182, Kaiser Leopold an Graf Lamberg in Rom, Wien 16. Dez. 1702, Kopie Heerdes vom 19. Jan. 1703.

Eindruck der beiden Münsteraner; im April 1703 baten Droste Senden und Heerde das Kapitel um die Erlaubnis zur Rückreise, ein *befehl ex Secretaira status* zur Aussetzung des Verfahrens sei versprochen und nur um Geheimhaltung dieser päpstlichen Resolution gebeten worden.[52] Dieser Bitte entsprach man in Münster; zum 19. Mai vermerkt das Protokoll des Domkapitels die Anwesenheit des Syndikus.[53]

Jacob Johann von der Tinnen gab den Kampf um die münsterische Dompräbende freilich nicht auf. Im März 1704 wandte er sich erneut an den Kölner Nuntius und publizierte zur Unterstützung seiner Bemühungen eine weitere Druckschrift.[54] Im August des Jahres wußte man in Münster von einer *sententia definitiva* des Nuntius zu Tinnens Gunsten. Sofort appellierte das Domkapitel gegen dieses Urteil. Der Nuntius verweigerte die Annahme der Appellation;[55] dennoch gelang es erneut, in Rom ein *supersessorium*, d. h. Aufschub der Exekution des Urteils der Nuntiatur, durchzusetzen.[56] Die für den päpstlich Providierten Tinnen in Rom so aussichtsreich begonnene Aktion blieb letztlich stecken in den Unwägbarkeiten des komplizierten Verhältnisses zwischen Kaiser und Papst, die das münsteraner Domkapitel für seine Ziele zu nutzen verstand.

---

[52] Ebd. fol. 272, Senden und Heerde an das Domkapitel, Rom 7. April 1703, Ausf.
[53] Ebd. Domkap. Protokolle Nr. 64, 19. Mai 1703.
[54] Ebd. Nr. 65, 13. März 1704. Es handelt sich vermutlich um die Schrift *Contraria juxta se posita magis elucescentia sive Facti species nuper pro parte capituli Monasteriensis modo pro parte Dn. Erbmannorum, o. O. 1703.* Exemplare in der Univ. Bibl. Münster und im Archiv Ketteler-Harkotten, Möllenbeck Akten VIII, H. 11.
[55] Ebd. 8. August und 7. Sept. 1704; der Wortlaut im Archiv Haus Stapel, Akten 33, S. 203f., Kopie.
[56] Ebd. 27. Okt. 1704.

VII. DIE AUFSTELLUNG DER
MÜNSTERISCHEN RITTERSCHAFTSMATRIKEL

Vom Beginn des Erbmännerprozesses am Reichskammergericht an war die münsterische Ritterschaft beteiligt, wenn auch an letzter Stelle. Nach der Regierung bzw. dem Fürstbischof und dem Domkapitel trat auch die Ritterschaft seit 1597 als Kläger auf, 1686 stimmte sie dem Revisionsbegehren zu.[1] Ihre Rolle in diesem Verfahren ist jedoch sehr viel weniger greifbar, nicht nur aufgrund der unvollständigeren ritterschaftlichen Überlieferung als vielmehr auch wegen der offenbar geringeren Aktivität der Mitglieder des ritterschaftlichen Korpus. Gelegentlich sind ritterschaftliche Bedenken gegen die Finanzierung des Prozesses aus Landesmitteln festgehalten und das Domkapitel suchte kritischen Fragen auf den Landtagen vorzubeugen.[2] Denn nur hier bestand Gelegenheit zu einer Versammlung der münsterischen Ritter, nur hier traten sie als Körperschaft auf, nur hier faßten sie Beschlüsse und wurden damit aktenkundig. Die Ritterschaft, das waren die seit alters zu den Landtagen Berufenen, insoweit sie sich durch Vorlage ihrer Ahnentafeln und Aufschwörung durch zwei Mitglieder qualifiziert hatten. Wer vom Landesherrn zum Landtag *beschrieben* wurde, entnahm die Kanzlei alten Verzeichnissen, *registris militarium* genannt, deren etliche durchaus auch Erbmännernamen – wenn auch gesondert – aufführten.[3] Die Einladungen gingen den Empfängern über die Drosten der Verwaltungsbezirke, Ämter genannt, zu, die ihrerseits durchweg Mitglieder der Ritterschaft waren, aber gegenüber ihren Standesgenossen eine hervorgehobene Stellung einnahmen.[4]

---

[1] So die Flugschriften: *Gründliche und actenmäßige Deduction*, 1687, S. 3 und: *Genuina Facti Species*, o. J. u. Paginierung; S. auch o. S. 28 u. 35.
[2] S. o. S. 41.
[3] Günter Aders, Helmut Richtering, Das Staatsarchiv Münster und seine Bestände, Gerichte des Alten Reiches Teil 2, Münster 1968, S. 106.
[4] Eine Studie von Marcus Weidner über die Ritterschaftsmatrikeln des Hochstifts Münster mit einem Verzeichnis der Häuser wird in Bd. 147, 1997, der WestfZ. erscheinen. Zu den Aufgaben der Drosten im benachbarten kurkölnischen Herzogtum Westfalen

Der kanonische Prozeß des Jacob Johann von der Tinnen hatte die münsterische Ritterschaft nun stärker einbezogen, indem der Nachweis der Aufnahme von Erbmännern zum Kriterium ihres Adelsstandes erklärt worden war.[5] Bei dieser Aufnahme scheint noch bis ins 17. Jahrhundert hinein eher arbiträr und wesentlich nach personalen Kriterien verfahren worden zu sein. Noch 1682 mahnte das Kapitel die Ritterschaft, niemanden zum Landtag aufzuschwören ohne *güttern davon er zum Landtag verschrieben werden will*, d.h. die Bindung der Landtagsfähigkeit an das *perfectum dominium* bestimmter Rittersitze galt noch nicht oder noch nicht durchgängig.[6] Offenbar wurde mehrfach der Sohn eines Mitglieds aufgenommen, ehe er Erbe und Besitzer eines Rittersitzes geworden war. Gegenüber der Anregung des Domkapitels, nur *super titulo haeredis vel dominij* aufzuschwören, hegte man zu diesem Zeitpunkt in der Ritterstube des Landtags noch *bedenken* und konnte *sich dazu nit verstehen*.[7] Verstärkte Reflexion über Kriterien der Zugehörigkeit setzten jedoch ein, wie aus dem ritterschaftlichen Landtagsprotokoll vom November/Dezember 1694 deutlich wird.[8] Man verweigerte damals einem Herrn von Dumstorff die Aufschwörung mit dem Hinweis, daß die Zulassung seiner Vorfahren nicht mit deren Erwähnung in *Registro Militarum et Vasallorum de 1495* erwiesen sei, denn dabei habe es sich nicht um eine Landtagsverschreibung gehandelt, da man in Waffen erscheinen sollte; eine Landtagsverschreibung sei nur durch an die Eltern gerichtete Landtagsbriefe nachzuweisen.

In den neunziger Jahren trat man jedoch Überlegungen zur Annahme des Realprinzips näher, zunächst nicht wegen der Erbmänner, sondern weil man nun eine Umlage zur Unterhaltung des ritterschaftlichen Archivs für notwendig hielt und man deshalb die Aufforderung zur Angabe aller ihrer ritterschaftlichen Güter an diejenigen zur Ritterschaft Aufgeschworenen beschloß, die mehr als ein Gut besaßen, damit diese Güter *der matricul einverleibt werden*.[9] Eine Matrikel war also jetzt in Arbeit, sicher nicht zuletzt auf Drängen des Kapitels, das im Spätherbst 1698 wiederum bei der Ritterschaft anfragen ließ,

---
vgl. Alfred Bruns, (Bearb.), Die Tagebücher Kaspars von Fürstenberg, Teil I, 1572 – 1599, Teil 2, 1600 – 1610, Münster 1985, über die Musterung der Ritter Teil 1, S. 220.

[5] S. o. S. 54.
[6] STAAMS, Ftm. Münster, Ritterschaft Akten 145, Nr. 2, Landtagsprotokoll 23. Okt. 1682.
[7] Ebd. 8. Okt. 1682.
[8] Ebd. Akten 145, Nr. 7, Landtagsprotokoll 15. Nov. bis 14. Dez. 1684.
[9] Ebd. Ritterschaft Akten 145, Nr. 9, Landtagsprotokoll 16. Nov. 1697.

ob nicht der hochlöblichen Ritterschaft gefällig sein möge ... eine beständige matricul aller adlichen landtagsmeßigen häußer einmahl vor all einzurichten.[10] Vermutlich wußten die Erbmänner sehr bald von diesem Vorhaben und erkannten den Zusammenhang mit ihrem Verfahren. Spätestens im selben Jahr verlangten sie Zulassung zum Landtag aufgrund des Reichskammergerichtsurteils von 1685; im Frühjahr 1699 beschwerten sich Bernhard Droste zu Hülshoff und Johann Ludwig Kerckerinck zu Stapel, daß ihnen noch keine Antwort zugegangen war. Sie hätten zudem erfahren, daß die Ritterschaft eine beständige Matrikel aufstelle und daher, wenn *keine sonderlich arth der Häusser und Gütter benebenß der ritterschaftlichen qualité erfordert seye ... die Erbmännische Häuser und Güter gleiche Landtagsfähige qualité müssen gehabt haben,* was mit der Aufführung von Erbmännern in den in Speyer vorgelegten *registris Militarium* erwiesen sei. Eine Abschrift ihres Protestes leiteten die Erbmänner an den Fürstbischof mit der Anfrage, warum *die Erbmänner zu sothaner newerung nicht angehalten werden mögen, und ahndem von selbsten bekannte, wie daß von denen anfangs Erbmännischen Häussern Loburg, Alvinghoff, ... und Getter nach gehendt Lite pendente die respective von Graeß, Coeßen, Kerckerinck zur Borg ... Twist und andere zum offentlichen Landtag verschrieben worden, mit sothanen Häußeren aber alle übrige Erbmännische Hewßer gleicher arth seyen.*[11] Fürstbischof Friedrich Christian hat das Schreiben der Erbmänner offenbar an die Ritterschaft weitergereicht, die Amtsdrosten wurden nun aufgefordert, alle Mitglieder der Ritterschaft ihres jeweiligen Amtes anzuschreiben, damit diese dem kommenden Landtag ältere Landtagsbriefe zum Nachweis der Landtagsmäßigkeit ihrer Güter vorlegen sollten.[12] Der Fürstbischof spielte auf Zeit, den Erbmännern sei *eine dilatorie doch nicht refüsierliche Antwort zu geben,* im übrigen solle der Landtag möglichst bald geschlossen werden, *damit desto fueglicher die Antwort für diesmal decliniert werden konnte.*[13] Spätestens im April 1699 forderte ein fürstbischöfliches Edikt die Aufstellung einer Matrikel aller

---

[10] Ebd. Ritterschaft Akten 145, Nr. 10, 22. Nov. 1698.
[11] Ebd. Nr. 22, 31. März 1699, Ausf. Das Schreiben an der Fürstbischof ist nicht datiert.
[12] Ebd. Nr. 10, 24. Nov. 1698 und Landtagsprotokolle Bd. 85. fol. 103r. vom selben Datum. Ein Schreiben des Horstmarer Amtsdrosten, Droste zu Vischering in dieser Angelegenheit hat sich im Archiv Freiherr von Oer, Bestand v. Heyden, Akten 258, 1692, erhalten.
[13] Ebd. Ritterschaft, Akten 145, Nr. 10, Landtagsprotokoll, 14. April 1698.

landtagsfähigen Rittersitze.[14] Viel mehr als die Anlage einer Sammlung des eingereichten Beweismaterials war von seiten der Ritterschaft bis zum Herbst 1700 noch nicht geschehen; jetzt schlug Domdechant von der Reck die Bildung einer ritterschaftlichen Kommission vor, die 14 Tage vor Beginn des nächsten Landtages zusammentreten sollte, um das eingelaufene Material *nachzusehen und zu examinieren.*[15] Dies ist auch geschehen, am 1. Dezember 1700 legten die ritterschaftlichen Deputierten ihrer Landtagskurie den summarischen Bericht über ihre Arbeit vor. Vieles war nun geklärt, doch für manche Häuser genügte das Beweismaterial nicht und die Entscheidung über ihre Aufnahme in die Matrikel wurde ausgesetzt. Zugleich brachten die ritterschaftlichen Deputierten jedoch Diätenforderungen für die von ihnen aufgewandte Zeit und Mühe vor.[16] Die Ritterschaft beschloß, das Domkapitel zu ersuchen, daß es bei der fürstlichen Ratsstube vorstellig werde, damit die Deputierten ihre Diäten aus einer *extrariij* Bewilligung des Landtages erhielten. Hierin war indes das Domkapitel anderer Meinung; die Einrichtung der Matrikel sei *keine Landtschaft Sache,* die Domherrn seien aber bereit, für die ihnen gehörenden Häuser *das Ihrige zu entrichten.* Der Streit dauerte an, die Deputierten hätten sich bereits 14 Tage vor dem Landtag *auf eigene Kösten bemühet,* so argumentierten die Ritter und schließlich sei *alles mit Vorwißen und Belieben eines hochwürdigen Thumbcapituls geschehen.*[17] Das Domkapitel blieb bei seiner Ablehnung, denn es sehe nicht, *wie solche Jura dem clero secundario, clostern und Städte zugemuthet werden könte.*[18] Vermutlich nur durch die Zurückhaltung ihres Arbeitsergebnisses konnten die Deputierten eine Resolution des Fürstbischofs erreichen, daß *das quantum ad 4 Rt. von jedem Haus auch ein geringes were* und ihnen etwas ausgezahlt wurde. Von einem anderen zeitweise erwogenen Plan, die Aufnahme in die Matrikel von der Entrichtung eines Beitrags abhängig zu machen, trat man zurück.[19]

---

[14] Ebd. Landtagsprotokolle Bd. 85, 15. April 1699.
[15] Ebd. Landtagprotokolle Nr. 61, 8. Nov. 1700. Deputiert wurden vom Domkapitel Heinrich Korff Schmising (Wilhelm Kohl, Das Domstift St. Paulus zu Münster, Germania sacra, NF 17,2, Berlin 1982, S. 701f.) und *H. v. Nagell,* vermutlich Philipp Ludwig (Kohl a.a.O., S. 709f.), die Ritterschaft beauftragte den Obristen Freiherrn von Westerholt und ihren Syndikus, Dr. Wulfert. Ritterschaft, Akten 145, Nr. 10, 9. Nov. 1700.
[16] Ebd. Ritterschaft, Akten 145, Nr. 11, 1. Dez. 1700.
[17] Ebd. 2. Dez. 1700.
[18] Ebd. 11. Dez. 1700.
[19] Ebd. 1. bis 11. Dez. 1704.

Insgesamt anerkannt wurden 218 landtagsmäßige Rittersitze, 30 weitere wurden als *dubios* bezeichnet und sind der letzten Fassung von 1703 nicht angefügt. In dieser Form blieb die Matrikel fortan gültig; es gab aber auch weiterhin einzelne Streitfragen wegen der Landtagsmäßigkeit eines Gutes, gelegentlich wurden Ergänzungen vorgenommen.[20]

Den auf Eintragung auch ihrer Landsitze drängenden Erbmännern wurde im April 1700 geantwortet, *Daß wan Ein oder anderer von ihnen Erbmännern mit einem landtagsfähigen adlichen Sitz, gut oder Hauß in hiesigem Stift Münster versehen zu sein vermeine, sollte solchen ahnzugeben, so demselben, alß auch andern bürgerlichen Leüten freystehen, und ohnverweigert sein.*[21] Tatsächlich sind mindestens drei Erbmännersitze in die Matrikel aufgenommen worden: Gut Alvinghoff, damals im Besitz der Kerckerincks zur Borg, Haus Bellering im Besitz eines Herrn von Travelmann und Haus Osthoff im Besitz der Bischopinks; ferner werden einige Güter in unbezweifelbar bürgerlichem Besitz aufgeführt, nicht jedoch die Besitzungen der im Erbmännerstreit führenden Geschlechter Kerckerinck: Haus Borg und Haus Stapel, oder von der Tinnen: Ebbeling und Möllenbeck und ebensowenig Haus Hülshoff der Droste zu Hülshoff. Die meisten dieser Häuser standen gewiß manchem unstrittig ritterschaftlichen Gut an Ausdehnung und Repräsentanz nicht nach; es fand sich aber bisher kein Hinweis, daß die Besitzer sich einzeln um Aufnahme in die Matrikel bemüht hätten, vermutlich blieb es bei dem gleich eingangs eingelegten gemeinsamen Protest.

Wenn auch der Hintergrund des Unternehmens eindeutig durch den Erbmännerstreit und das Bestreben, vor allem des Domkapitels, der Assimilation der Erbmänner in den Stiftsadel ein weiteres Hindernis entgegen zu setzen, bestimmt ist, so blieben die formalen Aufnahmekriterien ganz historisch bestimmt. Wer nachweisen konnte, daß ein Vorbesitzer zum Landtag geladen worden war, dessen Anwesen fand

---

[20] In einer vorläufigen Form wurde die Matrikel von Clemens August Behnes, Beiträge zur Geschichte und Verfassung des ehemaligen Niederstifts Münster, Emden 1830, S. 684 – 700, mit zu früh angesetztem Datierungsvorschlag: 1577 (!) veröffentlicht. Eine Ausfertigung, STAAMS, Ritterschaft Nr. 54, trägt den Vermerk *pres. des 27. 7bris 1703,* hier fehlen die „dubiosen" Häuser. Eine weitere Pergamenthandschrift ist m. E. zu Unrecht von 2. Hd. datiert: *1697.* Am 9. Okt. 1716 anerkannte die Ritterschaft aufgrund eines fürstbischöflichen Dekrets die Landtagsmäßigkeit der *Hengelborg im Amt Ahaus.* Ebd. Ritterschaft Akten 145, Nr. 21.
[21] Ebd. Ritterschaft Akten 145, Nr. 11, 17. April 1700.

Aufnahme; lagen solche Nachweise nicht vor, gab es Schwierigkeiten. Im Jahr 1712 hat der Syndikus der Ritterschaft auf eine Anfrage geantwortet, ein landtagsmäßiges Haus sei von *oneribus publicis* frei und bewirtschafte eine freie *Hovesaat*, meist gehöre auch eine Jagdgerechtigkeit dazu, doch dies sei nicht immer der Fall.[22] Aufgenommen wurden auch Burglehen oder Burgmannssitze auf den fürstlichen Landesburgen, sogar ein damals nicht auffindbares Burglehen reihte man zumindest unter die dubiosen Häuser.[23]

Über die Entstehung ritterschaftlicher Matrikeln ist insgesamt wenig bekannt. Nach den – sicher zeitlich und örtlich sehr unterschiedlichen – Kriterien der Aufnahme ist in der Forschung selten gefragt worden. In nicht vielen Fällen wird dazu so reichhaltiges Matrial wie in Münster vorliegen; dieser Fall dürfte jedoch wegen des greifbaren Anlasses seiner Entstehung eher als singulär denn als regelhaft anzusehen sein. Wenn auch auswärtige Anregungen zur Anlage der Matrikel keineswegs auszuschließen sind, so ist doch Vergleichbares bisher nicht bekannt geworden. Hier fehlt jedes auf Umfang oder Ertrag des jeweiligen Gutes ausgerichtete Kriterium, wie es z. B. in Kleve-Mark längst eingeführt war.[24] Soviel man bisher weiß, wurde in den geistlichen Fürstentümern bei der Einführung des Realprinzips unter die Kriterien der Landtagsmäßigkeit wesentlich nach historischen und kaum nach rationalen Gesichtspunkten vorgegangen.

---

[22] Ebd. Nr. 17, 16. Dez. 1712.
[23] Behnes (wie Anm. 20), S. 693.
[24] Rudolfine Freiin von Oer, Landständische Vertretungen in den geistlichen Fürstentümern Nordwestdeutschlands, in: Dietrich Gerhard (Hg.), Ständische Vertretungen in Europa im 17. und 18. Jahrhundert, Göttingen 1969, S. 100. Die jüngste Untersuchung zum Ständeproblem in Nordwestdeutschland geht auf Rittermatrikeln nicht ein: Rainer Walz, Stände und frühmoderner Staat, Bergische Forschungen Bd. 17, Neustadt/Aisch 1982.

VIII. DIE DURCHSETZUNG DER EXTRAORDINARI REVISIONSKOMMISSION

Seit der Zerstörung der Stadt Speyer Ende Mai 1689 bestand in Münster Ungewißheit über den Verbleib der Akten des Erbmännerprozesses; dieser Zustand währte bis in den August des Jahres 1690. Erst in den letzten Tagen des Monats lag dem Domkapitel ein Schreiben vor, *daß auch von der Speyerischen devastation und einäscherung der Cammern diße acta salvirt worden, und alsdah zu Wetzlar fürhanden weehren;* die erbmännische Partei sei wieder aktiv, um die Ausführung des Urteils von 1685 zu erreichen.[1] Welchen Weg die zwölf Aktenbände des Prozesses im Einzelnen genommen haben, läßt sich nicht mehr rekonstruieren. Sicher befanden sie sich nicht bei der Hauptmasse des Reichskammergerichtsarchivs, die von den Franzosen erst 1698 zurückgegeben wurde.[2] Nach dem Bericht des Johann Ludwig Kerckerinck kommt das Verdienst des Aktenerhalts dem Münsteraner und Speyrer Domherrn Johann Bernhard Droste zu Senden und dem *Dominus referens,* dem Kammergerichtsassessor Philipp Christian von Merle zu, die die Bände nach Wetzlar *überbracht und salvirt haben.*[3] Erhalten blieben die dem Gericht vorgelegten Parteischriften und die Vollmachten der Parteienvertreter, nicht aber alle Beweisurkunden. Vermutlich trat in diesem Zusammenhang der Verlust des ältesten münsterischen Bürgerbuches ein, das 1680 in Speyer vorgelegt und 1681 zum letzten Mal erwähnt wurde.[4]

Das nach Wetzlar verbrachte Material reichte jedoch zur Fortsetzung des Streits an dem im Mai 1693 wieder eröffneten Gericht.[5] Nur wenig

---

[1] STAAMS, Ftm. Münster, Domkap. Protokolle Nr. 52, 31. Aug. 1690.
[2] Heinz Duchhardt, Kurmainz und das Reichskammergericht, BllDtLdG, Jg. 110, 1974, S. 201f.
[3] Archiv Haus Stapel, Akten 33, S. 16; vgl. auch o. S. 36.
[4] Günter Aders, Das verschollenen älteste Bürgerbuch der Stadt Münster (1350 – 1531), WestfZ 110, 1960, S. 33; vgl. o. S. 8.
[5] Zur Wiedereröffnung: Sigrid Jahns, Die Assessoren des Reichskammergerichts in Wetzlar, Schriftenreihe der Gesellschaft für Reichskammergerichtsforschung 2, Wetzlar 1986, S. 5; Bernhard Diestelkamp, Die Funktion der Audienz im reichskammer-

mehr als ein halbes Jahr später, am 13. Dezember, hatten die Erbmänner ein neues Urteil erwirkt. Es bezog sich auf die *alhero salvirten original acten* sowie das Paritionsurteil vom 13. Dezember 1687 und drohte den im Rechtsstreit Unterlegenen mit der *gebettenen declaration poenae und Mandati de exequendo,* falls dem Paritionsurteil von 1687 nicht Folge geleistet werde.[6] Anfang Januar 1694 beriet das Domkapitel die neue Lage. Nach Rücksprache mit dem Landesherrn ging ein so scharfes Schreiben nach Wetzlar, daß der dortige Anwalt, Lic. Eichrodt, befürchtete, daß es *dißes Hoechste Gericht woll dißgoutirlich befinden dörfte;* er befürchtete, *daß er deßentwegen in schwere straf declarirt werden würde.* Auch der Prokurator, Johann Peter Albrecht, habe den Schriftsatz *gerichtlich zu repetiren bedencklich geachtet, auch solches noch zur Zeit nicht gethan.*[7] Nach dem Versprechen von *Verehrungen,* Vermutlich auch deren Erfüllung, ist die Übergabe am 2. Februar 1694 erfolgt, freilich mit der von den Wetzlarer Parteienvertretern vorhergesagten Wirkung, daß das Reichskammergericht am 13. Dezember 1694 Fürstbischof, Kapitel und Ritterschaft als Urheber mit 15 Mark Gold und Lic. Eichrodt mit 8 Mark in Silber als Strafe belegte, da man *contra debitum summo huic tribunali respectum, contra eiusdem ordine et communia decreta produxerit frivolis suis in subscriptione.* Die Strafgelder waren binnen vier Wochen zu entrichten; der Schriftsatz aus Münster wurde *von den actas verworffen.* Zudem wurden jetzt die beiden in der Nachfolge Kleves mitkreisausschreibenden Mächte, der Kurfürst von Brandenburg und der Pfalzgraf Johann Wilhelm, gemeinsam mit der Exekution des Urteils beauftragt.[8] Johann Ludwig Kerckerinck zu Stapel hat sich der Erwirkung dieses Mandates gerühmt. Nach dessen Ergehen hätten ihn der immer noch mit seinem Präbendalprozeß befaßte Tinnen und sein Oheim zu einer Reise nach Kleve und Düsseldorf bewogen, um dort auf Durchführung des Exekutionsmandates zu

---

gerichtlichen Verfahren, in: Gesellschaft für Reichskammergerichtsforschung (Hg.), 300 Jahre Reichskammergericht in Wetzlar, Wetzlar 1993; vgl. auch o. S. 55.
[6] Bundesarchiv, Außenstelle Frankfurt, AR I-III/8 fol. 61, (1693), vgl. o. S. 44.
[7] STAAMS, Ftm. Münster, Domkap. Protokolle, Nr. 56, 26. Febr. 1694, das Schriftstück selbst ist offenbar nicht erhalten.
[8] Bundesarchiv, Außenstelle Frankfurt, AR I – III/9 fol. 103 (1694) u. STAAMS, Ftm. Münster, Landesarchiv 522, Nr. 3 a Bd. 2, fol. 2-3, *Memorial loco Instructionen* für Galen in Wien, 14. Jan. 1695, Entw. Zur Stellung von Pfalz-Neuburg und Brandenburg im Westphälischen Reichskreis vgl. Winfried Dotzauer, Die deutschen Reichskreise in der Verfassung des alten Reiches und ihr Eigenleben (1500 – 1806) Darmstadt 1989, S. 278 ff.

dringen. Über den Präsidenten von Hugenpoet, einen Schwager Droste zu Hülshoffs, habe er Zutritt zu den kurfürstlichen Ministern und schließlich zu Johann Wilhelm selbst erhalten, wo er höflich empfangen worden sei.[9] Doch auch nachdem das Reichskammergericht am 7. Juli 1696 auf das *gebettene Ruffen* wegen des Exekutionsmandates erkannt hatte, regte man sich an den Höfen der Kreisdirektoren noch nicht. Erst als am 4. März 1698 das *Mandatum ulterior de Exequendo* ergangen war, liefen Schreiben aus Düsseldorf und Kleve in Münster ein.[10] Anfang Oktober 1699 beriet das Domkapitel nach Rückfrage beim Landesherrn erneut die Lage. Unter anderem wurde die Ansicht vertreten, daß wenn die Exekution *vermitttelß Hineinschickung in diesem Stifft eines oder anderen Regiments, also militariter, geschehen sollen ... die Erbmänner selbst und dero Aigenhörige Bauren darunter hart und rechtschaffen mit Leiden, jah gleichsamb gantz ruinirt werden.* Dies sollte den Erbmännern *unter der Handt* vorgestellt werden, so wurde vorgeschlagen; andere Domherrn jedoch befürchteten, daß *solche remonstration vieleicht Ubel, und fuhr eine Bedrewungh auffgenohmen, und hoeheren ohrts alßvort angebracht werden mögte. ... finaliter resolvirt* wurde, *nochmahlen denen Capitulis Germanici vermittelß eines absonderlichen ahnschreibens umbständlich* vorzustellen, *daß dieselbe bei den Executores Execution dehortieren mögten,* vor allem müsse nun *die HauptSache ahn platz der Revision zu Regensburgh ... ahngebracht, examiniert, und daselbsten erörtert werden ... und wan daselbsten ... cognita causa die Erbmänner fuhr wahre Adliche declarirt werden würden, wollten S. Hochfürstl. Gnaden, alß Landtsherr selbsten parition leisten, und die Execution bewürken laeßen.*[11] Etwa Ende November 1699 ist ein solches Schreiben aus Münster an die Domkapitel im Reich gegangen. Wegen dem aus dem Präbendalstreit des Jacob Johann von der Tinnen *dem gemeinen Adel Teutscher Nation ... ahnwachsenden ohnwiederbringlichen Nachtheilß* bat das münsterische Kapitel um Beistand bei Papst und Kaiser. Noch sei die *bulla apostolica* nicht exekutiert, dem Kölner Nuntius sei die Exekution sogar von Rom

---

[9] Archiv Haus Stapel, Akten 33. S. 18ff. Im Abrechnungsbuch des Jacob Johann von der Tinnen sind 20 Rt Reisebeihilfe für Kerckerinck vermerkt, Archiv Ketteler-Harkotten, Möllenbeck, Akten H 15a, fol. 257v.

[10] Bundsarchiv, Außenstelle Frankfurt, AR I – III/9 fol. 51 (1696) und STAAMS, Ftm. Münster, Landesarchiv 522, Nr. 3 a Bd. 2, fol. 25, Schreiben der Räte des Kurfürsten von der Pfalz an Fürstbischof Friedrich Christian, 31. Aug. 1699, Ausf. (?)

[11] Ebd. Ftm. Münster, Domkap. Protokolle, Nr. 60, 1. u. 12. Okt. 1699.

aus *unter der Hand verboten und untersagt worden*. Darauf hätten sich Tinnen und die anderen Erbmänner erneut an das Reichskammergericht gewandt, wo den Revisionsklägern nicht nur der *effectus suspensivus abgeschnitten worden*, sondern auch ein *mandatum de exequendo* auf Kurpfalz als Herzog von Jülich und Brandenburg als Herzog von Kleve ergangen sei. Man bat, auch den beiden Exekutoren gegenüber vorstellig zu werden, denn noch bestehe keine Aussicht auf Durchführung der doch rechtlich zugesagten Revision, dies müsse nun *effectum devolutionem* haben, man werde sich daher an Kaiser und Reich wenden – die dem Kammergericht übergeordnete Instanz – und sich um ein *remedium extraordinarium ... specialem deputationem Caesarem et Imperij cum effectu suspensivo* bemühen, daher bat man um Anweisung an die jeweiligen Regensburger Gesandten, dieses münsterische Ansuchen zu unterstützen. Dem Schreiben beigefügt wurde eine *gedruckte Deduction,* offenbar handelte es sich um die etwa 1695 zu Regensburg veröffentlichte *Compensiosa & brevis Deduction warumb ... Revisio der effectus suspensivus zu verstatten.*[12]

Ab Mitte Dezember 1699 gingen die ersten Antwortschreiben aus Speyer und Mainz in Münster ein. Der Kurfürst-Erzkanzler des Reiches hatte Kopien seiner Briefe in der münsterischen Angelegenheit an Papst und Kaiser beigelegt.[13] Im März 1700 wußte man in Münster, daß auch der Erzbischof von Salzburg das Anliegen der Münsteraner in Regensburg *nachträcklich secundiren* wolle.[14] In Münster konnte man hoffen, die geistlichen Staaten des Reiches solidarisch hinter sich zu haben.

Um jedoch ein so außergewöhnliches Rechtsmittel wie eine *Extraordinari Revisionskommission* im Reich durchzusetzen, glaubte man, auch in Wien vorstellig werden zu sollen – und dies um so mehr, als bekannt geworden war, daß die Gegenseite den Wiener Hof ebenfalls in ihre Strategie einbezog. Schon Ende 1691 hatte Jacob Johann von der Tinnen den Kaiser *mit gebogenen Knien umbß Jüngsten Gerichts willen* angefleht, die vom münsterischen Kapitel *erschlichene* Weisung des Kaisers an den römischen Gesandten, Fürst Liechtenstein,

---

[12] Ebd. Domkap. Produkte Nr. 393/1, 20. Nov. 1699, Entw. Ein Exemplar der *Compensiosa & brevis Deductio* in Wien, HHSTA, MEA, Reichskammergerichtsakten 105b.

[13] STAAMS, Ftm. Münster, Domkap. Protokolle Nr. 60, 17. Dez. 1699.

[14] Ebd. Nr. 61, 5. März 1700. Zu Fürst-Erzbischof Johann Ernst Thun Hohenstein vgl. Erwin Gatz (Hg.), Die Bischöfe des Heiligen Römischen Reiches 1648 bis 1803, Berlin 1990, S. 505f.

VIII. Die Durchsetzung der *extraordinari Revisionskommission*

zu widerrufen und der Exekution des kanonischen Urteils durch den Kölner Offizial nicht weiterhin Hindernisse in den Weg zu legen.[15] Liechtenstein hatte den Reichsvizekanzler in Wien auf die *hohe Protektion* hingewiesen, die Tinnen in Rom genieße, *sonderlich beim Herrn Cardinal Imperiali*.[16] Tinnens Schreiben ist offenbar auch dem Reichshofrat in Wien vorgelegt worden, der jedoch, wegen der Rechtshängigkeit des Verfahrens am Reichskammergericht, nicht als konkurrierende Instanz eingreifen konnte.[17] Für das münsterische Domkapitel lag es nahe, sich in Wien seines Mitglieds, des 1688 zum Reichshofrat bestellten Christoph Heinrich von Galen, zu bedienen.[18] Anfang 1695 wurde in Münster eine Instruktion für ihn entworfen, in welcher die Lage nach dem *beschwehrlichen Urtheill* vom 13. Dezember 1694, der Abweisung der münsterischen Gegenvorstellungen in Wetzlar, der Verhängung von Strafgeldern gegen ihre Partei und deren Vertreter durch das Kammergericht und den Exekutionsmandaten an Kurpfalz und Kurbandenburg beschrieben wurde. Es sei doch ein Revisionsverfahren anhängig, welches *ohne allen dißestheils verschulden alße defectum Visitatorem Camerae et revisorum alße deficiente ipso judice* von Münster aus *weiter zu bewürken* unmöglich sei; man habe jedoch alles versucht, *den effectus suspensivus zu attentiren*. Galen wurde aufgetragen, ein münsterisches Bittschreiben an den Kaiser zu übergeben und den Fall auch den kaiserlichen Ministern vorzustellen. Vor allem solle er mit Unterstützung durch den Mainzer Residenten Gudenus sich um Suspension der Exekutionsmandate bemühen, da doch *in so vielen jahren von Ihro Mayt. und des Reichswegen keine visitatores und revisores nach dem ReichsCammergericht deputiert worden* entgegen dem *instrumentum pacis*, den Reichsabschieden und der Reichskammergerichtsordnung. Falls jedoch Visitation und Revision gegenwärtig unmöglich seien, solle Galen auf Suspension der Exekution dringen und sondieren *ob nicht in loco revisionis eine extraordinarij revisions deputation furnemblich von geistlichen Ertz- Bischoffen, Praelaten oder andere Catholische Ständen in ansehungh die uncatholische bei*

---

[15] Ebd. Landesarchiv 522, Nr. 3 a Bd. 1, Tinnen an den Kaiser, Rom 29. Dez. 1691, Kopie; s. auch o. S. 47.
[16] Zu Imperiali vgl. o. S. 47.
[17] Archiv Haus Stapel, Akten 33, S. 127 u. 129; Wolfgang Sellert, Über die Zuständigkeitsabgrenzung von Reichshofrat und Reichskammergericht, Untersuchungen zur deutschen Staats- und Rechtsgeschichte, NF Bd. 4, Aalen 1965.
[18] Wilhelm Kohl, Das Domstift St. Paulus zu Münster, Germania sacra, NF 17,2, Berlin 1982, S. 704.

der Erbmännersache keine [besonder] *Interesse haben, zumahlen alle Erbmänner Catholisch befunden werden.* Eine kaiserlicherseits dazu als notwendig erachtete *deliberation* mit dem Reich solle Galen nicht ausschlagen, vor allem aber bemüht sein, ggf. den *minister referens* ... *durch dienliche befindende Mittel willig zu machen* und auch die Interessen des Bischofs von Augsburg und des ganzen kurpfälzischen Hauses in Wien zu unterstützen, sich über den päpstlichen Nuntius jedoch *so glimpflich alß möglich* zu äußern. Auch in Wien solle Galen die gedruckte *teutsche Deduction* sowie die lateinischen *specie facti* zur Bekräftigung seiner Vorstellungen übergeben.[19]

Galens erste Berichte über die Wirkung seiner Bemühungen in Wien lauteten nicht ungünstig. Der Wiener Nuntius habe sich *zu allen diensten offeriert,* obwohl ihm der Fall Tinnen vom Kardinal Imperiali empfohlen worden sei, allerdings liege die Sache bei der Kölner Nuntiatur und ein im Sinne des Domkapitels günstiger Ausgang sei fraglich, wenn erst das jüngste Urteil aus Wetzlar in Rom bekannt würde. Das Beste sei, sich um Suspension zu bemühen, auch könne die Kollation einer Präbende eine Sache nicht *geistlich machen ... quia non esset res Ecclesiastica.* Dem aus Rom zurückkehrenden Fürsten Liechtenstein sprach Galen den Dank des münsterischen Kapitels aus, wobei dieser geäußert habe, *die Erbmänner hetten dorten große Freundt und viel Geldts, und schenkete der Tinnen ... ducaten wegh, alß wan es nichts wehre.* Weniger ermutigend verliefen Galens Gespräche mit seinen Kollegen vom Reichshofrat. Zwar verwerfe man nicht alle Gründe für eine Suspension der Exekution, gleichwohl seien *widrige intentionen* offenkundig, man werde der Exekution nichts in den Weg legen. Allerdings billige man in Wien der Wetzlarer Kammer *ob incompetente Judice* die Entscheidung darüber, *an scilicet in praesenti casu revisio devolutionem an suspensivum Effectu habere debeat* nicht zu. Nach Rücksprache mit Gudenus hielt Galen das münsterische Schreiben an den Kaiser noch zurück und empfahl einen gleichzeitigen Vorstoß in

---

[19] STAAMS, Ftm. Münster, Landesarchiv 522, Nr. 3 a Bd. 2, fol. 2 – 3, Münster 14. Januar 1695, Konzept. Die *Deductio* und die *Facti species* ebd. Auch Reichshofräte erhielten jahrelang kein Honorar, Jobst Mathias v. Twickel an Ferdinand Plettenberg, Wien 21. April 1707, eigenh. Archiv Nordkirchen, KA 206/20, fol. 335f. Zu „Verehrungen" am Wiener Hof unter Joseph I. vgl. Hubert Wolf, Die Reichskirchenpolitik des Hauses Lothringen (1680 – 1715), Beiträge zur Geschichte der Reichskirche in der Neuzeit Bd. 15, Stuttgart 1994, S. 194 u. Jacob van Klaveren, Die historische Erscheinung der Korruption, VSWG 44, 1957 u. 45, 1958, bes. 45, S. 475.

Regensburg, auf daß die Reichsstände um ein kaiserliches Votum ansuchten. Die besten Chancen versprach er sich von einer Demarche des Erzkanzlers beim Kaiserhof und dem Reichstag.[20]

Diesem Rat aus Wien ist man in Münster gefolgt; am 1. Juli 1695 erhielt Galen Weisung, es *auf keine decision oder gutachten des Reichshoff Raths ... ankommen* [zu] *laßen, angesehen die Austriaci und new creirte Cavaliers in specie die nobilitirte Gelährte Reichshoff Räthe dem alten Reichsadel sehr gehäßig und mit hoechstem Verdruß ansehen thäten, daß man im Reich bey denen Ertz und Stifftern in p° probationis sich so difficil bezeigte. Das sicherste Mittel* sei zweifellos, die Sache an den Reichstag zu bringen und nicht auf eine kaiserliche Resolution zu dringen, solange man einer günstigen Entscheidung nicht sicher sei.[21] Diese Wendung ging vermutlich auf Gespräche zurück, die der Bruder des Fürstbischofs, der Paderborner Domdechant Ferdinand Plettenberg, inzwischen mit dem Mainzer Kurfürsten Lothar Franz von Schönborn geführt hatte. Wenige Tage nach dieser Weisung zitierte Ferdinand die Meinung des Erzkanzlers im münsterischen Domkapitel über ein Vorbringen der Erbmännersache in Regensburg mit den Worten: *wan sie nur einmahl dahselbsten recht angebunden, folgends von selbsten woll in schlaff oder ruhn ad multos annos gerathen dorffte.*[22]

Eine entsprechende Weisung ging offenbar auch an den Regensburger Gesandten des Hochstifts, Dietrich von Plettenberg, der dem Fürstbischof am 11. Juli 1695 versicherte, er werde sich *um abgebende vota* bemühen, wisse aber noch nicht, wie er sich gegenüber den Gesandten der Reichsstädte verhalten solle, die z. B. bei der Introduktion neuer Reichsstände im Reichsfürstenrat nicht beteiligt würden; Plettenberg nannte die Beispiele Lobkowitz, Salm und Piccolomini. Mit Sicherheit würden die Reichsstädte *in favorem Erbmannorem stimmen weylen zu augsburg, Nürnberg, Ulm, Frankfurth, Cölln etc. der patritiatus noch in vigore ist, undt die patricij in arena sua sich einbilden, große Dons zu seyn, auch sehr hart verschmerzen können, daß sie a Coetu Nobilium excloudirt worden ... wurde also ... eine gewünschte Gelegenheit seyn, wann sie bey der Erbmännersache undt unter deren praetext ihren*

---

[20] STAAMS, a.a.O. fol. 5 – 7 u. 11, Extracte aus Galens Berichten, aus Wien vom 19. März, 9. u. 13. April 1695.
[21] Ebd. fol. 14, Fürstbischof Friedrich Christian an Galen, Sassenberg 1. Juli 1695, Konzept.
[22] Ebd. Domkap. Protokolle Nr. 57, 8. Juli 1695.

patritiat eliviren könndten. Der nürnbergische Gesandte habe bereits eine dahingehende Weisung.[23]

Es verstrich nun einige Zeit, ehe Münster erneut in Regensburg vorstellig wurde. Seit 1689 lief der kanonische Prozeß des Jacob Johann von der Tinnen um die münsterische Dompräbende parallel zu den Vorgängen in Wetzlar und Wien, und die Bestrebungen zur Aufstellung einer Ritterschaftsmatrikel – möglichst ohne die Landsitze der Erbmänner – waren noch nicht abgeschlossen. Zudem bemühte man sich durch Korrespondenzen mit den Mitdirektoren des Westfälischen Reichskreises, die Exekution des Speyrer Urteils aufzuhalten.[24] Man spielte ganz offensichtlich auf Zeit – wie der Erzkanzler des Reiches geraten hatte. Der Fall des Johann Schencking wird zwar nicht zitiert, es ist aber anzunehmen, daß man sich des Erfolges der ihm gegenüber angewandten Verzögerungstaktik durchaus erinnerte. Erst nachdem am 7. April 1702 erneut ein Exekutionsmandat aus Wetzlar ergangen war[25] ist in den Protokollen des Domkapitels wieder vom Bemühen um *ein extraordinarium remedium sive spec. Commissio Caesaris et Imperij* die Rede; der Fürstbischof wolle den Kaiser jetzt selbst darum anrufen.[26] Im November 1702 beschloß das Domkapitel in Münster, daß dem kurmainzischen Direktorialgesandten, Ignaz Anton von Otten, für *guette officia ... einige discretion und erkenntlichkeit praesentiert* werde, von etwa hundert Dukaten wird in diesem Zusammenhang gesprochen.[27] Soweit erkennbar hielt man erst im August 1703 den Augenblick für gekommen, beim Kaiser offiziell das *remedium extraordinae* zu beantragen, zugleich jedoch müsse man sich um *favorable judices & Com-*

---

[23] Ebd. Landesarchiv 522, Nr. 3 a Bd. 2, fol. 18f., Dietrich Plettenberg an den Fürstbischof, Regensburg 11. Juli 1695, Ausf. Dietrich Heinrich von Plettenberg war ein entfernter Verwandter des Fürstbischofs. Er hat Münster von 1681 bis zu seinem Tod im Jahr 1713 am Regensburger Reichstag vertreten. Ludwig Bittner, Lothar Groß, Repertorium der diplomatischen Vertreter Bd. 1, Berlin 1936, S. 341. Zum Verhältnis Patriziat – Landadel vgl. Carl-Hans Hauptmeyer, Probleme des Patriziats oberdeutscher Städte vom 14. bis zum 16. Jahrhundert, ZbayerLG 40, 1977.

[24] STAAMS, Ftm. Münster, Domkap. Protokolle Nr 60, 12. Okt. 1699. Vgl. auch o. S. 67ff.

[25] Bundesarchiv, Außenstelle Frankfurt, AR I-III, fol. 113 u. Archiv Haus Stapel, Akten 33, S. 193f.

[26] STAAMS, Ftm. Münster, Domkap. Protokolle Nr. 63, 4. Aug. 1702.

[27] Ebd. 6. Nov. 1702. Zu Otten vgl. Alfred Schröcker, Die Patronage des Lothar Franz von Schönborn (1655 – 1729), Beiträge zur Geschichte der Reichskirche in der Neuzeit Bd. 10, Wiesbaden 1981, S. 129f.

missios bemühen.²⁸ Die Erbmänner hätten ein *buch* publiziert, das eine *Refutation* erfordere. Freilich war es nicht leicht, einen Autor für deren Abfassung zu gewinnen. Der zunächst vorgesehene Amtsverwalter Dr. Schefer entschuldigte sich, daß *dieserhalb in Archivio obhandene Acta und nachrichten so weitleufig, und so viel in die Mänge weehren, daß sie gleichsamb eine sturtzkarre anfüllen würden.* Schließlich erhielten der Syndikus des Domkapitels, Paul Matthias Heerde, und der Stadtrichter Bernhard Ignatius Koerdinck den Auftrag.²⁹ Am 19. Dezember 1704 endlich ging das Gesuch um eine *Extraordinari Revisionskommission* mit Zustimmung des Fürstbischofs, des Domkapitels und der Ritterschaft – d.h. der Klagenden von 1597 – an den inzwischen in den Grafenstand erhobenen Christoph Heinrich von Galen nach Wien.³⁰

Die erbmännische Partei blieb ebensowenig untätig. Schon 1703 hatte Jacob Johann von der Tinnen eine Erwiderung auf die *Refutation* seiner Schrift fertiggestellt, die Johann Ludwig Kerckerinck in Wetzlar zweispaltig drucken ließ und unter den Assessoren des Reichskammergerichts verteilte; sie habe *große approbation* gefunden, so vermerkt Kerckerincks Protokollbuch.³¹ Schon vor der Gegenpartei hatte sich Tinnen an den Wiener Hof gewandt und unter Hinweis auf die Mandate des Kammergerichts und die Rotaurteile, einschließlich derjenigen zugunsten des Dr. Johann Schencking, ein Gesuch *de non impediendo cursum Justitiae et executionis* gestellt. Ein Empfehlungsschreiben des Kardinals Imperiali an den Kaiser konnte Tinnen seinem Gesuch beilegen.³² Etwa gleichzeitig unternahm Johann Ludwig Kerckerinck, unterstützt aus der Erbmännerkasse, eine zweite Reise an die Höfe von Berlin und Düsseldorf, um die Exekution der Mandate

---

[28] STAAMS, a.a.O. Nr. 64, 11. Aug. u. 27. Nov. 1703. Als *judices* sollten die Kurfürsten von Mainz und Trier sowie der Bischof von Paderborn vorgeschlagen werden.

[29] Ebd. Nr. 65, 28. Juli u. 4. Okt 1704. Zu B. I. Koerdinck (1668 – 1739) und der Familie Koerdinck vgl. Clemens Steinbicker, Das Geschlecht Koerdinck – Tuchhändler, Buchdrucker, Beamte, in: Joseph Prinz (Hg.), Ex officina literaria, Münster 1968, S. 258; zu der auf die Familie Heerde zurückgehenden Stiftung vgl. Max Georg Freiherr von Twickel, Die Münstersche Stiftung des Johannes Heerde, FS Alois Schröer, hg. v. Max Bierbaum, Westfalia sacra Bd. 4, Münster 1972.

[30] STAAMS, a.a.O., 19. Dez 1704.

[31] Archiv Haus Stapel, Akten 33, S. 197. *Contraria juxta se posita magis elucescentia ...* o.O. 1703, 160 S. Folio, Exemplare in der UB Münster und im Archiv Ketteler-Harkotten, Möllenbeck, Akten VIII, H 11.

[32] STAAMS, Ftm. Münster, Landesarchiv 522, Nr. 3 a Bd. 2, fol. 279 – 181. Kopie mit dem Vermerk: *praes. 9. Dez. 1704 Rhofrath.*

aus Wetzlar erneut zu betreiben.³³ Bei seiner Ankunft in Berlin am 13. September 1704 erfuhr er jedoch, daß der König sich in der Gegend von Frankfurt a. O. mit Hirschjagden *divertirt.* Erst am 10. November konnte Kerckerinck sein Memoriale mit den beigelegten *Mandatis de Exequendo* an den Geheimen Rat, Graf Wartenberg, übergeben. Vier Tage später hatte er *eine odentliche Königl. Audienz in Gegenwart vieler Ministern.* Er nutzte die Chance um den Anwesenden, darunter dem kaiserlichen Residenten von Heems, seinen Fall vorzustellen und um eine königliche Resolution zu bitten. Mit deren baldigem Erfolgen wurde er *allermildest vertröstet;* am 22. November erhielt er das *reskriptum adhortationis* König Friedrichs an Fürstbischof Friedrich Christian und die Klevische Regierung. Beides übersandte er Dechant Tinnen nach Münster mit der Anfrage, ob er noch ferner in Berlin verbleiben solle. Der Tod seiner Mutter, Hedwig Christina geb. von Graes, rief Kerckerinck jedoch schon zu Ende des Monats nach Münster und Haus Stapel zurück. Hier erfuhr er, vermutlich von Tinnen, daß der Fürstbischof sich am Kaiserhof bemühe, die Exekution des Urteils *zu hintertreiben und zudem eine Revisionem Extraordinariam cum suspensione executionis zu erhaschen.* Obwohl die beiden Erbmänner voraussahen, daß ihre Gegner *ein oder anders am Kayl. Hoff und dem reichsconvent erhalten dörfften,* reiste Kerckerinck im Mai 1705 über Kleve nach Düsseldorf *daß Eißen weil es warm ist, zu schmieden.* Am 8. Mai war er in Kleve und übergab seine Schriftstücke, am 24. machte er sich von dort nach Düsseldorf auf den Weg. Mitte Juni empfing ihn Kurfürst Johann Wilhelm nach zehn Jahren erneut im selben Anliegen und nahm sein Memoriale entgegen. Tinnens *tractätlein, Vera genuina actis per omnia conformis Species facti*³⁴ ging auch an die Kurfürsten von Mainz und Trier; es wurde zudem *an vielen Chur- und Fürsten; ... auch dem Reichskonvent nach Regensburg* vom Druckort Köln aus versandt. In Regensburg sei der anhaltische Legationsrat und *Secretario,* Johann

---

[33] Archiv Haus Stapel, Akten 33, S. 211ff. *Protokollum* der Reise nach Berlin, Düsseldorf und Kleve, 1704 u. 1705, auch zum Folgenden. Aus der gemeinsamen Kasse der Erbmänner erhielt Kerckerinck 180 Rt für die Reise nach Berlin, Archiv Ketteler-Harkotten, Möllenbeck Akten 15a, fol. 261v. Vgl. auch o. S. 63.

[34] Archiv Haus Stapel, Akten 33, S. 217. Der Traktat findet sich in der UB Münster und im Archiv Ketteler-Harkotten, Möllenbeck Akten M VIII, H 8. Zu Hedwig Christina Kerckerinck geb. v. Graes, s.o. S. 31ff. Zu Johann Kasimir Kolbe von Wartenberg vgl. Otto Hintze, Die Hohenzollern und ihr Werk, Berlin 1915, S. 257 u.265.

Caspar Pfau, sein Verbindungsmann, so vermerkt Kerckerinck. Erreicht hatte Kerckerinck durch seine Vorstellungen immerhin Weisungen des preußischen Königs die Exekution betreffend an die Klever Regierung, daß *Wir auch nicht sehen, wie wir uns dessen in die länge Salva Justitia werden entbrechen können,* man solle deshalb bei der bevorstehenden Direktorialzusammenkunft des Westfälischen Reichskreises mit dem kurpfälzischen Vertreter und mit diesem gemeinsam mit dem münsterischen Deputierten sprechen, damit das Urteil *nun dermahl exequirt, und wir samt Churpfalz dadurch überhoben werden mögten, auf ander mittelen ... zu gedenken.* Bald hatte Kerckerinck jedoch auch die Antwort Friedrich Christians an den preußischen König in der Hand, in welcher dieser auf das *förmlich verstattete ... remedium revisionis* verwies, nach dessen unverschuldetem Ausbleiben er sich an den Kaiser *um Verleihung eines anderwertigen Remedij loco revisionis* mit dem *effectus suspensivus alß devolutivus* gewandt habe. Kerckerinck erfuhr auch von der Wirkung dieser Vorstellungen des münsterischen Fürstbischofs bei Friedrich I.: *Weilen demnach wir der obgedachten gesuchten exekution einen anstand werden geben müssen.*[35] Einziger Erfolg für Kerckerinck war die *Bekanntschaft mit den StiftsFrewleins zu S. Maria im Capitolio ... alwo mir die Striftsfrawlein von Hörde, eine Tochter vom Hauß Eringerfeld hab ausgesehen, und deroselben meine Intention, sie zu heyrathen, angetragen, um meine familiam, ob Gott will, zu deßen größerer Ehr, mit ihr ehelich fortzusetzen.* Im Februar 1709 fand die Hochzeit auf Haus Eringerfeld statt, die – unbestritten – ritterschaftliche Familie Hörde hatte, soweit erkennbar, nichts gegen den Schwiegersohn, der seine Wahl wohl kaum ohne Rücksicht auf die erwiesene Stiftsfähigkeit der Braut getroffen hatte.[36]

Das Jahr 1705 brachte eine Intensivierung des Streits an allen Fronten; Jacob Johann von der Tinnen vermerkt dazu in seiner Kostenaufstellung: *In diesem Jahr 1705 ist eine unglaubliche correspondenz geführt auf Cleve, Düsseldorf, Cölln, Regensburg, Wien, Rom.*[37] Nicht alles davon blieb erhalten, dies gilt auch für die Aktivitäten der Gegenseite. Im April hatte Fürstbischof Friedrich Christian sich entschlossen, den Stadtrichter Bernhard Ignaz Koerdinck nach Wien zu schicken, *um graf Galen zu assistieren.* Neben seinen Weisungen sollte Koerdinck

---

[35] Archiv Haus Stapel, Akten 33, S. 224f. u. 226, Kopien.
[36] Ebd. S. 257 u. 260; s.o. S. 22.
[37] Archiv Ketteler-Harkotten, Möllenbeck Akten 15a, fol. 261v.

auch *nervus gerendarum rerum mitgegeben werden,* was aber *bester maeßen secretiert* bleiben solle und worüber nur *mit ein oder ander ex Senioribus* der Ritterschaft *geredet und apertur gegeben werden mögte.*[38] In Augsburg suchte Koerdinck den Bischof und münsterischen Domherrn, Alexander Sigismund von der Pfalz, auf und erfuhr etwa Anfang Mai, daß die Erbmännersache wegen der kaiserlichen *Unpäßlichkeit sistiert* sei.[39] Tatsächlich war Kaiser Leopold schon am 5. Mai des Jahres in Wien verstorben.

Der Elan, mit welchem der junge Kaiser Joseph I. die Regierungsgeschäfte in die eigenen Hände nahm, betraf auch den Fall aus Münster. Zwar wurde dem Begehren Alexander Sigismunds *auf eine avocation ad Aulam Caesarem* nicht entsprochen, doch schon Ende Mai konnte Galen aus Wien berichten, die Sache sei *unterm 27 May in dieseitiger intention zum größten Vergnügen außgangen.*[40] Mitte Juli war auch Koerdinck in Wien; am 1. August meldete er, der Reichshofratspräsident, Graf Öttingen, habe ihn *vertröstet,* die Sache sei *sub opere,* doch schien es Koerdinck, *daß der geheime Rat ... oder einige dessen membrum mit dem Reichshofrat ... nicht völlig einig seye.*[41] Auch der Hofkanzler, Baron Seilern, habe seine *gute officia versprochen ... aber in der sach sich ganz frömbt gestellet.*[42] Protokolle der Beratungen des Reichshofrats und der Konferenz der kaiserlichen Minister aus den Sommermonaten des Jahres 1705 sind offenbar nicht erhalten, doch scheint der Obristhofmeister, Fürst Salm, Galen und Koerdinck unterstützt zu haben. Unter dem 25. August 1705, nur gut drei Monate nach dem Regierungsantritt Josephs I., erging ein kaiserliches Kommissionsdekret an den Regensburger Reichstag, in welchem der Kaiser wegen des *reichkündig* gewordenen Streits der münsterischen Erbmänner um ihren ritterbürtigen Stand ein *fördersamstes Reichsgutachten* auch *zu*

---

[38] STAAMS, Ftm. Münster, Domkap. Protokolle Nr. 66, 17. April 1705.
[39] Ebd. Landesarchiv 522, Nr. 3 a Bd. 2, fol. 301, Schreiben Alexander Sigismunds an den Wiener Agenten Adam Ignaz von Heunisch, Augsburg 8. Mai 1705, Kopie. Wolf (wie Anm. 19), S. 289, bezeichnet Heunisch ungenau als „Münsteraner Gesandten am Wiener Hof".
[40] Ebd. Domkap. Protokolle, Nr. 66, 12. Juni 1705.
[41] Ebd. Landesarchiv 522, Nr. 3 a Bd. 2, fol. 304 u. 315 – 316, Schreiben des Bischofs von Augsburg an den Reichshofrathspräsidenten vom 8. Mai 1705 und Bericht Koerdincks aus Wien 1. Aug. 1705, Kopien. Graf Wolfgang Öttingen-Wallerstein war Reichshofratspräsident von 1683 bis 1708, Oswald von Gschließer, Der Reichshofrat, Wien, 1942, S. 529.
[42] Zu Johann Friedrich Seilern: Gustav Turba, Reichsgraf Seilern, 1646 – 1715, Heidelberg 1923.

künftiger Nachricht verlangte mit dem Hinweis, die ausschreibenden Fürsten des Westphälischen Reichskreises sollten *alle Exekution anstehen lassen.*[43] Mitte August 1705 konnte Koerdinck dem Domkapitel in Münster mitteilen, der Kaiser habe am 15. des Monats in diesem Sinne an den preußischen König und den Kurfürsten von der Pfalz geschrieben.[44]

Mit dem Kommissionsdekret war die nächste Entscheidung dem Regensburger Reichstag aufgetragen, daher wurde Koerdinck Mitte September 1705 angewiesen, sich nach Regensburg zu begeben, von wo er ab dem 15. Oktober berichtete.[45] Schon vor Koerdincks Ankunft war von dort, wohl von Dietrich Plettenberg, vorgeschlagen worden, das kaiserliche Dekret *unter der Handt*, von Münster finanziert, in Regensburg drucken und über den kurmainzischen Direktorialgesandten verteilen zu lassen, *damit ein favorables Guetachten erhalten werden.* Im Oktober riet Dietrich Plettenberg, *ein oder anderer ministros noch etwas Besonderes zu caressieren.*[46] Um dieselbe Zeit erreichte den Fürstbischof das schon erwähnte Schreiben des Herrn von Cochenheim, die Proberelation des ins Zwielicht geratenen Reichskammergerichtsassessors von Pürck betreffend, auf welcher das Urteil von 1685 beruhe. Es läßt sich nicht feststellen, ob Friedrich Christian die geforderten 300 Rt für die Beschaffung dieser Relation aufgewendet hat, immerhin findet sich im münsterischen Landesarchiv ein *protocollum pleni sub Admissione des H. von Pürck*, nach welchem er *referiert in causa Münster C münsterische Erbmänner* vom 12. Januar 1687.[47]

Am 13. Oktober 1705 gelangte das Kaiserliche Kommissionsdekret in Regensburg zur Diktatur. Für Münster empfahl sich damit der schon

---

[43] Die Durchsicht des Bestandes „Vorträge" im HHSTA Wien aus den Jahren 1703 bis 1708 erwies sich im hier behandelten Zusammenhang als unergiebig. Das Dekret vom 25. Aug. 1705 wurde mit Beilagen abgedruckt bei Anton Faber, Europäische Staatskanzley Bd. 11, 1707, S. 239ff; ohne Beilagen auch bei Johann Joseph Pachner von Eggenstorff, Vollständige Sammlung ... Bd. 3, Regensburg 1776, S. 160. Fürst Karl Otto Theodor Salm (1645 – 1710) war Obristhofmeister unter Leopold I. und leitete in den Anfängen der Regierungszeit Josephs I. die Ministerialkonferenz bei Abwesenheit des Kaisers. Vgl. Max Braubach, Ein rheinischer Fürst als Gegenspieler des Prinzen Eugen am Wiener Hof, FS Franz Steinbach, Bonn 1960.
[44] STAAMS, Ftm. Münster, Domkap. Protokolle Nr. 66, 2. Sept. 1705.
[45] Ebd. 18. Sept. u. 23. Okt. 1705.
[46] Ebd. Landesarchiv 522, Nr. 3a Bd. 2, fol. 328, *Extract Regensburgischer Relation*, 10. Sept. 1705 u. fol. 339, Dietrich Plettenberg an den Fürstbischof, Regensburg 19. Okt. 1705, Ausf. Kurmainzischer Direktorialgesandter war von 1700 bis 1737 Ignaz Anton von Otten, vgl. Schröcker (wie Anm. 27) S. 129f.
[47] Ebd. Landesarchiv 522, Nr. 3a Bd. 1, fol. 5 – 8; vgl. o. S. 43.

zuvor beschrittene Weg, bei anderen Reichsständen, und zumal den Domkapiteln der geistlichen Staaten, vorstellig zu werden, um *causam communem zu machen,* und vor allem darauf zu dringen, daß der *effectus suspensivus gleich mit erkandt* werde.[48] Das Ergebnis dieser Aktion muß Fürstbischof und Kapitel in Münster mehr als zufrieden gestellt haben, die zustimmenden Antworten der verschiedensten Reichsstände umfassen gut 60 Bätter.[49] Nicht nur geistliche Fürsten wie der sehr angesehene Abt Rupert Bodmann vom Reichsstift Kempten, sondern auch der Kurfürst von Sachsen, der Landgraf von Hessen und der Herzog von Württemberg, sogar die Magistrate der Reichsstädte Regensburg, Augsburg, und Frankfurt antworteten zustimmend. Von besonderem Interesse ist die Reaktion der Mainzer Erzkanzlers Lothar Franz von Schönborn: *nicht zweifelnd, dieselbe werde bei näherer der Sache Überlegung, daß es einen allzu gefahrlichen impressu zu einer den Herren ständen nachtheiligen consequenz machen dörffte, wann die Sach ihrer Kayl. Majt., oder viel mehr die acta dem Reichshofrath entweder in corpore, oder nur einigen Reichshofräthen in particular übergeben werden, mithin von denenselben sich das Collegium Camerale solte reformieren laßen.*[50] Schönborns bekannt waches Auge für die Interessen des Reichs und seiner Institutionen bestätigt sich auch hier; ebenso sah der Trierer Kurfürst, als Kammerrichter Wächter über das Wetzlarer Gericht, in einer außerordentlichen Revisionskommission das geeignete Mittel zur Entscheidung der Sache. Freilich stand es um das Ansehen des Reichskammergerichts nicht zum Besten. Der Streit um den Präsidenten Ingelheim und den Assessor Pürck war inzwischen offen ausgebrochen.[51]

Die Nachrichten aus Wien lauteten weiterhin positiv. Unter dem 3. Februar 1706 erließ der Reichshofrat ein Dekret an Dechant Tinnen und die anderen Erbmänner, in welchem es hieß, der Kaiser habe

---

[48] Ebd. Landesarchiv 522, Nr. 3 a Bd. 2, fol. 348 u. Domkap. Protokolle Nr. 66, 6. Nov. 1705.
[49] Ebd. Landesarchiv 522, Nr. 3 a Bd.2, fol. 367ff.
[50] Ebd. Landesarchiv 522, Nr. 3 a Bd. 2, fol. 379. Kurfürst Lothar Franz an Fürstbischof Friedrich Christian, Mainz 9. Dez. 1705, Ausf. Vgl. auch Alfred Schröcker, Ein Schönborn im Reich, Beiträge zur Geschichte der Reichskirche in der Neuzeit Bd. 8, Wiesbaden 1978.
[51] Ebd. Landesarchiv 522, Nr. 3 a Bd.2, fol. 367f. Kurfürst Johann Hugo an Fürstbischof Friedrich Christian, Ehrenbreitstein 2. Dez. 1705, Ausf. Zum Streit um Pürck vgl. Heinz Duchhardt, Reichskammerrichter Franz Adolf Dietrich von Ingelheim (1659/1730 – 1742), NassAnn 81, 1970.

VIII. Die Durchsetzung der *extraordinari Revisionskommission*

mißfällig vernehmen müssen, was die Erbmänner und in Sonderheit Tinnen, während man doch eines *Reichsgutachten gewärtig wäre, in curia Romana, und sonst allerhandt, bloß und allein zumehrer Verweitherung der Sachen abzielende motus gemacht,* weshalb der Kaiser alle Erbmänner *erinnert habe, davon ein- für allemahl abzustehen, und des ausgangs derer Comitial Deliberationen ruhig abzuwarten, und gesichert zu seyn, daß Ihnen dann ... schleunigst Justiz ertheilet werden solle.*[52] Das Dekret bezog sich auf Tinnens erneute Vorstellungen an der Rota, von denen auch die Gegenseite erfahren hatte. Die notariell bezeugte Übergabe des Dekrets an Tinnen persönlich erfolgte am 23. März 1706 in Münster.[53]

Ende Mai 1706 fand eine Zusammenkunft der erbmännischen *Hh Consorten* im münsterischen Hof des Johann Ludwig Kerckerinck statt, auf welcher Rechnung gelegt und Tinnen 100 Rt von jeder Erbmännerfamilie für eine Reise nach Regensburg zugesagt wurden.[54] Für eine Einflußnahme auf die Beratungen der drei Reichstagskurien kam der Dechant indes zu spät. Die Beratungen hatten bereits am 26. und 29. März stattgefunden. Die Reichsstädte stimmten einer *extraordinari Revisionskommission* zu und benannten dazu sogleich Augsburg katholischer- und Frankfurt protestantischerseits. Das kurfürstliche Konclusum betont, daß durch Gewährung der Suspension des Urteils von 1685 *dem Reichsabschied de Ao 1654 in hoc speciali causa ahn nichts abgebrochen* und den Ansuchenden *eine extraodinari Commission in sechs personen bestehende revisions Commission* zuzugestehen sei, die innerhalb eines oder höchstens zweier Jahre *erkennen und sprechen mögten;* bei Überschreitung dieser Frist jedoch solle das Kammergerichtsurteil dem Jüngsten Reichsabschied gemäß ausgeführt werden. Die detailliertesten Nachrichten liegen über die Beratungen im Reichsfürstenrat vor. Mehrere Voten weisen auf das notorische Ausbleiben der Visitationen und damit auch der Erledigung der Revisionsbegehren gegen Reichskammergerichtsurteile hin und betonen die Notwendigkeit einer zweiten Instanz auch für Reichsstände, auf daß *dieselben nicht deterioris Conditiones weilen Privati in den gleichen fällen seyn, und ... das beneficium plurium instantium conservirt bleibe.* Andere

---

[52] Ebd. Landesarchiv 522, Nr. 3 a Bd. 1, fol. 16, Kopie.
[53] Ebd. Landesarchiv 522, Nr. 3 b Bd. 1, fol. 31 f. u. Domkap. Protokolle Nr. 67, 27. Jan. u. 1. März 1706.
[54] Archiv Haus Stapel, Akten 33, S. 259; die Teilnehmer außer Kerckerinck und Tinnen sind nicht genannt.

Stände verlangten *deputati pari numero religionis,* eine von Münster ursprünglich gewünschte ganz katholische Revisionskommission erwies sich als in Regensburg nicht durchsetzbar. Paderborn stützte Münster in allen Punkten und machte – zweifellos in Absprache mit Münster – Vorschläge zur Besetzung der Kommission: Kurmainz und Kursachsen, dazu von der Geistlichen Bank des Reichsfürstenrates Speyer und Fulda, von der Weltlichen Bank Braunschweig-Wolfenbüttel und Hessen-Kassel, die Reichsstädte sollten nach diesen Vorstellungen offenbar nicht beteiligt werden.[55]

Das am 30. April 1706 beschlossene und am 3. Mai zur Diktatur gebrachte Reichsgutachten ist den Vorschlägen aus Paderborn nur teilweise gefolgt. Unter Berufung auf den Jüngsten Reichsabschied und das Nichtzustandekommen der *erlangte Revisiones* billigte es *aus sonderbaren dabey vorkommen Considerationen und umständen, ohne einige Consequenz oder künftiges Exempel, eine extraodinari in 6. Personen aus beyderley Religionsverwandten ständen bestehende Revisions-Commission, und zwar aus dem Churfürstlichen Collegio Chur-Mainz, und Chur-Sachsen. Aus dem Fürstlichen Speyer und Hessen-Kassel, und aus dem Reichsstädtischen ... Augspurg Catholischen Theils, und Frankfurt.* Diese Kommission solle sich *intra trimestre ... zu Wetzlar einfinden, forderist die Güte tentiren: in deren Entstehung ... die in Camera Imperiali verhandelte Acta ... mit allem Fleiß und Assiduität gewissenhaft revidiren, und in Zeit von einem Jahr solchergestalt erkennen, und sprechen ... wie sie vor Gott, Ihre Kayserl. Majestät und dem Heil. Röm. Reich zu verantworten getrauen.* Notfalls sollte der Kommission ein weiteres Jahr zugestanden werden, den Revisoren jedoch ebenso wie den Parteien um nochmalige Fristverlängerung einzukommen verboten sein. Bei Verstreichen auch der verlängerten Frist solle *die erlangte Cameral-Urtheil dem obangeführten Reichs-Abschied zufolge, zur Exekution gebracht werden.*[56]

Man wird die Besetzung der Kommission als „hochkarätig" einstufen dürfen; beteiligt war neben dem Erzkanzler des Reiches, dem

---

[55] STAAMS, Ftm. Münster, Landesarchiv 522, Nr. 3 b Bd.1, fol. 35f. fol. 52 – 55 u. 37 – 46, Abschriften, die vermutlich auf Dietrich Plettenberg zurückgingen, s.o. S. 73, Anm. 23. Fürstbischof von Paderborn war 1704 – 1718 Franz Arnold Wolff Metternich, ab 1707/08 auch Fürstbischof von Münster, dessen Schwester einen jüngeren Bruder des Münsteraner Fürstbischofs Plettenberg geheiratet hatte; Domdechant in Paderborn war 1684-1712 Ferdinand Plettenberg, s.o. S. 45.

[56] Faber (wie Anm. 43) Bd. 11, 1707, S. 335ff., Pachner (wie Anm. 43) Bd. 3, 1776, S. 180ff.

bereits mehrfach mit dem Erbmännerstreit befaßten Lothar Franz von Schönborn (1695 – 1729), Kurfürst Friedrich August von Sachsen (1694 – 1733), der trotz Konversion zur katholischen Kirche für sich und seine Nachfolger wenigstens nominell die Führung im „Corpus Evangelicorum" des Reichstags wahren konnte.[57] Beteiligt waren ferner Landgraf Karl von Hessen (1670 – 1730) und Johann Hugo von Orsbeck, Fürstbischof von Speyer (1675 – 1711), zugleich Kurfürst von Trier und Kammerrichter – eine Ämterverbindung, deren Problematik im Hinblick auf die Revision von deren Betreibern offenbar zunächst nicht erkannt wurde.[58] Gegen die aus Paderborn – und Münster? – vorgebrachten Wünsche hatten nun doch zwei Reichsstädte Sitz und Stimme in der Kommission, zudem fehlte die ausdrückliche Gewährung der Suspension, die allenfalls aus dem zuletzt zitierten Passus herausgelesen werden konnte. Der Kaiser ratifizierte das Reichsgutachten am 19. Juli 1706, Kaiser und Reich hatten dem Drängen des Fürstbischofs und des Domkapitels aus Münster entsprochen und eine *Extraodinari Revisionskommission* bestellt.[59] Friedrich Christian von Plettenberg hat diesen Teilerfolg jedoch nicht mehr erlebt; am 5. Mai schon verstarb er auf Burg Schöneflieth bei Greven. Die Nachfolge im größten Reichsbistum war sowohl vom Adel der Region wie von Seiten mehrerer Dynastien aus dem hohen Reichsadel begehrt. Es kam zum Parteienstreit im Domkapitel und zu einer Doppelwahl, bei welcher in unserem Zusammenhang nur interessiert, daß nach einjähriger Vakanz Papst Clemens XI. seinen Kandidaten, den Paderborner Bischof Franz Arnold Wolff Metternich, gegen den kaiserlicherseits favorisierten Bischof von Osnabrück, Olmütz und Raab, Karl von Lothringen, durchsetzte.[60]

---

[57] Karl Otmar Freiherr von Aretin, Die Konfessionen als politische Kräfte des Alten Reiches, FS Joseph Lortz Bd. 2, Baden-Baden 1958, S. 184.
[58] S.u. S. 94, Anm. 47.
[59] Faber (wie Anm. 43), S. 340ff.; Pachner (wie Anm. 43), S. 195.
[60] Ausführliche Darstellung bei Hans Otto Lang, Die Vereinigten Niederlande und die Fürstbischofs- und Coadjutorwahlen in Münster im 18. Jahrhundert, Münster 1933, S. 7ff. und auf breiterer Quellenbasis, Wolf (wie Anm. 19), S. 101ff.

IX. DIE ARBEIT DER *EXTRAORDINARI REVISIONSKOMMISSION*

Dem kaiserlich bestätigten Reichsgutachten entsprechend ernannten die sechs beteiligten Reichsstände in der Folge ihre Deputierten zur Revisionskommission: Kurmainz entsandte den Kammer-, Hof- und Regierungsrat Franz Anton Wolfgang Schütz von Holzhausen und Dr. Johann Matheis Wincob, Regierungsrat zu Erfurt, Assessor der dortigen Juristenfakultät, Kursachsen: Wolf Erich von Bennigsen, Hofrichter zu Wittenberg und Lic. Johann Christian Müldner, Hof- und Justitienrat in Dresden, der Fürstbischof von Speyer ernannte Johann Philipp von Reiffenberg, kurfürstlich Trierer Rat und Amtmann zu Montabaur und Joseph Urban Streit, Speyrer Hofrat und Assessor am geistlichen Gericht, der Landgraf von Hessen-Kassel: Herrn von Diepenbrock und den Regierungsrat Moritz Christian Arnold. Die Reichsstadt Augsburg delegierte Lic. Johann Franz Mayer, Advokat und Gerichtsreferendar der Stadt, Frankfurt den zweiten Syndikus der Stadt, Lic. Johann Melchior Lucius.[1] Die Liste dieser Namen erweckt den Eindruck, daß alle Kommissionsmitglieder sich um die Entsendung kompetenter Subdelegierter bemüht hatten; deren Unparteilichkeit unterlag jedoch Zweifeln. Johann Ludwig Kerckerinck brachte über Wincop in Erfahrung, daß er aus Rheinberg am Niederrhein stammte, Professor der Philosophie in Erfurt gewesen war, wo *Plettenberg Collegia frequentiert ... und diesem ihrem Professor ein kind aus der Taufe gehoben.*[2] Zu Reiffenberg habe Wincob *non visus actis* an der Tafel geäußert: *Merle hin, Merle her, ich reformier*

---

[1] HHSTA, MEA RKG-Akten 105 b (nicht paginiert); Anton Faber, Europäische Staatskanzley Bd. 12, (Frankfurt) 1708, S. 690. Zu Schütz v. Holzhausen vgl. Alfred Schröcker, Die Patronage des Lothar Franz von Schönborn. Betr. z. Geschichte der Reichskirche in der Neuzeit Bd. 10, Wiesbaden 1981, S. 85.

[2] Archiv Haus Stapel, Akten 2, S. 9, auch zum Folgenden. In Erfurt studierte der Neffe des Fürstbischofs, Werner Anton, für dessen Hofmeister Friedrich Christian die *Instruction* entwarf, Archiv Nordkirchen, KA 90, q, Kopie, datiert Ahaus, Nov. 1703, vgl. auch Wilhelm Kohl, Das Domstift St. Paulus zu Münster, Germania sacra NF 17,2, Berlin 1982, S. 719.

84 IX. Die Arbeit der *extraordinari Revisionskommission*

die Urtheil und mann wird die Hh Assessores lernen einzugeben[3]; die kurzmainzischen Subdelegierten wechselten *tägliche visiten* mit den Vertretern der Gegenpartei *mit vielen tractieren und Cartenspielen,* so beobachtete Kerckerinck. Diepenbrock, *der von Familie zu Buldern herstammt,* wurde auf Drängen der Erbmänner durch Samuel Friedrich von Rochow, Regierungsrat und Oberamtmann in Kassel, ersetzt.

Sehr wenig pünktlich trafen die Kommissare zum eigentlich auf den 16. Oktober angesetzten Beginn ihrer Arbeit in Wetzlar ein[4]; die Betreiber der Revision sahen sich vor die Kostenfrage gestellt. Zu deren Regelung sei auch von ihrer Seite aus eine Delegation nach Wetzlar erforderlich, so hieß es im Domkapitel zu Münster, sie solle den *subdelegatos nicht allein ein behöriges willkommens compliment machen,* sondern ihre Aufgabe sei es ferner, *subdelegatorum humores glimpflich zu sondiren.*[5] Entsandt wurde der ritterschaftliche Syndikus Dr. Wilhelm Heinrich Steding, dem man einen Wechsel über 6000 Rt aus nicht abgerufenen Kleidergeldern des münsterischen Militärs in der Landpfennigkammer mitgab, damit er mit den Subdelegierten *veraccordiren mögte, daß Einem jeden nach seinem Stande sichere Dioeten zugelegt werden mögten.* Zum eigenen Verzehr erhielt der Syndikus 200 Rt.[6] Schon am 28. desselben Monats berichtete Steding aus Wetzlar, der Kurfürst von Trier werde als Kaiserlicher Kammerrichter zur Eröffnung der Sitzungen vermutlich selbst nach Wetzlar kommen. Dringend riet Steding, auch jemanden aus dem Domkapitel oder der Ritterschaft nach Wetzlar zu entsenden, von erbmännischer Seite seien Dechant Tinnen, der Herr von Kerckerinck zu Stapel und Herr von Bock zu Heimbsburg anwesend, *ihr interesse* werde *trefflich beobachtet.* Auch hörte man inzwischen in Münster, daß vom entscheidenden Senat des Jahres 1685 nur noch ein Mitglied lebe, der Reichskammergerichtsassessor Christoph Johann von Friesenhausen; tatsächlich war auch Joachim Andreas von Bernstorff vom Senat des Jahres 1685 noch unter den Lebenden.[7] *Männiglich groß Nachdenken* verursachte das Fehlen

---

[3] Archiv Haus Stapel (wie Anm. 2), S. 148 u. 146.
[4] Als erste erschienen die Deputierten aus Kassel, die jedoch wieder abreisten, als sonst niemand kam. Am 19. Nov. trafen die Mainzer Deputierten ein, am 25. Nov. der Vertreter Augsburgs und am 8. Dez. Lucius aus Frankfurt *mit seiner Hausfraw und Secretario,* ebd. S. 2 ff. Zu Reiffenberg ebd. S. 24.
[5] STAAMS, Ftm. Münster, Domkap. Protokolle Nr. 67, 16. Okt. 1706.
[6] Ebd.
[7] Ebd. 21. Okt. 1706; Johann Ludwig Kerckerincks Protokollbuch nennt auch Bernstorff, Archiv Haus Stapel, Akten 2, S. 18.

der *rationes decidendi* bis die *Wittib des Referenten Merle* sich auf Drängen von Kurmainz und Assessor Friesenhausen bereit erklärte, diese *auß Cöllen per postem zu zu stellen.* Die Ankunft der noch fehlenden Kommissionsmitglieder blieb zunächst ungewiß.[8] Anfang Januar 1707 reisten der Stadtrichter Koerdinck – sein *uffsatz* war inzwischen *fertig* und *approbirt* – und der Hofmarschall von Merveldt nach Wetzlar; man gab ihnen 500 Rt aus Mitteln der Landschaft auf den Weg.[9] Nicht ohne Schwierigkeiten wurde der Unterhalt für die Kommissionsmitglieder ausgehandelt, man einigte sich auf einen Tagessatz von 12 Rt auch für die Sekretäre, mit einem Hinweis auf *des ohrts Theurer Zehrung*.[10] Auf eine in der Reichskammergerichtsordnung vorgesehene Kaution verzichtete die Kommisssion, diese Forderung sei im Jüngsten Reichsabschied nicht wiederholt, allerdings auch nicht aufgehoben. Mit Mehrheit beschloßen die Revisoren, die von den Münsteranern angebotenen Diäten anzunehmen, auf weitere Sporteln jedoch zu verzichten.[11] Die Deputierten aus Münster hofften auf einen Abschluß der Beratungen in etwa einem halben Jahr.[12]

Inzwischen begannen die üblichen Visiten und Gegenvisiten zwischen den Subdelegierten und den Assessoren. Erstere galten freilich zunächst als *Privatleute,* das protokollbewußte Gericht anerkannte sie nicht als Revisionsrichter, ehe sie sich nicht vor dem Kammerrichter legitimiert hatten.[13] Immerhin wünschte man sich zu Weihnachten *fröhliche feiertäg* und erhielt *gleiche Complimenten zurück,* auch von den Erbmännern.[14] Am 10. Januar trafen Freiherr von Merveldt mit seinem ältesten Sohn, Dr. Koerdinck und Merveldts Schreiber Brevinck in Wetzlar ein; sie stiegen im „Löwen" ab. Folgenden Tags gibt ihnen Tinnen *die erste visite,* alles sei *höflich und freundlich zugangen, ebenfalß bey die revisite,* so notierte Johann Ludwig Kerckerinck.[15] Am 8. Februar zogen endlich auch die kursächsischen Delegierten, v.

---

[8] Ebd. 19., 22. Nov. u. 30. Dez. 1706. Zum Verbleib von Merles Akten auch STAAMS, Ftm. Münster, Domkap. Protokolle Nr. 67, 15. Nov. 1706.
[9] Ebd. 30. Dez, 1706 u. 3. Jan. 1707; s. auch o. S. 74. Zu Freiherr Dietrich Burchard von Merveldt, 1652 – 1728, 1726 Reichsgraf, vgl. Dietrich Graf von Merveldt, Geschlecht Merveldt und Wigbold Wolbeck, Wolbeck 1989, S. 16 u. 28.
[10] Ebd. 68, 18. Febr. 1707.
[11] HHSTA, MEA RKG-Akten 105b, 12. März 1707.
[12] STAAMS, Ftm. Münster, Domkap. Protokolle Nr. 68, 18. Febr. 1707, Verlesung einer Relation der Deputierten aus Wetzlar.
[13] Archiv Haus Stapel, Akten 2, S. 4.
[14] Ebd. S. 8.
[15] Ebd. S. 9.

Bennigsen und Rat Müldener, in Wetzlar ein, ganz im Stil ihres Hofes mit *Carosse à six cheveaux*.[16] Zuletzt kam Reiffenberg aus Speyer.

Am 12. Februar 1707 begannen vorbereitende Arbeitssitzungen bei den mainzischen Subdelegierten, in deren Verlauf auch die Parteienvertreter, und zwar gleichzeitig, wie Kerckerinck vermerkt, zugezogen wurden.[17] Man fragte sie, ob sie einen Revisionsrichter *recussieren*? Tinnen verzichtete mit dem Hinweis, daß er Ursache habe, die adeligen Subdelegierten nicht als Richter anzuerkennen, weil die Reichsstädte *keine Subjecta de patriciatu mogten abordnen, mit welchen pastricijs die Impetrati niemahlen ... causam communem gemacht, noch sich ihnen gleichgeachtet haben*.[18] Wie Tinnen wird auch Merveldt nach einer Vollmacht seiner Partei gefragt, beide müssen die Frage verneinen und erhalten die Weisung, Vollmachten beizubringen. Merveldt wird darüber hinaus nach der Höhe des *tractaments* gefragt; er gibt 12 Rt für die Subdelegierten und 6 für den *actuar* als Tagessätze an. Die letztlich ausgehandelte Summe betrug 126 Rt täglich, *wodurch dem lieben Vatterland keine geringe Kösten leider aufgebürdet werden*, wie Kerckerinck notiert.[19]

Ende Februar 1707 konnte endlich die förmliche Eröffnung der Kommissionsarbeit stattfinden. Nicht in Wetzlar, sondern in Koblenz, der Residenz des Kammerrichters und Kurfürsten von Trier, wurde sie feierlich vorgenommen; auch das Kurkollegium in Regensburg hielt die Reise des betagten Fürsten, zumal im Winter, für zu *beschwerlich*.[20] Daher begaben sich die Subdelegierten sowie der Protonotar Johann Michael und der *älteste Leser* des Reichskammergerichts, Johann Balthasar Nidder, er hatte die *acta mit dahin genommen*, ferner einige Assessoren und die Parteienvertreter nach Koblenz, wo sie von Kurfürst Johann Hugo unter dem Baldachin im großen Hofsaal empfangen wurden. Die Subdelegierten überreichten ihre Vollmachten, Augsburg gab dabei einen Protest in der Präzedenzfrage gegenüber Frankfurt zu Protokoll. Anschließend erfolgte das *gewöhnliche Handgelöbnis*, die Eidesleistung mit der Formel *so wahr mir Gott helfe und sein heiliges*

---

[16] Ebd. S. 10.
[17] Ebd.
[18] Ebd. S. 13.
[19] Ebd. S. 15 u. 51; die Zustimmung des Domkapitels: STAAMS, Ftm. Münster, Landesarchiv 522, Nr. 3b, Bd. 1, fol. 165 – 167, Schreiben des Domkapitels an Merveldt, Münster 18. Febr. 1707, Ausf.
[20] HHSTA, MEA RKG-Akten 105b, Protokoll vom 5. Nov. 1706.

Evangelium, wie Kerckerinck festhielt. Danach wurden die versiegelten *acta Cameralia* von Nidder dem kurmainzischen Sekretär Cuno Jacob Vogt *zugestellet,* der seinerseits schwören mußte, daß er *alle und jede acta ... trewlich bewahren* wolle, hierbei wurde *aus einem alten Protokoll de Anno 1583 die formulam juramenti ... vorgezeigt.* Der Fall war so außergewöhnlich, daß man mehr als ein Jahrhundert zurückgehen mußte, um Präzedenzien zu entdecken. Die Frage des Kammerrichters, wer denn bei Stimmengleichheit entscheide, konnte allerdings nicht befriedigend beantwortet werden.[21] Nach so vollzogener Legitimation wurden alle vom Kammerrichter *köstlich tractiert,* auch an Musik fehlte es nicht. Am folgenden Tag reisten die Assessoren wieder ab, während die Subdelegierten *die weltberühmte Västung Ehrenbreitstein* besichtigten.

Am 25. Februar ist man wieder in Wetzlar, wo die Arbeitssitzungen *im großen Saal auf die Cammer* beginnen; *wegen des innerlichen Kriegs* am Reichskammergericht und dem dadurch praktisch verursachten Stillstand aller Gerichtstätigkeit gab es offenbar keinerlei Raumprobleme für die Revisionskommission.[22] Erscheinen die Parteienvertreter, so werden sie *per Sekretarium eingeführt und von sie Hh revisoribus sitzendt salutirt.* Streng wird der protokollarische Vorrang der Revisoren vor den Beisitzern des Gerichts beobachtet. Die beiden zerstrittenen Senatspräsidenten Ingelheim und Solms kamen nur selten nach Wetzlar; Ingelheim machte und empfing keine Visiten, wie Kerckerinck bemerkt; die Frage seiner Suspension war noch nicht gelöst. Solms versuchte, allerdings vergeblich, durch detailliert vorgetragene *Dubia,* u.a. weil über Pürck noch nicht entschieden sei, der doch *nach absterben deß vorig. Referenten durch ordentliche distribution zum referenten in hac causa bestelt worden,* die Revision aufzuhalten, wenn nicht überhaupt zu verhindern. Gegenüber dem Kammerrichter versuchte Lothar Franz die *Dubia* des *Jüngeren Präsident,* d.h. Solms, auszuräumen, *obschon der von Pürck nach des ersten Referenten todt demselben substituirt seyen worden mag, danoch damahlen alschon die sententia a qua und welche anietzo revidirt werden solle, auf die abgestattete Relation des Ersten Referenten gefället gewesen.* Möglicherweise aus diesem Grunde geschah offenbar zunächst nicht viel,

---

[21] Archiv Haus Stapel, Akten 2, S. 7.
[22] HHSTA, MEA RKG-Akten 105b, 28. Okt. 1706; Heinz Duchhardt, Reichskammerrichter Franz Adolf Dietrich von Ingelheim (1659/1730 – 1742). NassAnn 81, 1970, S. 188; vgl auch o. S. 79.

Kerckerinck berichtet von häufigeren Zusammenkünften der Revisoren *und sich mit ein Cartenspiel divertiret haben*.[23] Er selbst vertrieb sich die Zeit mit der Anfertigung von kolorierten Handzeichnungen der Sitzordnung: Die Subdelegierten saßen auf grün bezogenen Lehnstühlen um den Beratungstisch, die kurfürstlichen und fürstlichen an den Längsseiten, die städtischen nebeneinander an einer Schmalseite. Hinter den kur- und fürstlichen Revisoren hatten die Parteienvertreter auf rot bezogenen Lehnstühlen einander gegenüber Platz zu nehmen.[24]

Am 28. Februar wurden die beiden Erbmänner mit ihrem Wetzlarer Anwalt Jung *per pedellum* .... *auf die gewöhnliche Audienz Stube* gebeten, wo sie ihre von zehn Erbmännern *auf unser Häuser successive an verschiedenen Tägen im Monath Februario des Jahres 1707* unterzeichneten und gesiegelten Vollmachten vorlegten. Allerdings beanstandete der kurmainzische Subdelegierte Jungs Exemplar als nur für den Reichskammergerichtsprozeß und nicht für den Fall eines Vergleichs ausgestellt.[25] Die ihnen vorgelegten Vollmachten der Gegenpartei beanstandeten beide Erbmänner ihrerseits, da der Senior der münsterischen Ritterschaft, Hermann Otto von Westerholt zu Alst und Haselünne, nicht *ex corpore* der münsterischen Ritterschaft unterzeichnet habe.[26] Daher beeilten sich die münsterischen Ritter während des Landtags im Mai 1707 *die anietzo aufm Hofsaahl versamblete gehehle Ritterschaft coram Notario* die Unterschrift des Seniors zu bestätigen.[27] Am 1. März, mittags 2 Uhr, wurden die Parteienvertreter

---

[23] HHSTA (wie Anm. 22), 28. Okt. 1706, Kopie u. Schreiben des Mainzer an den Trierer Kurfürsten, Bamberg, 2. Nov. 1706, wohl Kopie, ebd. Beschreibung des feierlichen Beginns in Koblenz nach Johann Ludwig Kerckerinck, Archiv Haus Stapel, Akten 2, S. 18ff.

[24] Archiv Haus Stapel (wie Anm. 23), S. 31. Auf S. 52 ist die Sitzordnung der Konferenzen mit den beiden Assessoren festgehalten: Unter dem Vorsitz der kurmainzischen Subdelegierten sassen Revisoren und Assessoren einander auf grün bezogenen Lehnstühlen gegenüber.

[25] Archiv Haus Stapel, Akten 2, S. 27; HHSTA, MEA RKG-Akten 105b, 28. Febr. 1707.

[26] Ebd. S. 25ff. Vgl. auch Rudolfine Freiin von Oer, Wer waren die Erbmänner? Quellen und Forschungen zur Geschichte der Stadt Münster Bd. 12, Münster 1987, S. 281. Zur späteren Unterzeichnung durch den damaligen Senior der münsterischen Ritterschaft, Freiherrn Hermann Otto von Westerholt zu Alst u. Haselünne, die am 23. März vorlag: Archiv Haus Stapel, Akten 2, S 55 u. STAAMS, Ftm. Münster, Domkap. Protokolle Nr. 68, 11. März 1707.

[27] Ebd. 28. Mai 1707. Auch mit dieser Bestätigung gaben sich die Erbmänner nicht zufrieden, sondern verlangten das – damals gar nicht existierende – Siegel der gesamten Ritterschaft. Das Problem ist erst aus der Welt, als die Ritterschaft *coram notario* bestätigt, der Senior habe wie *von alters herbracht* unterschrieben und gesiegelt. Ebd. Ritterschaft, Akten 14, 28. Mai 1707.

erneut vor die Revisionskommission beschieden. Nun öffnete Leser Nidder das Aktenpaket und legte es den Parteien *ad perlustrandum* vor. Die Revisoren sind nicht anwesend. *Biß ungefehr acht uhr* verbringen die Vertreter beider Parteien *mit Durchsehung der Acten a quadrangulo primo usque ad 370* mit allen Anlagen. Es werden *einige defectus ex utroque parte ... angemercket ... so hat solche der actuarius ad Notam genommen.* Es fehlen nach Kerckerinck Quadrangel 49 und 228 der erbmännischen Seite und 291 von Seiten der Gegner; der Schriftsatz des Anwalts Sultz von 1688, Nr. 362, wurde *ab actis verworfen.*[28]

Am 4. März 1707 fand wiederum eine Sitzung der Parteienvertreter mit den Revisoren statt. Deren von Kaiser und Reich formulierten Aufgabe entsprechend wurde der Versuch eines Vergleichs unternommen, der aber *fruchtlos von statten gangen.*[29] Nächster Schritt der Kommission sollte die Aufforderung an Friesenhausen und Bernstorff sein, *Ihnen die relation correlation auch der übrigen Hh Assessorum vota zu extradiren.*[30] Die Assessoren verweigerten die Herausgabe jedoch mit dem Hinweis, die Revisoren seien durch Eid nur verpflichtet, *rationes anzuhören.* Die Kommission trug diesem Argument Rechnung; am 14. März begann Friesenhausen mit der Verlesung von Merles Relation *wobey zu wißen, daß die Hh Revisores niemahlen in schwartze Kleidung und mit Mänteln alß sacerdotes Justitiae, gleich die Assessores Camerae in Judicio seindt erschienen,* wie Kerckerinck beobachtet. Fast zwei Monate, bis zum 9. Mai, währt die Verlesung durch die beiden Assessoren, die *folgends nicht mehr zu Rat gangen* seien. Als Besonderheiten hielt Kerckerinck aus dieser Zeitspanne eine schwere Erkrankung des jungen Merveldt fest, woraufhin Mutter und Schwester anreisen und ihn gesund pflegen; ferner, daß *Merveldt einem jeden der H. revisoren sechs westphälische Schincken ins Hauß geschickt, und einige herren solche zu aczeptieren verweigert haben, dem H. Assessor*

---

[28] Archiv Haus Stapel, Akten 2, S. 33 ff. Bei der Schrift von 1688 handelte es sich um das 2. Revisionsgesuch, vgl. o. S. 42 ff. Nach dem Kommissionsprotokoll fehlten Akten aus dem Schencking-Verfahren und Stücke von 1681 u. 83 (Münsters Bürgerbuch?), weshalb sich der Anwalt der Kläger, Rehwinkel, *reserviert.* HHSTA, MEA RKG-Akten 105b, 2. März 1707. Nach den hier gemachten Angaben fehlten Quadrangel 14, 55, 258, 291, 300 u. 362; letzterer war die Schrift von 1688, *die wiederumb zurückgegeben worden* sei. HHSTA, a.a.O., Ende Febr. 1707. Im STAAMS, RKG M 1653 vorhanden sind Quadrangel 14 a u. 14 b (1597) sowie 55, 291 u. 362 (offenbar nachträgl. mit Quadrangel versehen), es fehlen Quadrangel 258 u. 300.
[29] Archiv Haus Stapel, a.a.O., S. 39f.; HHSTA, a.a.O. 4. März 1707; vgl. o. S. 67.
[30] Archiv Haus Stapel, a.a.O. S. 45ff. auch zum Folgenden.

von Friesenhausen aber seynd nur vier schincken zu theil worden.[31] Das Kommissionsprotokoll hält darüber hinaus ein Votum Bernstorffs fest, daß *er jedoch ... eine ander Meinung als die übrige herrn in Senatu und zwar dieser gewesen wäre, daß nur in possessorio, nicht aber in petitorio zu pronuncyren ... seye.* Einen Tag später beschloß die Kommission, die Akten auch selbst durchzusehen. In einer Probeabstimmung gegen Ende Juni zeichnete sich bereits eine Pattsituation ab.[32]

Während der Frühjahrs- und Sommermonate schwelte der Präzedenzstreit zwischen Augsburg und Frankfurt fort; sogar von Drohungen mit *processibus facti und Thätlichkeiten* ist die Rede. *Nach langem und Mühsamben zusprechen der Chur- und Fürstl. Hh. Subdelegierten* verständigte man sich vorläufig auf einen Losentscheid.[33] Seine Erledigung fand der Zwist schließlich durch ein vom Reichstag verabschiedetes und vom Kaiser ratifiziertes Reichsgutachten, *daß durch unnöthige disput die Justiz nicht gehemmet* werden soll und die Drohung, bei erneutem Streit die Kosten den Streitenden aufzuerlegen. Das Conclusum in Regensburg kam am 25. Mai zustande, der Kaiser ratifizierte zu Karlsbad am 30. desselben Monats und am 15. Juni gelangte dieser Reichsschluß in Regensburg zur Diktatur.[34]

Mitte April 1707 nahm Merveldt seinen Abschied von Wetzlar, nicht ohne Tinnen zu einer *Mahlzeit* und die Revisoren zum *Banquett* geladen zu haben; mit seiner Familie reiste er *den Rhein hinunter nach Westphalen.* An seinen Platz trat zu Ende des Monats der Münsteraner Domherr und Speyrer Domscholaster Johann Bernhard Droste zu Senden, *umb alß ein großer Feindt der Hh Erbmänner das interesse wieder dieselbe zu beobachten.* Droste zu Senden und Kanonikus Tinnen hatten schon 1702 zu Rom die Klingen gekreuzt.[35] Dem Verfahren des Kapitels stand der Domscholaster nicht ganz unkritisch gegenüber; als ihn die Münsteraner Mitbrüder am 17. Juli *unanimiter* zur Ablösung Merveldts in Wetzlar wählten, versicherte er, daß er sein Äußerstes in der Erbmännersache versuchen wolle, es aber *für seine persohn nicht gerne sehen mögte, daß diese Kosten absonderlich wegen es eine caa Capli mit wehre, dem Lande uffgebürdet wurden.*[36] Ende Mai erfuhr

---
[31] Ebd. S. 45, 53 u. 64ff.
[32] HHSTA, MEA RKG-Akten 105b, 9. u. 10. Mai 1707; Archiv Haus Stapel, Akten 2, S. 100.
[33] HHSTA, MEA RKG-Akten 105b, (nicht paginiert).
[34] Faber (wie Anm. 1), Bd. 11, 1707, S. 696 ff.
[35] Archiv Haus Stapel, Akten 2, S. 67; vgl. o. S. 55 f.
[36] STAAMS, Ftm. Münster, Domkap. Protokolle Nr. 68, 17. Juli 1707.

man in Wetzlar, daß der *Bischöfl. Stuhl zu Münster /:Gott sey danck :/ wieder erfüllet* und Mitte Juni wußte man, daß Franz Arnold Wolff Metternich päpstlich bestätigt worden war.[37]
Nach Abschluß der Verlesung durch die beiden betagten Assessoren des Senats von 1685 begann die Kommission mit einer intensiven Aktendurchsicht; in diesem Zusammenhang wurde auch nach der münsterischen Ritterschaftsmatrikel gefragt.[38] Nach beendigtem Aktenstudium versuchte die Kommission am 8. August erneut einen Vergleich; sie scheiterte ebenso wie schon Anfang März des Jahres.[39] Als Folge beschließt die Kommission, am nächsten Tag, dem 9. August 1707, mit dem *Votieren ein Anfang zu machn ... Im Nahmen Gottes.*[40] Man einigt sich auf die Reihenfolge: Sachsen, Speyer, Hessen-Kassel, Augsburg, Frankfurt, Mainz; Kurmainz hatte den Anspruch auf das ranghöchste, letzte aber, wegen des Einspruchs von Kursachsen, nicht auf das ausschlaggebende Votum durchgesetzt.[41] Die Voten wurden teils in lateinischer Sprache (Speyer, Augsburg, Frankfurt, Mainz), teils in deutscher (Sachsen, Hessen-Kassel) zu Protokoll gegeben. Kursachsen bestätigte das Urteil von 1685 *quo ad possessorium*, d.h. der Frage nach dem Adel der Erbmännner, wollte das *petitorium aber zu reformiren ... coram competente judice verweisen*, d.h. aus diesem Adel nicht unbedingt auch die Stiftsmäßigkeit folgern. Speyer bestätigte beide Teile des Urteils, nur die Kostenentscheidung nahm es davon aus. Die hessischen Subdelegierten hoben zu längeren Ausführungen an. Zunächst bestätigten sie die Rechtmäßigkeit des Verfahrens nach dem Jüngsten Reichsabschied von 1654, da beide Parteien *standi in Judicio* hätten, nun aber *effectum devolutivum der Gebühr gewahrt* sei, d.h. der Fall war an Kaiser und Reich als die dem Reichskammergericht übergeordnete Instanz gegangen. Zum Urteil von 1685 entschied Hessen, daß das „Possessorio" bestätigt werden müsse und zwar auch der Adel der inzwischen ausgestorbenen Geschlechter Warendorf und Stevening, weil *die noch vorhandene ErbMännische Familien wegen ihrer Ahnen aus obigen Familien dabey interesse haben können*, daß aber

---

[37] Archiv Haus Stapel, Akten 2, S. 101 u. 103.
[38] Ebd. Landesarchiv 522, Nr. 3b, Bd. 1, fol. 188f., Heerde an die münsterischen Parteienvertreter, Münster 1. Juli 1707, Ausf. Es ist nicht nachzuweisen, daß sie eingeschickt wurde, vgl. o. S. 60ff.
[39] HHSTA (wie Anm. 33), 8. Aug. 1707; Archiv Haus Stapel (wie Anm. 37), S. 127f.
[40] HHSTA (wie Anm. 33), 9. Aug. 1707; Archiv Haus Stapel (wie Anm. 37), S. 130.
[41] HHSTA, a.a.O. ebd.; Auch Kerckerinck erfuhr von diesem Vorgehen, Archiv Haus Stapel (wie Anm. 37), S. 100 u. 130.

IX. Die Arbeit der *extraordinari Revisionskommission*

in puncto Petitorij, das *Cameral Urthel ... zu reformiren* und diese Frage *zu vorgehörigen Orths förmlich und gebührend außfindig zu machen,* die Kosten jedoch *gegeneinander zu Vergleichen wären.* Augsburg bestätigte das Urteil von 1685 und Frankfurt entschied ebenso, wollte aber die Kosten des Revisionsverfahrens den *Impetrantes,* d.h. Fürstbischof, Domkapitel und Ritterschaft von Münster, ausdrücklich auferlegt wissen. Die ausführlichste Begründung seiner Entscheidung gab Kurmainz. Zunächst führten die Subdelegierten des Erzkanzlers Klage darüber, daß die Erbmänner in vorgelegten Originaldokumenten einen *Nicolas de Tinnen Milite* für einen *Nicolas de Turren* unterschoben hätten, welches Vorgehen sie als *plane impertinens* bezeichneten. Zur Sentenz hinsichtlich des *Possessorio* gaben sie der Befürchtung Ausdruck, daß die Worte *gleich und mit anderen von Adel* dazu führen würden, *daß anderen von Adel zu gleichen Ungehorsamb Ursach nehmen wolten,* d.h. man bestand auf einer Unterscheidung zwischen stiftsmäßigem und anderem Adel. Hinsichtlich des *Petitorio* stellte man fest, daß der römischen Kurie, wie im Fall Schencking geschehen, die Entscheidung *super nobilitate militari* nicht zustehe. Auch gehe die Gleichsetzung *ministeriali, ergo nobilis* nicht auf, weil *valde ambigue de ministerialibus a scriptoribus traduntur,* ebensowenig wie die Gleichsetzung von *Dienstmannsgüther fuerint bona nobilia, eorum possessione tamen non exinde secundum communem Juris et D.D. Sententium fuerint nobilitati; nec minus inde elucet, quod praetendant quosdam ex illis fuisse canonicos Cathedralis monasteriensis,* denn der Papst habe die Privilegien verliehen, keine anderen als *militares* aufzunehmen. Die Erbmänner seien auch kein *collegium aliquod nobile,* denn *una familia Erbmannorum non est altera, ita unius individualis nobilitate non potest esse eadem cum alterius individuali.* Die Erbmänner seien *statu ... primorsialia Civico, et quod in libro Civico nulli tituli nobilibus proprij. In den registris militarium seien sie getrennt aufgeführt, ihre Absicht sei nicht bewiesen et secundum communem Regulam, Actore non probante Reus absolvendus esset; daher sei* in petitorio ... *priorem Sententiam reformandam. Mit diesem Ergebnis schloß nach zwei Tagen die Abstimmung der Subdelegierten.*[42]

---

[42] HHSTA, MEA RKG-Akten 105b, 9. Aug. 1707; Archiv Haus Stapel, Akten 2, S. 130. Zu den Familien Kerckerinck und Tinnen Schriftsätze im Archiv Nordkirchen, KA 206/20, fol. 516-556.

Als sich auch am elften dieses Monats die Parteien Sachsen, Hessen und Kurmainz auf der einen und Speyer mit den beiden Reichsstädten auf der anderen Seite unversöhnt gegenüberstanden, wird am 23. August beschlossen, *relationem ad caesarem et Imperium in terminis generalibus abzulassen,* zumal auch die kursächsischen Subdelegierten mit einer *resolution* ihres Hohen Herrn Principalen noch nicht versehen. Mainz schlug nun vor, *voneinander zu gehen,* denn *die Münsterische auch sich zu den VerPflegungs und Diaetengelder nicht verstehen würdten, noch Ihnen solches zugemuthet werden kan,* ein Vorschlag, dem man *unanimiter* folgte. Die Antworten von Kaiser und Reich, von denen letztere *vielleicht nicht so bald einlangen dörffte,* sollten an Kurmainz *als des Reichs Ertzkantzlern* gehen und von dort *Ihren hohen Herrn Principalen communiciert und was ferner hierin zu thun vernohmen werdten möge.* Der Abschlußbericht der Revisionskommission an Kaiser und Reich datiert vom 27. August 1707; er enthielt die offizielle Mitteilung, daß *aber wider alles Versehen ... eine paritas votorum heraus kommen, gestalten ein Theil auf gewisse Maß pro reformanda sententia concludiret.* Weil aber *dergleichen casus in Judicio Revisorio sich wohl nicht mag zugetragen haben, auch dießfalls keine lex pragmatica vorhanden,* wolle man Kaiser und Reichstag die Frage der Publikation dieser Entscheidung anheimstellen und *uns von hier begeben ... weilen den Herren Imploranten fernere Rechnung der Verpflegungs- und Diaeten Gelder beschwerlich fallen dörffte.* Dieser Bericht wurde am 9. September in Regensburg zur Diktatur genohmen und damit praktisch öffentlich.[43]

In Wetzlar allerdings hatte man den Parteienvertretern gegenüber Zurückhaltung geübt; als man sie am 26. August nacheinander vor die Kommission beschied, war Schütz von Hotzhausen nicht anwesend. Der zweite Mainzer Subdelegierte, Dr. Wincob, erklärte nur, daß keine Publikation ohne Kaiser und Reich stattfinden könne und man jetzt auseinandergehen wolle, um den Betreibern Kosten zu ersparen.[44] Tatsächlich war das Ergebnis der etwa siebenmonatigen Beratungen in der

---

[43] Ebd. u. STAAMS, Ftm. Münster, Landesarchiv 522, Nr. 3b, Bd. 1, fol. 248. Druck bei Johann Joseph Pachner von Eggenstorff, Vollständige Sammlung ..., Bd. 3, Regensburg 1776, S. 274; erw. auch in Archiv Haus Stapel Akten 2, S. 134.
[44] Archiv Haus Stapel, Akten 2, S. 132, auch zum Folgenden.

Stadt bald ebenso bekannt wie das der ersten Probeabstimmung vom Juni des Jahres.[45]

Selbst wie die einzelnen Subdelegierten abgestimmt hatten wußte Kerckerinck kurz darauf, ebenso, daß die Voten *unanimo ... quo ad possessorium ... hingegen aber ... quo ad petitorium, leider! contra* die Erbmänner entschieden. Auch daß die gegen das Urteil von 1685 abgegebenen Stimmen *discrepantes gewesen*, war den Erbmännern bekannt. Kerckerinck deutet das Ergebnis mit den Worten: *Eß haben aber die ChurMainzische eine paritatem Votorum quoad petitorium darauß behaupten wollen.*[46] Die Gegenpartei zweifelt nicht daran, daß *bey den Stattischen der patriciat, bey den Speyrischen aber Authoritas ... reputatio Camerae, alß Ihr Herr Committent selbst der Herr Cammer Richter ist, ein großen pondus darumb bey getragen haben.*[47] Die *Hh Cameralen* schmeichelten sich, daß die Bestätigung des Urteils bei Kaiser und Reich Zustimmung finden werde.

Tinnen protestierte gegen das ihm von Dr. Wincob Mitgeteilte, unter den gegebenen Umständen müsse das Urteil von 1685 als bestätigt gelten, es nutzte ihm nichts. Man müsse *recursum ad Caesarem et Imperium nehmen*, so erklärte man ihm, gab ihm jedoch ein *Kistgen* mit Originaldokumenten zurück mit der Aufforderung, diese gut aufzubewahren, um sie *im fall einer Adjunction reproduzieren* zu können. Bei der Rückgabe bedeutete der Aktuar, er erwarte *einige Recompentz und Verehrung* wegen verschiedener angefertigter Abschriften. Die Erbmänner reagagierten darauf mit dem Hinweis, dies werde bei der baldigen Wiederzusammenkunft und der Publikation der Sentenz nicht vergessen. Die Prozeßakten wurden von Kurmainz und Kursachsen *sigilliert und dem Canzleiverwalter zur Verwahrung anbefohlen*. Die Erbmänner sahen ihre Einschätzung der kurmainzischen Subdelegierten hinsichtlich deren *Partialität* bestätigt. Friesenhausen, mit dem sie offenbar Kontakt hielten, habe sich nicht an ein *votum dissentiens* von Seiten Bernstorffs erinnert; allerdings sei das *Protocollum zu Speyer in*

---

[45] Schon vor Beginn der Abstimmung fürchteten die münsterischen Parteienvertreter, es würden *vielleicht gahr paria heraußkommen*. An Franz Arnold, Wetzlar 31. Juni 1707, Ausf. in: STAAMS, Landesarchiv 522, Nr. 3b, Bd. 1, fol. 223f.; vgl. auch o. S. 90.
[46] Archiv Haus Stapel, Akten 2, S. 131; über die Verteilung der Voten berichteten auch die münsterischen Parteienvertreter an Fürstbischof Franz Arnold, Wetzlar 14. Aug. 1707, Ausf. in: STAAMS, a.a.O. fol. 228f.
[47] STAAMS, ebd.

Rauch aufgangen. Auch sei Bernstorff *seiner Gelährtheit halber nie mahlen ... berühmt gewesen.*[48]
Inzwischen begannen die Mitglieder der zur Beilegung des *innerlichen Kriegs*, d.h. der Differenzen zwischen den Präsidenten Ingelheim und Solms, eingesetzten Visitationskommission in Wetzlar einzutreffen.[49] Kerckerinck reiste Tinnen, der sich bereits nach Regensburg auf den Weg gemacht hatte, nach, weil er hoffte, die Visitationskommission werde *zugleich in speciales Commissarios Caesaris sub ordine ad hanc Revisione ... justiz mäßig verfahren.*[50] Gemeinsam verfaßten sie Vorstellungen an den Kaiser, den Reichstag und das Reichskammergericht, um die Bestätigung des Urteils von 1685 zu erreichen. Am 17. September 1707 gelangte das Schriftstück in Regensburg zur Diktatur.[51] Am Kaiserhof wurde dasselbe Schreiben zu Ende des Monats übergeben. Eine weitere Eingabe, die der inzwischen *im gantzen Reich berühmte Herr von der Tinnen* auf Anraten guter Freunde aus Regensburg anfertigte, wurde dort am 13. November 1707 diktiert.[52] Tinnen argumentierte darin, daß das Urteil von 1685 bestätigt werden müsse, da die bei der Bestellung der Revisionskommission gesetzte Jahresfrist am 19. Oktober verstrichen und die Bedingungen für eine Prorogation nicht erfüllt seien. Ihm selbst, der bereits vor 18 Jahren eine päpstliche Provision erhalten habe und allen Erbmännern entstehe schwerer Schaden. Seine Hoffnungen setzte er nun auf den Reichstag und den Kaiserhof.

---

[48] Archiv Haus Stapel, Akten 2, S. 146. Bd. 1 der RKG M 1653 im STAAMS enthält eine Art Tagebuch zum Erbmännerprozeß, ob es darüber hinaus noch ein Protokoll gab, war nicht festzustellen.
[49] HHSTA, MEA RKG-Akten 105b; vgl. auch Duchhardt (wie Anm. 22), S. 187ff. Schon im Juni wurden Quartiere rar; *Häuser, wo eigene Menage möglich,* seien schon *occupiert,* schrieb der münsterische Anwalt Steinhausen an Fürstbischof Franz Arnold, STAAMS, Ftm. Münster, Landesarchiv 522, Nr. 3b, Bd. 1, fol. 192, Wetzlar 14. Juni 1707, Ausf.
[50] Archiv Haus Stapel, Akten 2, S. 157ff.
[51] Ebd. S. 161; Druck bei Faber (wie Anm. 1), Teil XII, 1708, S. 711.
[52] Archiv Haus Stapel, Akten 2, S. 164 nennt den 28. Sept. als Tag der Übergabe am Kaiserhof, S. 173 ist von der Diktatur der zweiten Eingabe in Regensburg die Rede, das Zitat S. 192. Druck dieses Stückes bei Faber (wie Anm. 1), S. 729 – 732.

X. DER ERBMÄNNERSTREIT VOR DEM REICHSTAG IN REGENSBURG

Das Scheitern des Versuchs, den Erbmännerstreit durch eine außerordentliche Revisionskommission beizulegen, warf neue Fragen auf, insbesondere hinsichtlich des weiteren Verfahrens. Mehrfach betonen die Zeitgenossen, daß Präzedenzien für eine Regelung dieses Falles nicht vorlagen, seit 1600, zumindest jedoch seit dem Jüngsten Reichsabschied, sei keine Visitationskommission zusammengetreten und habe die Revisionen aufgearbeitet.[1] Die 1654 getroffenen Änderungen der Revisionsordnung waren noch nicht erprobt.[2] Der Ausgang der *Extraordinarii Revisionskommission*, der man ernsthaftes Bemühen um Einhaltung der formalen Regelungen von 1654 attestieren muß, stellte diesen kein gutes Zeugnis aus. Selbst der kurmainzische Direktorialgesandte, Ignaz Anton von Otten, äußerte sich eher verwirrt gegenüber seinem *Principalen*.[3] In das so entstandene Regelungsvakuum stießen erneut Denkschriften beider Parteien, die sich nun an den Regensburger Reichstag und den Kaiserhof richteten.[4] Es wurden mehrere Möglichkeiten diskutiert; die Erbmänner hätten die von Mainz konstatierte *Paritas votorum* gerne als Bestätigung des Urteils von 1685 verstanden

---

[1] HHSTA, Reichskanzlei 14, RKG-Visitationsakten (nicht paginiert), Pro Memoria, anliegend einem Schreiben des Abtes Ruprecht Bodman von Kempten aus Wetzlar, 27. Mai 1708, Kopie; ebd. MEA, RTA 332 (nicht paginiert), Kurf. Lothar Franz an seinen Regensburger Direktorialgesandten, Ignaz Anton von Otten, Mainz 13. Dez. 1707, Entw.: *nirgendßmahl waß gewisses statuiret, auch sich kein praeiudicium finden will, daß iemahlen dergleichen bey den vorigen revisionibus geschehen wäre ...*

[2] S.o. S. 12f.

[3] HHSTA MEA RTA 332, Otten an Kurfürst Lothar Franz, Regensburg 12. Sept. 1707 Ausf.: *Man begreift auch nicht, was die Sudelegati darunter verstehen in ihrem Schreiben, da sie in folgendem melden, daß eine paritas votorum herauskommen, gestalten ein theil auf gewisse maeßen pro reformanda, der andere pro confirmanda Sententiae concluderit worden.*

[4] Anton Faber, Europäische Staatskanzley Bd. 12, (Frankfurt), 1708, S. 718ff: *Notamina contra die Erbmänner, Triumphus ante Victoriam,* Memorial der münsterischen Erbmänner, Pro Memoria, alle o.O. o.J.; HHSTA, Reichskanzlei 14, RKG-Visitationsakten 1705 – 1715, Tinnen und Kerckerinck an den Kaiser, Okt. 1707, ca. Kopie.

gesehen⁵. Darüber hinaus bat Tinnen, *mir in specie die Freiheit* [zu] *lassen, meine Canonicat Sach zu Rom nunmehr poussiren zu mögen.* Die Gegenseite schwankte zwischen mehreren Präferenzen: einmal sah man die Möglichkeit der Rückverweisung an die vorige Revisionskommission oder deren Erweiterung um die inzwischen in Wetzlar tätig gewordene Visitationskommission, die die Differenzen zwischen den Präsidenten Ingelheim und Solms beilegen sollte.⁶ Auch die – alleinige – Beteiligung des kaiserlichen Kommissars in dieser Kommission, des Abtes Ruprecht von Bodman vom Reichsstift Kempten, stand zur Diskussion. Diese Lösung wurde zumindest zeitweise am Kaiserhof favorisiert, sie hätte dem auch sonst beobachtbaren Bemühen des jungen Kaisers um größeren Einfluß im Reich und nicht zuletzt am Reichskammergericht entsprochen.⁷ Auch in Münster erwartete man von der Adjunktion eines kaiserlichen Kommissars oder der Visitationskommission zumindest keine Nachteile, oder erklärte dies – sei es aus Überzeugung, sei es aus taktischen Überlegungen – gegenüber dem Kaiserhof, da *puncto nobilitatis a solo Maiestatis Caesarea privative dependens.* Zudem versicherte der zweite Deputierte des Reichsstifts Kempten in der Visitationskommission, es sei *gewiß, daß keine eintzige visitation oder revision gewesen, dero nicht die kayl. Commissarij praesidirt, das letzte votum geführt, den schluß gemacht, und den außschlag gegeben haben; solches zeigen einhellig alte Protocolla, deren sich alhie über zwanzig befinden.*⁸

In Regensburg sah man die Sache anders; als die Frage der kaiserlichen Beteiligung im Reichsfürstenrat behandelt wurde, stand der

---

⁵ Memoranden Tinnens, dikt. Regensburg 7. Juni u. 19. Juli 1708, Faber (wie Anm. 4), S. 278 -285 u. 319-324.

⁶ HHSTA, Reichskanzlei 14, RKG-Visitationsakten 1705 – 1715, 2 Bde; MEA RKG-Akten 105 b (nicht paginiert), ca. Nov. 1706; vgl. auch Heinz Duchhardt, Reichskammerrichter Franz Adolf Dietrich von Ingelheim (1659/1730 – 1742), NassAnn 81, 1970, S. 187ff. u. S. 189, Anm. 125 sind die Kommissionsmitglieder genannt, darunter Münster und aus der Revisionskommission: Kurmainz, Kursachsen, Speyer, Hessen-Kassel (abwechselnd mit Württemberg) und Frankfurt.

⁷ Ende August 1707 ging ein Schreiben des Kaisers mit Vollmachten für diesen Fall an Bodman und seinen Vertreter, den Reichshofrat Carl Paul Zimmermann, HHSTA (wie Anm. 6), 31. Aug. 1707, Kopien; STAAMS, Ftm. Münster, Landesarchiv 522, Nr. 3b, Bd. 3, Bericht des Agenten Clerff aus Wien 15. Febr. 1708, Ausf. Vgl. Charles Ingrao, Josef I., Graz 1982, S. 53f. (am. Ausg. Indiana 1979).

⁸ STAAMS, Landesarchiv 522, Nr. 3b, Bd. 3, fol 29 – 34, Entw. eines Schreibens an den Kaiser, 26. März 1707 u. Schreiben des 2. Deputierten aus Kempten, Zimmermann, an *Hochw. Freiherr (Seilern?),* Wetzlar 10. April 1708, Ausf.

kaiserliche Prinzipalkommissar, Kardinal Graf Lamberg, *allein pro adjuctione*.⁹ Obwohl im Bericht aus Wetzlar nicht aufgeführt, waren die Voten bereits am 3. Oktober in Regensburg bekannt, weil *die Münsterische denen Speyrischen, Augsburg und Frankfurtischen Subdelegatis Ihre Diaet nit zahlen wollen, weilen sie pro Erbmannis gesprochen.* Auch sei es *gar zu gefährlich ... dem Kaiserlichen als einem Obmann die Sache nach extradirt, bekannt und eröffneten Votis allein zu commitiren undt in sein arbitrium zu stellen.*¹⁰ Diesen in Regensburg kursierenden Gerüchten hinsichtlich der münsterischen Diätenzahlungen trat Kurfürst Lothar Franz allerdings entgegen mit der Feststellung, die Verzögerung der Auszahlung sei nur deshalb eingetreten, *weilen sie* [die Münsterischen] *damahl nicht soviel gelds bey der Hand gehabt, um sammtligen subdelegatos auf ein mahl contentiren zu können.*¹¹ Der Erzkanzler des Reiches befand sich in nicht geringer Verlegenheit; die Bedeutung des Erbmännerstreites schätzte er hoch ein, *woran nit allein den Stift Münster und der dasigen noblesse sondern auch allen anderen adeligen Ertz- und Stifter wie auch den Ritter Orden und Clöstern im Reich merklig mit daran gelegen ist.* Andererseits war ihm die durch die Religionsparität im Reich festgelegte Problematik der *parität ahn der Zahl* in Reichsdeputationen durchaus bewußt.¹² Mehr als der Erzkanzler sah sein Direktorialgesandter Otten in Regensburg – wohl unter dem Eindruck des protestantischen Widerstandes gegen die Überlassung der Entscheidung an den Kaiserhof – hier *gefährliche principia* von denen *abstrahiret* werden müsse, wobei trotzdem notwendig sei, daß *die Sach selbst aber resolviret und concludiret* werde.¹³ Ein äußerster Versuch der gefürchteten Entscheidung vorzubeugen, den das münsterische Domkapitel unternahm, indem es ein mit Auffinden

---

⁹ HHSTA, MEA RTA Nr. 334 (nicht paginiert), Otten an Lothar Franz, Regensburg 29. März 1708, Ausf. Zu Graf Johann Philipp Lamberg, 1690 – 1712 Fürstbischof von Passau, seit 1699 kaiserlicher Prinzipalkommissar in Regensburg, 1700 Kardinal, vgl. August Leidl in: Erwin Gatz (Hg.), Die Bischöfe des Heiligen Römischen Reiches 1648 bis 1803, Berlin 1990, S. 255f.

¹⁰ HHSTA, MEA RTA Nr. 333 (nicht paginiert), Otten an Lothar Franz, Regensburg 3. Okt. 1707, Ausf.

¹¹ Ebd. Lothar Franz an Otten, Rotenburg 8. Okt. 1707, Entw.

¹² Ebd. Lothar Franz an Otten, Rotenburg 8. Okt. u. 29. Sept. 1707, Entw.

¹³ Ebd. Otten an Lothar Franz, Regensburg 15. März 1708, Ausf. In einem Bericht Dietrich Plettenbergs aus Regensburg vom 12. März 1708 heißt es: *les ministres protestants ... ne veulent nullement consentir que la Commission Imple à Wetzlar puisse avoir votum decisivum"*, STAAMS, Ftm. Münster, Landesarchiv 522, fol. 25f., Ausf.

von vor dem Reichskammergerichtsurteil unbekannten Dokumenten begründetes Ersuchen um *Restitutio in integrum,* d.h. der Versetzung in den ursprünglichen Stand, an den Reichstag richtete, stieß in Regensburg auf Ablehnung.[14]

Das Kaiserliche Kommissionsdekret vom 12./14. Feburar 1708 berief, unter Hinweis auf Tinnens Vorstellungen, die vorige Revisionskommission nach Wetzlar zurück. Für den Fall einer erneuten *paritas votorum* sei der Kaiser jedoch *gesinnet,* der in Wetzlar tagenden Visitationskommission *sammt und sonders anzubefehlen, dieser Sache mit beyzuwohnen.*[15] Ein ernsthafter Versuch, durch Beiordnung nur eines kaiserlichen Kommissars die Angelegenheit vom Kaiserhof aus zu entscheiden, wurde 1707/08 nicht unternommen; obwohl auf Seiten der *Ministres d'Autriche l'on soutient ce droit de décide;* man wolle aber *ne pas en venir en contestation ouverte avec les Etats de l'Empire*[16], vielleicht sah man schon jetzt die Entscheidung – auch ohne kaiserliches Eingreifen zu diesem Zeitpunkt – auf den Wiener Hof zukommen. Der münsterische Repräsentant am Reichstag stand vor einer schwierigen Aufgabe; *Jamais de ma vie je n'ay eu une négociation plus pénible et plus doubteuse,* so gestand er seinen Auftraggebern.[17] Als dringlichste Maßnahme erschien ihm eine *protestation solemne,* um das Ablaufen der Frist am 24. Juli 1708 zu verhindern; die eingetretenen Verzögerungen dürften Münster keine Nachteile bringen.

Die Kurien des Reichstages taten sich schwer mit einer Stellungnahme zum kaiserlichen Kommissionsdekret. Der Kurfürstenrat stimmte den Voten seiner Deputierten in der Revisionskommission keineswegs spontan zu. Zwar sei *ordre favorable du Roy de Prusse* eingetroffen, so berichtete Dietrich Plettenberg im März 1708 aus Regensburg, doch die Haltung von Kurtrier und Kurpfalz sei ganz ungewiß. Von Kurhannover sei zu hoffen, daß seine Minister *ne nous abondonnent pas.* Es sei jedoch *Indispensablement necessaire* eine *voyage vers le Roy Auguste* zu unternehmen; am Dresdner Hof seien allerlei *intrigues* im Gange, und

---

[14] Faber (wie Anm. 4), Bd. 13, 1709, S. 276f. u. Fürstbischof Franz Arnold an den Kaiser, o.O. o.D. (nach Abfassung der *conclusa* in Regensburg), STAAMS, Ftm. Münster, Landesarchiv 522, Nr. 3b, Bd. 2, fol. 18 – 22, Entw. u. Kopie u . ebd. Nr. 3b, Bd. 3, fol. 39, 3. April 1708.
[15] Drucke bei Faber (wie Anm. 4), Bd. 13, S. 257 – 260 u. Johann Joseph Pachner von Eggenstorff, Vollständige Sammlung ... Bd. 3, Regensburg 1776, S. 294.
[16] STAAMS, Ftm. Münster, Landesarchiv 522, Nr. 3b, Bd. 3, fol. 27v., Bericht D. Plettenbergs, Regensburg 15. Mai 1708, Ausf.
[17] Ebd. fol. 108r., Regensburg 17. Juli 1708, Ausf.

das Votum König Augusts entscheide[18]. Nur am kurmainzischen Gesandten fand Plettenberg Halt, *au quel je me tiens*.[19] Dem Drängen des Regensburger Gesandten entsprachen die Betreiber der Revision. Zur Reise an die königlich/kurfürstlichen Höfe von Potsdam und Dresden war der energischste Gegner der Erbmänner, Ferdinand Plettenberg, Bruder des verstorbenen münsterischen Landesherrn und seit 1700 Dompropst zu Münster, bereit, obwohl er Schwierigkeiten voraussah, *die ad Publicum protocollum ... übergebene anzeige durch eine gantz contraire declaration über den hauffen zu werfen*. Anfang April nach Paderborn – wo Plettenberg Domdechant war – zurückgekehrt, konnte er seinen Auftraggebern melden, daß ohne seine Vorstellungen im wenig informierten Dresden *die Erbmänner über die chursächsische Hoff noch bilich würden zu disponieren gehabt, undt alles Verlohren würde gewesen sein*.[20] Der Dompropst sollte Recht behalten, ab Mitte Juli 1708 äußerte sich der münsterische Gesandte hoffnungsvoller über das Kurfürstliche Collegium; am 20. August endlich konnte er das Ergebnis der Beratungen mitteilen.[21] Es war nicht einstimmig ausgefallen, lautete aber günstig für die Betreiber der Revision. Dem Kaiser wurde anheimgestellt, der Revisionskommission einen weiteren Kommissar zuzuordnen. Vier Wochen nach Veröffentlichung der kaiserlichen Ratifikation sollte sich die so erweiterte Revisonskommission erneut in Wetzlar einfinden, *die Acta und Actita* sowie die von Münster vorgelegten Dokumente durchsehen, eventuell auch den Erbmännern noch eine Äußerung anheimstellen, dann aber *diese mehr als anderthalb hundert Jahre gewährte Process-Sache ... gänzlich gewissenhaft entscheiden und die Urtheil würklich publiciren*. Im übrigen solle der Reichsschluß vom 30. April/3. Mai 1706 Bestand haben; d.h. zum Problem der Fristen äußerte sich das vornehmste Kollegium des Reichstags nicht.[22] Obwohl im *conclusum* nicht einzeln aufgeführt, wurden die Voten der

---

[18] Ebd. Landesarchiv 522, Nr. 3 b Bd. 2, fol. 23 – 28, 54 – 55, Berichte D. Plettenbergs vom 8. u. 12. März, 16. April u. 15. Mai 1708, Ausf. Die Diktatur seines Protestes kündigt Plettenberg für den 16. Mai 1708 an.
[19] Ebd. fol. 52f. Bericht D. Plettenbergs, Regensburg 12. April 1708, Ausf.
[20] Ebd. Ferdinand Plettenberg an das Domkapitel in Münster, Paderborn 3. April 1708, eigenh. Ausf. S. auch o. S. 81, Anm. 55.
[21] Ebd., Landesarchiv 522, Nr. 3 b Bd. 3, fol. 108f., 138f., 143f., Berichte D. Plettenbergs vom 17. Juli, 16. u. 20. Aug. 1708, Ausf.
[22] Druck bei Pachner (wie Anm. 15), S. 330. Die Angabe, 150 Jahre, war etwas hoch gegriffen, s.o. S. 28ff.

Kurgesandten schon wenige Tage später in Regensburg bekannt.[23] Die erbmännische Seite hatte in Erfahrung gebracht, daß Trier, Pfalz und Sachsen wie vordem votiert hatten, d.h. die beiden ersteren im Sinne der Erbmänner, Sachsen, dem sich Brandenburg anschloß, für eine Erweiterung der Kommission. Kurköln und Bayern waren, wegen der Ächtung der wittelsbachischen Kurfürsten, damals ohne Stimmrecht. Hannover wird nicht erwähnt, und die Haltung von Kurmainz bedurfte offenbar keiner besonderen Erwähnung, weil sie ohnedies festlag.

Verliefen schon die Verhandlungen im geschrumpften Kurkollegium in Regensburg wechselvoll und lebhaft, so sollte sich die Abstimmung in der soviel zahlreicheren Fürstlichen Kurie geradezu dramatisch gestalten. Bereits die Voten der Vertreter des Reichsfürstenrates in der Wetzlarer *Extraordinarij Revisionskommission* hatten den Riß offengelegt, der die Arbeit dieser Kommission praktisch hatte scheitern lassen. Dechant Tinnen erkannte hier den Ansatzpunkt, von welchem aus eine Entscheidung im Interesse der Erbmänner, d.h. Interpretation des Ergebnisses der Revisionskommission als Bestätigung des Urteils von 1685, erreicht werden konnte. Im Gegensatz zu seinem Widerpart folgte er der Anregung zu einer Reise nach Dresden offenbar gar nicht oder nur viel später.[24] Vielmehr brach er Ende Mai 1708 zu einer zweiten Reise nach Regensburg auf und traf am 5. Juni dort ein.[25] Seine emsige Verfassertätigkeit machte es Dietrich Plettenberg schwer, mitzuhalten; *sa manière de recommander sa cause erant connue,* äußerte der münsterische Gesandte. Doch eine Wende zu Ungunsten der münsterischen Betreiber der Revision im Reichsfürstenrat hatte nach Plettenbergs Urteil schon längst zuvor stattgefunden. *Devant le 14me mars ie avois la pluralitè des voix en ma faveur dans le Collège des Princes, mais comme ce jour la le ministre d'Autriche commençoit à relacher, il a tirè après soy la pluspart des Ministres Ecclésiastiques,* berichtete der münsterische Gesandte schon im April 1708.[26] Mitte Juni

---

[23] Archiv Ketteler-Harkotten, M Akten VIII, H 15b, 30. Aug. 1708, unsigniert, ca. Protokollnotiz.
[24] Ebd. H 6, Johann Caspar Pfau an J. J. Tinnen, Regensburg 24. März 1708, Ausf. Zu Pfau heißt es in einem Schreiben D. Plettenbergs vom 16. April 1708: *Messieurs les Erbmänner ont icy pour solliciter un secrétaire des Princes d'Anhalt, qui s'appelle Pfau, le quel est le grand Correspondant de la diète, ayant près de 40 Correspondantes.* STAAMS, Ftm. Münster, Landesarchiv 522, Nr. 3 b Bd. 3, fol. 55r.
[25] Archiv Haus Stapel, Akten 15, S. 61ff.; STAAMS, Ftm. Münster, Landesarchiv 522, Nr. 3b, Bd. 3, Bericht D. Plettenbergs, Regensburg 7. Juni 1708, Ausf.
[26] STAAMS, Ftm. Münster, Landesarchiv 522, Nr. 3b. Bd. 3, fol. 56f., Bericht D. Plettenbergs, Regensburg 19. April 1708, Ausf.

sah Dietrich Plettenberg *une banqueroute de mon esperance*, weil weder Österreich noch Salzburg zu Münsters Gunsten instruiert seien.[27] Im Juli überlegte der Gesandte, ob nicht mit einer Verzögerungstaktik Erfolge zu erzielen seien und zitierte *chi ha tempo ha vita*.[28] Am 13. August begann die Umfrage, drei Tage später berichtete Plettenberg von der Niederlage der Revisionsbetreiber im Reichsfürstenrat, nur sechs Stimmen hätten an einem Sieg gefehlt. Schweden-Bremen habe an der Spitze derer gestanden, die die Erbmänner unterstützten, Sachsen-Gotha, das sehr viele Stimmen führe, habe sich *infidelle* erwiesen, auch Wolfenbüttel habe nicht für Münster gestimmt, das sich jedoch insbesondere von Brandenburg-Kulmbach und Ansbach *héroiquement soutenu* gesehen habe.[29] Nach dem am 31. August 1708 zur Diktatur gebrachten Votum des Reichsfürstenrates lautete die Mehrheitsentscheidung auf Bestätigung des Kammeralurteils von 1685, weil die Revisionskommission ihrem Auftrag nicht nachgekommen und darüber die durch Reichsschluß festgelegte Zweijahresfrist verstrichen sei.[30]

Nach erfolgter Abstimmung im Reichsfürstenrat unternahm der mainzische Direktorialgesandte noch einen Versuch, ein *anständiges Temperament* zwischen den beiden widersprüchlichen Voten zu erreichen; er scheiterte, und so gingen die Voten unverglichen in die Städtekurie.[31] Hier gab es keine Überraschungen mehr, zumal bekannt geworden war, daß Dietrich Plettenberg das *votum decisivum* dieser Kurie im Erbmännerstreit als einer Adelsproblematik in Zweifel gezogen hatte, wobei er *sehr präjudizierliche expressionen mit einfließen* ließ.[32] Der Mainzer Direktorialgesandte faßte das fürstliche und städtische *conclusum* als gleichlautend zusammen und schloß das Schriftstück mit der Entscheidung des Reichstags, *beyde differente Meynungen Ihrer Kaiserl. Majestät ... einzuschicken*.[33] Damit war die Entscheidung

---

[27] Ebd. fol 98f., Bericht D. Plettenbergs, Regensburg 14. Juni 1708, Ausf.
[28] Ebd. fol. 106f., Bericht D. Plettenbergs, Regensburg 9. Juli 1708, Ausf.
[29] Ebd. fol. 138f., Bericht D. Plettenbergs, Regensburg 16. Aug. 1708, Ausf.
[30] Druck bei Pachner (wie Anm. 15), S. 336f. u. Faber (wie Anm. 4), Bd. 13, 1709, S. 340f. Gemeint war das Reichsgutachten vom 3. Mai 1706, s.o. S. 81.
[31] Archiv Ketteler-Harkotten, M Akten VIII H 15b, 22. Aug. 1708, unsignierte Notiz.
[32] Ebd. 29. Aug. 1708, unsignierte Notiz; STAAMS, Ftm. Münster, Landesarchiv 522, Nr. 3 b Bd. 3, fol. 92ff, Bericht D. Plettenbergs, Regensburg 28. Mai 1708, Ausf. In einem Schreiben an Ferdinand Plettenberg bezeichnete der Gesandte die Deputierten der Städtekurie als *opinatre comme la mule du Pape*, Regensburg 14. März 1709, eigenh. Archiv Nordkirchen, KA 206/20, fol. 425-430. Förmlicher Protest der Städtekurie, diktiert 29. Aug. 1708 bei Faber (wie Anm. 4), Bd. 13, 1709, S. 344ff.
[33] Pachner (wie Anm. 15), S. 337; Faber (wie Anm. 4), Bd. 13. 1709, S. 344.

endgültig dem Wiener Hof anheimgegeben; alle Beteiligten haben das damals so gesehen.[34] Sofortige Konsequenzen zog Dechant Tinnen, indem er sich bereits am 4. September von Regensburg aus auf den Weg machte, um am 9. desselben Monats in Wien einzutreffen. Dort nahm er Quartier *bey seinem vormaligen Kostherrn H. Heinrich Angelo Blumer Medicinae Doctor, und pro tempore Decano facultatis Medicae, geburtig aus dem Dorf Dam*[me] *des Stifts Münster ... auf dem Graben /: so der vornembste Platz in Wien.*[35] Nicht nur Tinnens Aktivitäten sah man in Münster mit Besorgnis, *weilen diese Sache besorglich im Reichshofrath nicht sondern zugleich im gehaimbten Rath vorkommen dorfte*, wo man befürchtete, an Seiler, Oettingen, dem Reichsvizekanzler und Consbruch *starcke opponenten* zu finden.[36]

Das Regensburger Abstimmungsergebnis wurde inzwischen genauer bekannt; schon im Dezember war das Protokoll des Reichsfürstenrates in Nürnberger Kaffeehäusern zu bekommen.[37] In Münster kannte man die Ergebnisse der Beratungen des Sommers 1708 bereits im September.[38] Dechant Tinnen machte sich an eine kommentierte Ausgabe der Voten des Reichsfürstenrates, die 1709 in Fabers *Staatskanzley* abgedruckt wurde.[39] Die Angelegenheit der münsterischen Erbmänner und nicht zuletzt des *im gantzen Reich berühmten Herrn von der Tinnen*[40] lag dem Kaiser zur Entscheidung vor. Alle nur möglichen Instanzen waren passiert; die Hartnäckigkeit der westfälischen Streitparteien, die unpräzisen Regelungen für Revisionen gegen Reichskammergerichtsurteile, die Animositäten zwischen den Reichstagskurien und den Konfessionen führten zu einem Ergebnis, daß den Bestrebungen des Wiener Hofes und des jungen Kaisers entgegenkam.[41]

[34] STAAMS, Ftm. Münster, Domkap. Protokolle, 30. Aug. 1708; Domkap. Produkte Nr. 393, Bd. 3 (nicht paginiert), Schreiben D. Plettenbergs wohl an Syndikus Heerde, Regensburg 18. Okt. 1708, Ausf.
[35] Archiv Haus Stapel, Akten 15, S. 206.
[36] STAAMS, Ftm. Münster, Landesarchiv 522, Nr. 3 b Bd. 3, Heerde an F. Plettenberg aufgrund von Berichten aus Wien, Münster 13. Sept. 1708, ca. Ausf.
[37] Archiv Ketteler-Harkotten, Möllenbeck, Akten VIII H 6, Pfau an J. J. Tinnen, Regensburg 14. Dez. 1708, Ausf.
[38] STAAMS, Ftm. Münster, Landesarchiv 522, Nr. 3b, Bd. 3, fol. 163ff. Anlage zu D. Plettenbergs Bericht, Regensburg 23. Aug. 1706, ca. Ausf.; Archiv Haus Stapel, Akten 15, S. 121ff.
[39] Faber (wie Anm. 4), Bd.13, 1709, S. 346ff.
[40] Archiv Haus Stapel, Akten 2, S. 192.
[41] Dietrich Plettenberg betont in seinen Berichten an Ferdinand Plettenberg mehrfach das Insistieren des Kaisers auf seinem höchsten Richteramt gegenüber dem Reichstag, Regensburg 3. Sept. 1708 u. 20. Nov. 1709, Archiv Nordkirchen, KA 206/20, fol. 168 und 205f. Ausf.

XI. DIE ENTSCHEIDUNG IN WIEN

Mit dem Scheitern einer Vergleichung der Reichstagsvoten in Regensburg und der Übersendung des *Conclusum trium Colleggium separatum* nach Wien wurde die nächste Entscheidung an den Kaiserhof verlegt. Als Repräsentant der Erbmännerseite traf Dechant Tinnen dort, wie erwähnt, bereits am 9. September 1708 ein.[1] Schwieriger war es für die Gegenpartei, einen geeigneten Vertreter ihrer Interessen in Wien zu finden. Der – zweifellos wegen seiner bereits am Kaiserhof gesammelten Erfahrungen – zunächst vorgesehene münsterische Stadtrichter Bernhard Ignatius Koerdinck bat *flehentlich,* von einem solchen Auftrag abzusehen, und auch der Syndikus des münsterischen Domkapitels, Paul Matthias Heerde, zeigte keinen besonderen Eifer zu diesem Geschäft.[2] Doch die Zeit drängte, da aus Wien *nicht geringe motus* des Dechanten Tinnen gemeldet wurden.[3] Wieder ist von *zimblich ansehnlichen Summen geldes* die Rede, mit denen Tinnen *umb sich werfen würde,* weshalb *die außteilung proportionierlichern honoratiorum Münsterischer seithen auch beobachtet werden müßte.*[4] Etwa zwei Monate nach Tinnen traf Heerde in Wien ein. Die dortigen

---

[1] Reichsschluß 31. Aug. 1708, Druck bei Johann Joseph Pachner von Eggenstorff, Vollständige Sammlung ... Bd. 3, Regensburg 1776, S. 160; s. auch. o. S. 77.

[2] Zum Folgenden vgl. Rudolfine Freiin von Oer, Die „verdrießliche Negotiation" des Syndikus Heerde am Kaiserhof in den Jahren 1708 bis 1710. WestfZ Bd. 137, 1987; zu Koerdinck und Heerde, s.o. S. 54 , Anm. 29.

[3] STAAMS, Ftm. Münster, Landesarchiv 522, Nr. 3b, Bd. 3, fol. 213f., Adam Ignatius Heunisch an Franz Arnold, Wien 26. Sept. 1708, Ausf. Zu Heunisch, der u. a. mit Leibniz korrespondierte, vgl. Georg Schnath, Geschichte Hannovers im Zeitalter der neunten Kur und der englischen Sukzession Bd. 3, Hildesheim 1978, S. 216ff. u. Ludwig Bittner, Lothar Groß, Repertorium der diplomatischen Vertreter aller Länder seit dem Westfälischen Frieden Bd. 1, Berlin 1936, S. 341. Ob Clerff der im 18. Jahrhundert zweimal am „Alten Dom" bepfründeten Beamtenfamilie entstammte, konnte nicht geklärt werden, vgl. Klaus Scholz, Das Stift Alter Dom St. Pauli in Münster, Germania Sacra NF 33, Berlin 1995, S. 126 passim.

[4] STAAMS, Ftm. Münster, Domkap. Protokolle Nr. 69, 2. Okt. 1708, Äußerung Ferdinand Plettenbergs.

münsterischen Agenten, Heunisch und Clerff, rieten dem Syndikus, über den Obristhofmeister, Fürst Salm, den Reichsvizekanzler Graf Friedrich Karl Schönborn und den Grafen Ernst Friedrich Windischgrätz zu gewinnen und so die *Majora im Conferenz Rath* für sich einzunehmen. Ziel war es, den Kaiser zur Rückverweisung des Falles an den Reichstag zwecks nochmaliger Revision unter Hinzuziehung der Wetzlarer Visitationskommission, zu bestimmen.[5] Am Reichshofrat Christoph Heinrich von Galen fand Heerde nur wenig Rückhalt; vom anderen, offenbar jetzt einflußreicheren Westfalen in der Kaiserstadt, dem Reichshofrat und geheimen Referendar Caspar Florentin von Consbruch, berichtet der Syndikus vor allem über hohe Forderungen und *Stichelworte*.[6]

Schon Anfang Dezember äußerte Heerde wenig Hoffnung auf einen Erfolg seiner Mission und bat um die Erlaubnis zur Rückkehr. Immerhin konnte er am 27. November dem Reichsvizekanzler sein Anliegen vortragen und ihn, wie er meinte, für die münsterische Seite gewinnen.[7] Durch den Sekretär des Fürsten Salm erfuhr Heerde, daß die Ministerialkonferenz sich am 28. November mit dem münsterischen Streitfall befasse, allerdings nicht in Gegenwart des Kaisers. Der Sekretär des Reichsvizekanzlers ließ zwei Tage danach gegenüber Heerde verlauten, *daß der Fürst Salm und sein Herr bey der Conferenz gantz heldenmüthig für uns gestritten, dieselbe aber von dem Windischgrätz, dem Seilern und dem Vratislaw überstimmet, und daß Conclusum pro parte adversa ... ausgefallen.* Der Beschluß solle aber noch dem Kaiser selbst vorgetragen werden.[8] Ungeachtet möglicher Differenzen nicht nur mit dem Reichskammergericht und seinem höchsten Repräsentanten, dem Trierer Kurfürsten, sondern auch mit dem auf Wahrung der Rechte des Reiches gegenüber dem Kaiser bedachten Mainzer Erzkanzler – oder

---

[5] Ebd. Domkap. Produkte 393/2, Heerde an das Domkapitel, Wien 10. Nov. 1708, Ausf.
[6] Ebd. Landesarchiv 522, Nr. 3b, Bd. 3, fol. 277, Heerde an Dompropst Plettenberg, Wien 1. Dez. 1708, Ausf. *Seiler wie auch Wartislaw thun nach des Consbruchs pfeiffen tantzen*, schrieb Clerff an Ferdinand Plettenberg, Wien 13. Febr. 1709, Ausf. Archiv Nordkirchen, KA 206/20, fol. 97f. Die Hervorhebung von Consbruchs „Kapazität und Redlichkeit" in Wilhelm Schulte, Westfälische Köpfe, ³1963, S. 48, relativiert sich durch Heerdes Berichte. Zur Familie Consbruch vgl. Bernd Hüllinghorst, (Bearb.), Protokolle der Vogtei Enger 1650 – 54, Herforder Geschichtsquellen Bd. 3, Herford 1993, S. XXIII ff.
[7] Ebd. fol. 274f., Heerde an Franz Arnold, Wien 28. November 1708, Ausf.
[8] Ebd. fol. 277, Heerde an Dompropst Plettenberg, Wien 1. Dez. 1708, Ausf.

nur um Zeit zu gewinnen – versuchte Heerde, den Fall an den Reichshofrat zu bringen; doch Salm riet ab, die kaiserliche Konferenz pflege *in publicis et politicis beim Reichshofrat kein Gutachten einzuholen*.[9] Heerde hatte offenbar Schwierigkeiten zu überwinden, bis er den Geschäftsgang in Wien verstand. Zur Unterstützung seiner Mission wandte sich jetzt auch der gegen den Kandidaten des Kaiserhofes in Münster inthronisierte Fürstbischof Franz Arnold Ende Dezember 1708 selbst an den Kaiser.[10] Der Fürstbischof bat, den Beschluß des kurfürstlichen Kollegiums, d.h. der Beiordnung eines kaiserlichen Kommissars zur Revisionskommission, zuzustimmen. Von den zur Exekution bestimmten Kreisdirektoren, Kurfürst Johann Wilhelm von der Pfalz und König Friedrich in Preußen, trafen Empfehlungsschreiben in Wien ein.[11] Heerde bemühte sich *mit Tractamenten, und sonsten mit ahnhandtnehmung einem geschickten ministro ahnstendigen werbunghs mittelen* seinem Auftrag Nachdruck zu verleihen; persönlich jedoch war er nach wie vor von der Erfolglosigkeit seiner Mission überzeugt. Allenfalls könne man sich nach einem negativen Ausgang um *Restitutione in integrum* bemühen, doch dann solle man sich *eines anderen subjekts bedienen*.[12]

Dechant Tinnen hat in diesem *bey Menschengedencken nie erhörten allerhärtesten Winter* in *unaufhörliche Müh und Arbeit* noch mindestens vier Vorstellungen an den Kaiser übergeben, sich aber ebensowenig wie Heerde Hoffnungen auf Erfolge gemacht, sondern *zum öfteren seinem Haußherrn Drem Blumer die bittere Zähren vergießendt, geclagt, daß ein steinern Hertz, Vielmehr ein kayserlicher pro administratione Justitiae angeordneter Minister, sich hätte erweichen müssen*.[13] Nach Kerckerincks späterem Bericht, dachte er bereits an seine Rückkehr, als er im *61sten jahr seines alters verschiedene brustcatarren leider! dergestalten Verohnsorget, daß der bittere Todt auf den Sambstag /:wehr der 16te des Monats Marty lauffenden 1709*

---

[9] Ebd. fol. 278, Heerde an Dompropst Plettenberg, Wien, 6. Dez. 1708, Ausf.
[10] HHSTA Wien, Reichskanzlei 14, RKG-Visitationsakten 1705 – 1715, Franz Arnold an den Kaiser, Neuhaus 29. Dez. 1708 Ausf.; Kopie in: STAAMS, Ftm. Münster, Landesarchiv 522, Nr. 3b. Bd. 3, fol. 305 – 310. S. auch o. S. 82.
[11] STAAMS, Ftm. Münster, Domkap. Produkte 393/2, Bericht Heerdes, Wien 16. Februar 1709, Ausf.
[12] Ebd. Heerde an Dompropst Plettenberg, Wien 13. April 1709, Ausf.
[13] Archiv Haus Stapel, Akten 15, S. 247f., *Continuatio Protokolli* des Johann Ludwig Kerckerinck, die dem Hof übergebenen undatierten Denkschriften und Vorstellungen Tinnens, ebd. S. 208 – 246.

Jahrs ... herangenaht ist. Am Nachmittag fühlte er sich besser und lehnte ärztliche Hilfe ab, beichtete jedoch auf Blumers Drängen noch in der Nacht dem Pater Morgen SJ und verstarb am 17. März um 1/2 fünf Uhr *mit einem neuen schlagfluß ... in die arme seines ... getreuen Cammer Diener /: Gottfried zur Hove :/.* Dr. Blumer und Heinrich Isfordinck, *gebürtig aus Münster Canonikus an St. Stephan,* richteten ein Begräbnis *standtsmäßig und nach Gelegenheit der Kaysl. Residentz- und Hauptstadt Wien* aus. Tinnen fand sein Grab in St. Stephan *zwischen des Allerheiligen- und Sanct Sebstiani Altars;* dem Leichenzug folgte nicht nur der Klerus von St. Stephan sondern auch der *Antipatroni Heerde,* der *bey dießem traurigen actu ... passiones und tadlung über die gebührende Titulatur des Herrn von der Tinnen auch nicht verbergen* konnte. Beim Wiener Klerus hinterließ der Dechant von St. Mauritz offenbar das beste Andenken. Gegenüber Kerckerinck *und anderen* hat Pater Morgen später geäußert, daß er *keinen gelährtern und wohl resignirtern Poenitenten alß diesen H. von der Tinnen jemahlen gehabt.*[14] Der Reichshofrat sperrte umgehend die Hinterlassenschaft des Verstorbenen *in seiner Truh* und versiegelte sie, *mithin der Geistlichen Jurisdiktion bevorkommen.*[15]

Am 2. April, den Dienstag nach Ostern, erreichte die Todesnachricht die Brüder Tinnens in Münster und Johann Ludwig Kerckerinck, der sogleich erkannte, daß der *Verlust dießen unseren dapferen Defensoris ... nunmehr mir allein alle last und sorgen auch viele schwöre Kösten und extra ausgaben in prosecutione Communis Causae obliegen und aufgebürdet werden ... allemaßen das Corpus Erbmannorum niemahlen mit wenigern Capablen Subjectis a toto tempore litis als hodie, leider! ist versehen gewesen.*[16] Kerckerinck war bereit, *auf meine aigene kösten ungefehr über ein halbjahr nach Wien* zu gehen, bestand aber darauf, *seine noch vorwenig wochen zur Ehe genommene liebste ... vom Haus Eringerfeld mitzunehmen.* Mit einer vom 25. Mai 1709 datierten Vollmacht konnte er den Nachlaß des Dechanten in Wien auslösen; später gelangte dieser in das Archiv der mit der Familie Tinnen inzwischen

---

[14] Ebd. S. 251; Heerde schrieb über die Beisetzung an Ferdinand Plettenberg: *ich bin auf beschehener einlahdung hiebey schuldigster maeßen erschienen,* Wien 20. März 1709, Ausf., Archiv Nordkirchen, KA 206/20, fol. 115. Wilhelm Kohl, Das Domstift St. Paulus zu Münster, Germania sacra NF Bd. 17,2, Berlin 1982, S. 710, nennt irrtümlich 1716 als Tinnes Todesjahr.
[15] Ebd. S. 252ff.
[16] Ebd. S. 254f. u. 257.

verschwägerten Familie Ketteler.[17] Zusätzlich trugen die Brüder Tinnens Kerckerinck die Besorgung eines Grabsteins für den Verstorbenen auf.[18] Johann Ludwig ist diesem Auftrag nachgekommen, das Archiv Ketteler-Harkotten in Münster bewahrt die Inschrift des – heute nicht mehr vorhandenen – *rothen Marmor Steins*, der *negst dem Allerheiligen Altar* für 90fl in den Boden der Stephanskirche gelegt wurde:

"Anno MDCCIX Die XVII Mensis Marty
obijt
Reverendissimus et perillustris Dominus
Jacobus Joannes a Tinnen
Dominus in Müllenbeck
Canonicus Ecclesiae Cathedralis
et
Decanus ad Sanctum Mauritium
Monasterij Westphaliae".[19]

Erst auf seinem Grabstein wurde Tinnen die Würde eines münsterischen Domherrn zuerkannt, für deren Durchsetzung er in fast zwanzig Jahren seines Lebens vergeblich gekämpft hatte.[20]

Syndikus Heerde, den der Wunsch nach Rückberufung von den *verdrießlichen negationibus* in Wien ganz beherrschte, mußte jedoch für den 13. Mai 1709 die Ankunft Kerckerincks *mit Gemahlin* nach Münster melden.[21] Die in Regensburg um sich greifende Meinung – oder Hoffnung? – *weylen der Herr Dr. Tinnen gestorben, ... die sache einschlaffen* werde, durchkreuzte der junge Erbmann mit dieser Reise nach Wien.[22] Kerckerinck verfolgte auch eigene Interessen; Heerde

---

[17] Archiv Ketteler-Harkotten, Akten VIII, H 5 u. 6; vgl. auch o. S. 8.
[18] Ebd. S. 256ff. u. 260f.
[19] Archiv Ketteler-Harkotten, Möllenbeck Akten H 5, S. 147. 40 fl hatte der Stein, 50fl die dafür zu zahlenden *Kirchenjura* gekostet.
[20] S.o. S. 30ff.
[21] STAAMS, Ftm. Münster, Domkap. Produkte 393/2, Heerde an Bisping, Wien 11. u. 15. Mai 1709, Ausf., sowie Produkte 393/1, Heerde an das Domkapitel, Wien 13. Juli 1709, Ausf. Über Kerckerincks Wiener Bemühungen liegt leider kein Protokollbuch vor.
[22] Ebd. Domkap. Produkte 393/2, Dietrich Plettenberg an Bisping, Regensburg 11. April 1709, Ausf., gibt das Zitat als eine Äußerung des Prinzipalkommissars ihm gegenüber wieder. Plettenberg hatte bis dahin über Aktivitäten, die Tinnen von Wien aus steuerte, berichtet, ebd. an *Monseigneur*, vermutlich Domdechant Plettenberg, Wien 16. Mai, 1709, Ausf. Berichte des anhaltischen Gesandten Johann Caspar Pfau

berichtet, daß sein Widerpart versuche, *den Baronatus von Ihr Kais Mjt. zu Wege zu bringen;* am 10. Januar 1710 erreichte er dieses Ziel für sich und gut ein halbes Jahr später für den Vetter auf Haus Borg und Alvinghoff bei Münster[23].

In Wien rückte nach Kerckerincks Eintreffen zeitweise ein Vergleich in den Bereich des Möglichen. Heerde und der Erbmann berieten in *viele Stunden ... über gütliche abhandelung;* in Münster glaubte man, daß nach dem Tod Tinnens nur die Zulassung von Erbmännern *ad comitia,* d.h. zur Ritterschaft, zur Diskussion stehe – nicht mehr die Aufnahme ins Domkapitel. Das Kapitel beriet sich daher mit Repräsentanten der Ritterschaft, d.h. dem bisher am wenigsten in diesem Streit engagierten Teil der Prozeßpartei von 1597.[24] Der Domdechant Landsberg konferierte mit den Drosten der Ämter Dülmen, Wolbeck, Rheine/Bevergern, Horstmar und Ahaus, den Herren von Raesfeld, Merveldt, Twickel, Droste zu Vischering und Diepenbrock, mit dem Ergebnis, daß die *quaestio an?* das ritterschaftliche Corpus betreffend *wohl affirmative zu beantworten sei für Kerckerinck, Droste zu Hülshoff wenn sie Baronatum für sich und ihre Descendenz erhalten und sich allzeit rittermäßig verheiraten* und sie dann *ex favore zum Landtag admittiert* werden könnten, wenn sie *Landtagsfähige Häuser selbst zu wege bringen.*[25] Die Ritter erhofften davon, daß das Hochstift von den *Kosten befreiet, und einmal in ruhe gestellet werden mögte.*[26] Diese Absichten teilte man auch dem Fürstbischof mit, der einem Vergleichsversuch zustimmte, jedoch zu bedenken gab, daß gleichzeitige Vorstellungen am Regensburger Reichstag dazu in Widerspruch stünden und daher *das eine oder andere müßte unterlaßen werden.* Franz Arnold befürchtete auch, *daß kaiserl. den Erbmännern wohl gesonnene Ministri ehender ein ganz contrario außspruch bei Kais. Mjt.*

---

an Tinnen aus dem Jahr 1708 im Archiv Ketteler-Harkotten, Möllenbeck, Akten VIII, H 6, Ausfertigungen. Zu Pfau vgl. o. S. 101, Anm. 24.

[23] Ebd. Domkap. Protokolle Nr. 70, 24. Juni 1709 zu Schreiben Heerdes vom 5. u. 8. Juni; Genealogisches Handbuch des Adels Bd. 91, Adelslexikon Bd. 4, Limburg 1987, S. 179.

[24] S.o. S. 60.

[25] STAAMS, Ftm. Münster, Domkap. Protokolle Nr. 70, 29. Juli 1709.

[26] Ebd. Domkap. Produkte, 393/1, *Protocollum Conferentiae in Curia Decanati,* 27. Juli 1709. Als Teilnehmer aus dem Domkapitel nennt das Protokoll auch die Domherrn Merveldt, Twickel und den Speyrer Domscholaster, den schon mehrfach mit dem Prozeß befaßten Johann Bernhard Droste zu Senden, s.o. S. 55 f.

befurdern.²⁷ Kerckerinck in Wien ging jedoch auf den ihm vorgeschlagenen Kompromiß nicht ein, er betrachtete seine Chancen inzwischen günstiger, als es Tinnen am Ende seines Lebens getan hatte. Daher erklärte er gegenüber dem Syndikus, daß er sich *für seine Posterität sowohl mann- alß weiblichen Geschlechts mit einer bloßen admission ad Comitia intuitu Baronatus nicht contentiren laßen könte, in dem er denen neonobilitatis gantz gleich gemacht, also vergeblich Disputiret hette, die erscheinung uff Landtägen, wan seine Deszendenz von denen übrigen praerogativen der Ritterbürtig- und Stiftsmäßigkeit außgeschlossen sein sollte.*²⁸ Kerckerinck hatte inzwischen aktuelle Ursache, an seine *Posterität* zu denken, *der bekandte Zustandt meiner Eheliebsten, ... der geldbeutel* und die *ungemein anhaltende hundstägige Hitz* hinderten ihn an einer baldigen Rückreise, so erklärte er gegenüber Heerde. Tatsächlich wurde zu Ende des Jahres noch in Wien sein erstes Kind geboren, dessen Patenschaft – niemand anders als der Münsteraner Dompropst, Ferdinand von Plettenberg, übernahm.²⁹

Die von Fürstbischof Franz Arnold geäußerten Befürchtungen waren nicht unbegründet; während des Sommers 1709 wuchs nicht nur das Drängen Heerdes, endlich nach Münster zurückkehren zu dürfen, es verschlechterten sich auch die Aussichten auf einen Erfolg seiner Mission. Schon im Mai hatten die Minister ihn wissen lassen, er möge das Ministerium *doch mit ferneren schriften nicht incommodiren.* Heerdes bisherige Stütze, Fürst Salm, sei wegen der Bevorzugung des Fürsten Lamberg am Hof *zum höchsten disgustiert;* Ende August zog er sich endgültig von Wien auf seine Burg Anholt an der Grenze zwischen dem Hochstift Münster und dem preußischen Kleve zurück; gut ein Jahr später ist er verstorben.³⁰

---

²⁷ Ebd. Domkap. Protokolle Nr. 70, 31. Juli 1709, Verlesung eines Schreibens des Fürstbischofs aus Ahaus vom 30. Juli.
²⁸ Ebd. Domkap. Produkte 393/1, Heerde an das Domkapitel, Wien 24. Aug. 1709, Ausf.
²⁹ Ebd. Landesarchiv 522, 3b, Bd 4, Kerckerinck dankt Ferdinand Plettenberg für *gütig angenommene Gevatterschaft*, Wien 25. Dez. 1709, Ausf. Skeptischer kommentierte Dietrich Plettenberg das Ereignis: *Kerckering vous aye prie pour Parrain à son fils, ie ne peus rien dire, s'il l'a fait pour chercher v're amitié, ou s'il a voulu se moquer de vous*, Regensburg 16. Dez. 1709, Ausf., Archiv Nordkirchen, KA 206/20, fol. 215f.
³⁰ Zu den Wiener Querelen: Max Braubach, Ein rheinischer Fürst als Gegenspieler des Prinzen Eugen am Wiener Hof, FS Franz Steinbach, Bonn 1960, S. 127ff.; die Zitate aus Schreiben Heerdes an Bisping, Wien 11. u. 15. Mai 1709, Ausf. in STAAMS, Ftm. Münster, Domkap. Produkte 393/2.

Da Salms Einfluß in Wien schon vor seiner Abreise im Schwinden begriffen war, hat sein endgültiges Ausscheiden aus dem Hofdienst die Chancen der streitenden Parteien nicht mehr beeinflußt, auch wenn Heerde, den der Fürst noch in Wien empfing, meinte, daß münsterische Hochstift habe am *gewesenen Präsidenten Fürst Salm viel verloren.*[31] In Münster erhoffte man sich nicht mehr viel von den Vorstellungen in Wien, sondern setzte nur mehr auf eine Rückverweisung des Falles an den Regensburger Reichstag; werde die Sache in Wien entschieden, so sei das gegen die *Constitutionibus Imperij* und die *Cammergerichts ordtnungh,* die auf ein förmliches Endurteil abziele, was *so gahr dem geringsten Reichs Underthanen, viel weniger Einem regalierten Reichs Fürsten gahr a justitia nicht abgeschlagen werden magh.* Dies aber geschehe, wenn *von dem Kaysl ministerio, ohne Zuziehung des Reichs und dessen subdeligatorum ... ichtwas resolviert und sentenz werden würde.*[32]

Schon zu Beginn des Sommers 1709 war man daher von Münster aus mit dem Regensburger Gesandten, Dietrich Plettenberg, in Verbindung getreten. Wieder wurden etliche, wenn nicht alle Reichsstände angeschrieben. In einem langwierigen Briefverkehr erarbeiteten Heerde in Wien, Dietrich Plettenberg in Regensburg, das Domkapitel in Münster und der Fürstbischof ein neues *Memoriale* an den Reichstag, das diesem am 28. November endlich vorlag.[33] Es wiederholte den schon in Wien vorgetragenen Standpunkt, daß eine alleinige Entscheidung durch den Kaiser *das gesambte Reich in seinem Jure Concognitionis & Decisionis empfindlich betrüben* würde und zudem *dem Hoch-Stifft Münster und dessen Ritterschaft, wegen An- und Einnehmung solcher bey anderen Ertz- und Stifftern, und Ritter-Orden annoch nicht für Ritterbürtig erkänter, sondern allererst in petitorio, durch neue und langwührige Bemühung der Ritterbürtig- und Stiffstmäßigkeit halber*

---

[31] Ebd. Domkap. Produkte 393/1, Heerde an Bisping, Wien 28. Aug. 1709, Ausf.
[32] Ebd. Domkapitel an Heerde, Münster 19. Sept. 1709, Konzept, ähnlich schon an Heerde, 30. Aug. 1709, Konzept, ebd.
[33] Ebd. Schreiben Franz Arnolds an den Kurfürsten von Mainz und den Erzbischof von Salzburg, (seit der Erblindung des Johann Ernst Thun 1705 als Koadjutor und nach dessen Tod am 20. April 1709 als Fürsterzbischof der stärker Wien-orientierte Franz Anton Harrach, ein Vetter des Regensburger Prinzipalkommissars Johann Philipp Lamberg), vom 31. Juli 1709, Entwürfe; das *Memoriale* Dietrich Plettenbergs, Regensburg 3./28. Nov. 1709 bei Faber, Europäische Staatskanzley Bd. 14, 1710, S. 276ff. Zu den Fürsterzbischöfen von Salzburg vgl. Franz Ortner in: Erwin Gatz, Die Bischöfe des Heiligen Römischen Reiches 1648 bis 1803, Berlin 1990, S. 172ff, u. 505f.

zu untersuchen seyender bürgerlicher Familien, die Hände gebunden werden; daher wird um eine *Collegial-Redeliberation gebeten.* Dietrich Plettenberg hatte zur Eile gedrängt, weil er *periculum in mora* sah, wurde doch die Übergabe durch das Erfordernis gedruckter Vorlage *wegen Weitläufigkeit nach stylo Comitiale* aufgehalten, erst danach könne die Diktatur erfolgen.[34] Sowohl in Münster als auch in Regensburg hatte man jedoch Widerstände gegen eine Wiederaufnahme der Beratungen in der Erbmännersache am Reichstag vorausgesehen, *weil Justiz Sachen Reichstag schwerlich interessieren.*[35]

Der kurmainzische Direktorialgesandte ließ Dietrich Plettenberg zudem wissen, daß er das Memoriale vor der Diktatur erst dem Kurerzkanzler einschicken werde, *weilen ein casus novus darin enthalten.*[36] In Wien machten diese münsterischen Bestrebungen natürlich keinen guten Eindruck. Ein offenbar aus anderen Gründen in Wien anwesender Westfale ließ Heerde, nachdem er am Vortag mit dem Reichsvizekanzler diniert hatte, auf dessen Auftrag hin wissen, *qu'il n'avait pas pus trouver moyen de le mettre de notre coté et moins encore de faire renvoyer cette affaire à la diète de ratisbone puisque ce seroit contre l'honeur de l'empereur et la justice.*[37] Da aber Kerckerinck *ohnablaßlich sollicitiert,* übersandte Heerde dem Reichsvizekanzler durch den Agenten Heunisch erneut eine Vorstellung, der Kaiser möge *die von unten herauf zu handen gebrachte acta ... wiederumb an die Reichsversamblung zu Regensburg gelangen laßen,* schließlich hätten die *Commissarij revisores keine setentiam gesprochen, deren ambt doch solches gewesen wehre ... auch derentweg das Hochstift Münster keine parition einem solchen in pohsehsorio thuenden Spruch leisten dörffte.*[38]

---

[34] STAAMS, Ftm. Münster, Domkap. Produkte 393/1, Dietrich Plettenberg an den Fürstbischof, Regensburg 3. Okt. 1709, Kopie.

[35] Ebd. Produkte 393/2, Dietrich Plettenberg an das Domkapitel in Münster, Regensburg 30. Mai 1709, Ausf., ähnlich im Antwortschreiben des Domdechanten Landsberg vom 14. Juni, Konzept, ebd.

[36] Ebd. Produkte 393/1, Dietrich Plettenberg an den Fürstbischof, Regensburg 3. Okt. 1709, Kopie.

[37] Ebd. Produkte 393/1, Kerssenbrock an Heerde, 31. Aug. 1709, Ausf., vermutlich der Domherr Ferdinand, Wilhelm Kohl, Das Domstift St. Paulus zu Münster, Germania sacra, NF 17,2, Berlin 1982, S. 721, vgl. auch Landesarchiv 522. 3b, Bd. 4, fol. 41f., Kerssenbrock an *Monsieur. ce 31 auet* (1709).

[38] Ebd. von Heunisch dem Sekretär des Reichsvizekanzlers Hövener übergebene *Kopia*, undatiert, Anlage zum Schreiben Heerdes an das Domkapitel, Wien 7. Sept. 1709, Ausf.

Als der Fall schließlich am 9. Dezember 1709 dem Kaiser selbst in der Ministerialkonferenz vorgetragen wurde – mehr als ein Jahr nach seiner ersten Behandlung in diesem Gremium – verfügten die Münsteraner Revisionskläger über keinerlei Rückhalt mehr. Nach dem Protokoll wollten Windischgrätz, Seilern und Mansfeld alle münsterischen Denkschriften zurückweisen, Wratislaw und der Reichsvizekanzler verlangten zusätzlich eine Rüge für den Agenten Heunisch. Schließlich gehöre alles, was *Nobilitate* betreffe, zu den Reservatrechten des Kaisers, so die Meinung der Konferenz.[39] Joseph I. entschied schließlich unter Hinweis auf die lange Dauer des Verfahrens und die für die Erbmänner günstigen Entscheidungen *in so viel instanten,* man solle den Klägern für *Ihro impertinente Schrift ... in plena conferentia ein Verweis* erteilen und *dem Heunisch absonderlich den Kopf waschen.*[40] Dem kaiserlichen Willen wurde am 10. Januar des folgenden Jahres entsprochen, diesmal in Abwesenheit des Kaisers, doch in Gegenwart des Prinzen Eugen. Caspar Florentin Consbruch fiel es zu, dem Landsmann Heerde und seinem Agenten Heunisch das kaiserliche Kommissionsdekret vom 19. Dezember des Vorjahres mitzuteilen und dazu die allerhöchste *Befrembdung* wegen *einige Expressiones* zum Ausdruck zu bringen. Zwar verdienten es die münsterischen Vorstellungen *alß lasterschriften ... zerrissen und dem concipisten und exhibisten vor die füeße geworffen zu werden,* man werde sie jedoch in Rücksicht auf den Fürstbischof nur *ab actis ... removieren.* Mehrer Bescheidenheit riet man den beiden Zitierten an, Heunisch wurde sogar der Entzug seiner *Bedienung* angedroht. Die Revisionskläger ließ man wissen, es werde dem Kaiser *weder an geistlichen weder an weltlichen mittelen ermangelen alles zur gehörigen execution nachtrücklich vollenziehen zu laßen.* In seiner Entgegnung versicherte Heunisch, es sei *niemahlen ihre Absicht gewesen, wieder den Kaysl. allerhöchsten respect, oder das hochansehnliche ministerium zu handelen;* der kaiserliche Befehl werde *gehörigen ohrts* berichtet

---

[39] HHSTA, Reichskanzlei 14, RKG-Visitationsakten 1705 – 15, Bd. 2, *Relatio Conferentiae,* 20. Nov. 1709.
[40] Ebd., 9. Dez. 1709; vgl. auch Rudolfine Freiin von Oer, Revisionsverfahren in Theorie und Praxis des Kaisers- und Reichskammergerichts – ein Fall aus Münster zwischen Wetzlar, Regensburg und Wien, in: Bernhard Diestelkamp (Hg.), Die politische Funktion des Reichskammergerichts, Quellen und Forschungen zur höchsten Gerichtsbarkeit im Alten Reich Bd. 24, Köln 1993, S. 68.

werden.⁴¹ Die anstößigen Schriftstücke wurden jedoch weder zerrissen noch Heunisch oder Heerde zurückgegeben; es scheint, daß sie der Reichsvizekanzler an sich nahm, denn sie liegen heute in den Akten der Reichskanzlei mit der Aufschrift *Stift münstersch. Memoralia in caa der Münster Erb-Männer de Annis 1708, 1709, 1711 Welche Ihre Kays. Majt. von denen Actis zu removiren allergnädigst anbefohlen.*⁴²

Der Bericht über diese Vorgänge dürfte auch in Münster zu der Überzeugung geführt haben, Heerdes Aufenthalt in Wien nutze den Klägern nicht weiter und könne daher beendet werden. Am 6. März 1710 endlich berichtete der Syndikus dem Domkapitel persönlich über seine gescheiterte Mission.⁴³ Heunisch und er selbst hätten unternommen, was *menschmuglich gewesen,* doch man habe die Minister am Wiener Hof *pro Erbmannis portiert befunden,* allerdings sei das Kaiserliche Kommissionsdekret *bey Männiche sehr doliert* worden. Heunisch seien in Gegenwart des Prinzen Eugen *sehr harte und bedreuliche Vorstelllungen gethan.* Es wurde beschlossen, das kaiserliche Kommissionsdekret bei der zu erwartenden notariellen Übergabe nur in *congregationem* entgegenzunehmen.⁴⁴ Trotz der gescheiterten Wiener Mission des Syndikus gab das Kapitel die Hoffnung auf Wiederaufnahme des Falles in Regensburg nicht auf, wo doch *fast alle Chur und Fürsten pro Münster* stünden falls diese Sache *wieder proponiert* werde.⁴⁵

---

⁴¹ STAAMS, Ftm. Münster, Landesarchiv 522, Nr. 3b, Bd. 5, fol. 27f., Heerde an den Fürstbischof, Wien 11. Jan. 1710, Ausf. Kopie in: Domkap. Produkte 390/1 und HHSTA, MEA, Reichstagsakten 348, 10. Jan. 1710: *Anzeige Namens Kays. Maj. denen münsterischen Mandatarii H. v. Heunisch und H. Heerden vorgelesen;* vgl. auch Oer (wie Anm. 2), S. 22f.
⁴² HHSTA, Reichskanzlei 14, RKG-Visitationsakten 1705 – 1715.
⁴³ STAAMS, Ftm. Münster, Domkap. Protokolle 71, 6. Mai 1710.
⁴⁴ Ebd., vgl. auch Oer (wie Anm. 2), S. 22f.
⁴⁵ STAAMS (wie Anm. 43), 6. Mai 1710.

XII. RÜCKZUGSGEFECHTE IN REGENSBURG UND DURCHFÜHRUNG DES URTEILS IN MÜNSTER

Unvermutet schnell erreichte das kaiserliche Kommissionsdekret Regensburg und wurde dort bereits am 19. Dezember 1709 zur Diktatur gebracht; man erklärte sich diesen so zügigen Ablauf mit *recommendations* der *Madame de Kerckering* in Wien.[1] Unter Berufung auf den *Reichs-Abschied vom Jahr 1654* und den *Reichs-Schluß vom 30. April 1706* - das *Conclusum trium Collegium separatum* – verfügte Joseph I., daß das Kammergerichtsurteil vom 30. Oktober 1685 *sowohl in Possessorio als in Petitorio zu confirmiren, oder pro confirmata zu achten, und zur behörigen Execution ohne Verzug und Aufhalten zu bringen seye*.[2] In teils wörtlichem Zitat des Urteils verbot der Kaiser die *Ausschliessung von ritterbürtigen Stiftern und Collegien* der *in actis benannten Erbmänner* und sie *von andern Ritterbürtigen geklagtermassen zu unterscheiden, abzusondern, und geringern Stands zu halten.* Ausdrücklich anerkannte der Kaiser *mehrgedachte Erbmännische Familien, und die, so aus denenselben ehrlich herstammen, für rechte ritterbürtige Edelleute gleich anderen des Hochstifts Münster rittermäßigen von Adel* und befahl *parition* gegenüber diesem Urteil bei Androhung von *Reichs-Satzungsmäßigen Exekutions-Mitteln.*[3] Immerhin sei *was etwann bey dieser Revision praeter ordinem, und gegen das gewöhnliche, und Reichs-Satzungmäßige Herkommen unterlassen worden, in künftigen Revisions-Fällen zu einiger Consequenz und Praejudiz keineswegs anzuziehen,* - das Außergewöhnliche des Verfahrens

---

[1] STAAMS, Ftm. Münster, Landesarchiv 522, 3b. Bd. 4. fol. 60f.; Druck bei Anton Faber, Europäische Staatskanzley Bd. 15 (Frankfurt) 1710, S. 306 u. Johann Joseph Pachner von Eggenstorff, Vollständige Sammlung ... Bd. 3, Regensburg 1776, S. 403f.; STAAMS, Ftm. Münster, Landesarchiv 522, 3b, Bd. 5, Dietrich Plettenberg an *Monseigneur* (wohl Ferdinand Plettenberg), Regensburg 13. Febr. 1710, Ausf.: *Un conseiller venu devant 8 jours de Vienne, et qui a penetré bien des intrigues me dit, que c'étoit Madame de Kerckering qui par ses recommendations avait merite l'acceleration de la dernière resolution Imple.*
[2] S.o. S. 12f. u. 100ff.
[3] S.o. S. 36ff.

in diesem Fall war den Teilnehmern der Wiener Minsterialkonferenz offensichtlich bewußt.[4]

Nach Regensburg drang alsbald auch etwas von der „Atmosphäre", in welcher in Wien entschieden worden war. Der Erzkanzler des Reiches, Lothar Franz von Schönborn, hatte erfahren, daß *Ihro Kaysl. Mjt. mit der Letzt in Trück außgelaessene Vorstellungh nicht zu frieden wehre, sondern ein und anders sehr ubel apprehendiren thedten.* Der Regensburger Direktorialgesandte und selbst der kaiserliche Prinzipalkommissar hätten Verweise aus Wien erhalten, weil sie die Diktatur der münsterischen Denkschrift zugelassen hatten.[5] Das Domkapitel in Münster beschloß, dem Mainzer Kurfürsten für diese Mitteilung zu danken, verwies jedoch in seiner Antwort auf das Fehlen eines reichssatzungsmäßigen Urteils und bat um Empfehlung bei der bevorstehenden Kreisversammlung, schließlich hätten *auch vorige Landesherrn aus hohen Häusern ... die Wichtigkeit der Sache eingesehen* und daher als Prozeßpartei mitgewirkt – einer Exekution mußte vorgebeugt werden.[6]

In Münster trat eine Kommission bestehend aus Domdechant Landsberg, dem Domkellner Franz Johann von Vittinghoff gen. Schell, dem Speyrer Domscholaster Droste zu Senden, dem Erbkammerherrn von Galen, dem Drosten von Merveldt, dem Hofrat Abel und Dr. Koerdinck zusammen und bekräftigte den schon bisher vertretenen Standpunkt, daß der Kaiser *in Revisionalibus allein kein Urteil fällen* könne und daß zudem das *conclusum* des Reichsfürstenrates vom August 1708[7] *den abgegebenen votis nicht conform* sondern daß *höchstens 14 gegen 14 pro Münster votiert* hätten.[8] Man bezog sich dabei auf eine Liste von Voten, die Dietrich Plettenberg seinem Bericht vom 19. Dezember 1709 beigelegt hatte.[9] Von erbmännischer Seite, wohl von Johann Ludwig Kerckerinck, wurde alsbald eine andere Liste derselben

---

[4] HHSTA, Reichskanzlei 14, RKG-Visitationsakten 1705-15, Bd. 2, *Relatio conferentiae*, 4. Nov. 1709, es wird dabei ausdrücklich auf das inzwischen in Regensburg und Wien übergebene Memoriale verwiesen.

[5] STAAMS, Ftm. Münster, Domkap. Produkte 393/1, Dietrich Plettenberg an den Fürstbischof, Regensburg 27. Dez. 1709, Kopie. Das Memoriale vom 3. Nov. 1709, zur Diktatur gebracht in Regensburg am 28. desselben Monats bei Faber (wie Anm. 1), S. 276ff.

[6] STAAMS, Ftm. Münster, Domkap. Protokolle 71, 8. Mai 1710.

[7] S.o. S. 102.

[8] STAAMS, Ftm. Münster, Domkap. Produkte 393/1, Protokoll 26. Dez. 1709.

[9] Ebd. Domkap. Produkte 393/1, Dietrich Plettenberg an den Fürstbischof, Regensburg 19. Dez. 1709, Kopie.

Abstimmung mit Kommentar veröffentlicht, die ein ganz unterschiedliches Stimmenverhältnis zeigte;[10] die Voten der Reichstagsgesandten ließen offenbar mehrdeutige Schlüsse zu. Manche Votenführung war zudem umstritten wie diejenige für Hildesheim durch den münsterischen Reichstagsgesandten und die für Paderborn, dessen Fürstbischof zugleich Fürstbischof von Münster und als solcher Prozeßpartei war; letztendlich errechnete die erbmännische Seite 49 Stimmen zu ihren Gunsten.

Erneut eine Beratung am Reichstag zu erreichen blieb nächstes Ziel der Klägerpolitik; daß dies zwischen der Diktatur der münsterischen Vorstellungen am 28. November 1709 und der kaiserlichen Entscheidung vom 9. Dezember desselben Jahres nicht geschehen war, hielt Dietrich Plettenberg für eine unabwendbare *fatalitet* und beteuerte, daß dies nicht sein Verschulden sei, *wan gleich ein Engel vom Himmel gegenwerthig gewesen wehre, würde er schwerlich rebus sic stantibus die deliberation haben heraus nöthigen können.*[11] Dem Reichstagsgesandten wurde sogar ein zeitlicher Zusammenhang zwischen der Vorstellung in Regensburg und der Entscheidung in Wien suggeriert: "*wehre das mem'le ehender, und im sommer übergeben worden, so wehre auch ehender die widrige Kayserl. resolution herauskommen*", so zitiert Plettenberg die übereinstimmenden Äußerungen des passauischen und des österreichischen Gesandten sowie des Prinzipalkommissars Kardinal Graf Lamberg, des Fürstbischofs von Passau. Letzte Hoffnungen richtete Dietrich Plettenberg auf Erfolg seiner Bitte *um beneficium restitutio in integrum,* welches aber bekanntlich nicht den *effectum suspensionis* bringe. Noch hätten die Gesandten der Kurfürsten keine Weisung zu der Frage, ob der Kaiser über *discrepante conclusa Collegiorum* entscheiden könne.

Wohl nicht zuletzt aufgrund dieser Nachrichten gelangte das münsterische Domkapitel zu der Überzeugung, daß nur noch mit Unterstützung des Mainzer Kurfürsten selbst der Erbmännerstreit erneut vor den Regensburger Reichstag zu bringen sei. Mitte Januar 1710 hielt es Dietrich Plettenberg für *moralement impossible, d'obtener un favorable guhtachten en quelque manière que ce soit de la Diète, invito (!) Caesare et illius ministerio ... qu'au seul college Electorale dans lequel l'autorité*

---

[10] Gedruckt bei Faber (wie Anm. 1), Bd. 13, S. 350ff.
[11] STAAMS, Ftm. Münster, Domkap. Produkte 393/1, Dietrich Plettenberg an den Fürstbischof, Regensburg 23. Dez. 1709, Ausf. u. 27. Dez. 1709, Kopie, auch zum Folgenden.

118 XII. Rückzugsgefechte in Regensburg und Durchführung des Urteils in Müster

Imple n'est pas encore n'absolue. Doch der Direktorialgesandte wolle nur auf direkten Befehl des Kurfürsten handeln.[12] Dieser beantwortete ein münsterisches Schreiben jedoch vorsichtig: *undt unß etwas frembt vorkommen wöllen, daß Ih. Kaysl. Majt. selbsten in dieser Revisionssache, ohne daß vorhin die Ihrige nur die ventilirte acta gesehen, will geschweigen gelesen, vor sich allein kann in possessorio quam petitorio definitive sprechen wöllen,* der Kurfürst empfahl, daß die Sache an *behörigen orttern in geziemendem respect undt ohne harten anzüglich terminis ... mit aller modestie undt discretion vorgestellt würde.*[13]

Das Münsteraner Domkapitel sah Veranlassung, die Mainzer Domherrn um Unterstützung bei ihrem Landesherrn anzugehen. Diese versprachen, sich beim Kurfürsten um Wiederzulassung der Sache in Regensburg einzusetzen und stellten für sich selber hinsichtlich der Erbmänner fest: *Wir dannoch in nicht geringen anstandt seyen, solche geschlechter ... anzunehmen.*[14] Daher wandten sich die münsterischen Kapitulare erneut mit einer Druckschrift, begleitet von einem Anschreiben an Lothar Franz, gegen *erschlichenes kaiserl. Commissions decret;* sie baten ihn, die münsterische Schrift in Regensburg zur Diktatur zu bringen, *damit nicht kundl. bürgerl. Familien nicht nur hier sondern in allen Stiftern zugelassen zu tort und Praejudiz d. ritterl. Adels, da niemand, nicht einmal dem Geringsten Revision abgeschnitten.*[15] Auch sonst gingen Schreiben an wen immer man im Reich für die Ziele der münsterischen Kläger einzunehmen hoffte, insbesondere auch an Ritterschaften und Reichsstifter. *Hauptmann, Räthe und Ausschuß der unmittelbaren Ritterschaft ahm Rheinstrom* antworteten: *An Erhaltung der Stifter hängt conservation des Reichsadels;* der Fürstabt von Kempten wies allerdings darauf hin, daß in München und Freising Adelige, wenn nicht *thumbstiftsmaßig wenigst mitt dem kaiserl. diplomate mueßen versehen seyen, oder graduati in Theologia vel jure* zugelassen würden.[16] Dietrich Plettenberg riet auch, den Reichsstädten

---

[12] STAAMS, Ftm. Münster, Landesarchiv 522, Nr. 3b, Bd. 5, D. Plettenberg an *Monseigneur* (wohl Ferdinand Plettenberg), Regensburg 16. Jan. 1710, Ausf. (?)
[13] Ebd. Kurfürst Lothar Franz an Franz Arnold, Mainz 1. März 1710, Kopie.
[14] Ebd. Domkap. Produkte 393/1, Mainzer an Münsteraner Domkapitel, Mainz 20. März 1710, Ausf.
[15] Ebd. Domkapitel an den Kurfürsten von Mainz, Münster 2. Mai 1710, ca. Entw.
[16] Ebd. *Hauptoiann, Räthe u. Ausschuß der unmittelb. Rittersch. ahm Oberrhein, der Zeit Direktoires aller 3 Ritter Craißen* an das münsterische Domkapitel, Mainz 3. Dez. 1709, ca. Ausf. u. Landesarchiv 522, Nr. 3b, Bd. 5; Hermann Vorbrack an *Hochw. Freiherr* (wohl Ferdinand Plettenberg), Freising 2. Jan. 1710, Ausf.

zu schreiben, insbesondere an Ulm und Speyer, weil nur diese noch eigene Gesandtschaften in Regensburg unterhielten, *les autres villes Imples ayant donné leurs voix en Commission.*[17] Es sei zwar nichts Gutes von ihnen zu erwarten, aber: *on leur ote par une telle grace tout le prétexte de se plaindre qu'elles étoient negligées.*

Wirkliche Unterstützung versprach man sich in Münster nur vom kurfürstlichen Kollegium, teilweise zu Recht. Johann Wilhelm riet dem Fürstbischof von Münster, die Sache in Regensburg *in Statu quo* zu belassen, er werde seinen Regensburger Gesandten anweisen, im münsterischen Interesse *unter der Hand sich zu bemühen.*[18] Klarer noch wurde in Berlin formuliert, es sei *dieser modus procedendi gantz ungewöhnlich und denen Gesamten Reichs Ständen juribus nicht wenig nachtheilig,* daher habe der König seinen Regensburger Gesandten zur Unterstützung des münsterischen Vorgehens angewiesen.[19] Eine Reaktion aus London bzw. Hannover konnte in den münsterischen Akten nicht gefunden werden; die bayerischen Kurfürsten schieden wegen der über sie verhängten Reichsacht aus. Johann Hugo von Trier, der bisher so vorsichtig taktierende Kammerrichter, erklärte sich *beschwert* durch das kaiserliche Vorgehen, er habe seinen regensburgischen Gesandten angewiesen, sich der Sache anzunehmen, *was nur mit fug und Recht geschehen mag.*[20]

Auch vom Reichsfürstenrat erhoffte man sich in Münster immer noch Sekundanz. Doch vermutlich hatte Dietrich Plettenberg recht, wenn er schon im Januar dem münsterischen Domkapitel schrieb, der kaiserliche Hof könne *allezeith die Pluralität der fürstl. stimmen, ob sie auch gleich im vor ander werths hin in contrarium versprochen wehren, zu seiner intention inclinieren* und daß nur im kurfürstlichen Kollegium *l'autorité Imple n'est pas encore si absolue.*[21] Der Erzkanzler des Reiches sah sich in einem Dilemma: *So thue mich ... etwas embrassiert befinden,* gestand er dem Neffen in Wien. Nach § 42 der kaiserlichen Wahlkapitulation sei es seine Pflicht, die Gravamina der Reichsstände an den Reichstag zu bringen. Doch weil *aber mein Reichs-Direktorium*

---

[17] Ebd. D. Plettenberg an *Monseigneur,* Regensburg 20. März 1710, Ausf. (?).
[18] Ebd. Johann Wilhelm an Franz Arnold, Düsseldorf 11. Jan. 1710, Ausf.
[19] Ebd. Friedrich I. an Franz Arnold, Cölln a. d. Spree 14. Jan. 1710, Ausf.
[20] Ebd. Johann Hugo an Franz Arnold, Ehrenbreitstein 23. Jan. 1710, Ausf.
[21] Ebd. Domkap. Produkte 393/1, D. Plettenberg an das Domkapitel, Regensburg 11. Jan. 1710, eigenh. Ausf. u. Landesarchiv 522, Nr. 3b, Bd. 2, Ders. an *Monseigner,* wohl Ferdinand Plettenberg, Regensburg 16. Jan. 1710, Ausf.

denen Herren Ständen ein Beständiger dorn in deren augen ist, und ich dahero mich so aufführen muß, daß Ich bei meinen Herrn Mit-Ständen nicht gar alle confidenz verliehre, bittet er Friedrich Karl, am Kaiserhof *ein solches expediens auszuführen,* wodurch Bischof, Domkapitel und Ritterschaft in Münster *ohne ohndankh und unglimpf auf mich und mein Reichs Direktorium zu schieben* veranlaßt werden könnten, Diktatur, Deliberation und Proposition *zu detournieren;* der beste Weg sei der über den kaiserlichen Prinzipalkommissar, obwohl es *wohl zu wünschen gewesen wäre, daß sich durch einen in Revisional-Sachen sonsten gewohnlichen Spruch ein end hätte machen lassen.*[22] Eine, wie es häufig in den Akten heißt, *collisio inter Imperatorem et Imperium* wegen der Erbmännersache zu riskieren, war der Mainzer Kurfürst offenbar nicht bereit. In Übereinstimmung mit seinen Intentionen wurde der Reichsvizekanzler in Wien gegenüber einem Vertreter der münsterischen Belange in Wien deutlich: *daß diese Sache wohl der mühe nicht wehrt sey, daß dergleichen gefährlich und schadtlich motus derentwegen gemacht werden solten, daß S. Kay Majt diese drey oder 4 Familien für Stiftsmäßig erklahrt ... dem Hochstift kein Praejudicium seye, solche per Caesarem declaratos praenobilis auch zu erkennen, undt zu nehmen;* erfolgten von Münster *fernere motus,* sei der Kaiser *Sr Päbstl. Heylkt zu excitiren gesinnet.* Der Mainzer Kurfürst werde entsprechend benachrichtigt – in Münster kam an, was Lothar Franz gewünscht hatte.[23] Offenbar ging man in Wien – zu Recht – davon aus, daß Fürstbischof und Domkapitel in Münster über die Spannungen zwischen Papst und Kaiser, die auch Friedrich Karl Schönborn einbezogen, nicht wirklich informiert waren.[24] Trotz dieser Drohungen gaben die Münsteraner nicht auf. Weiterhin wurden Vorstellungen an den Kaiser entworfen, zwischen Franz Arnold und dem Salzburger Erzbischof Harrach entstand ein verärgerter Briefwechsel wegen der aus münsterischer Sicht nicht korrekten Zusammenfassung des Abstim-

---

[22] HHSTA Reichskanzlei 14, RKG-Visitationsakten 1705 – 15, Bd. 2, Lothar Franz an Karl Friedrich Schönborn, Aschaffenburg 18. März 1710, Ausf.
[23] STAAMS, Ftm. Münster, Landesarchiv 522, Nr. 3b, Bd. 5, unsigniertes Schreiben an Franz Arnold, Wien 9. April 1710, relativiert allerdings durch die Bemerkung des Verfassers, vielleicht Heunisch, er *könne nicht eigentlich wißen,* ob die Äußerungen des Reichsvizekanzlers nicht *nuhr der abgezielte schwere schuß sein können, umb den cursum der machenden motum zu hemmen.*
[24] Dazu vgl. Charles Ingrao, Josef I., Graz 1982, S. 122ff.

mungsergebnisses im Reichsfürstenrat – Erfolge hatte dies nicht mehr.[25] Auf Reichsebene war der Prozeß von 1597 nach der Entscheidung Josephs I. vom Dezember 1709 für die Kläger endgültig verloren.

In Münster hat man dies keineswegs sofort hingenommen; vielmehr wurden Vorkehrungen gegen die Auswirkungen der kaiserlichen Entscheidung getroffen. Schon auf Heerdes Bericht zu Anfang März 1710 hin hatte das Domkapitel einen Beschluß gegen Annahme der zu erwartenden notariellen Zustellung des kaiserlichen Kommissionsdekretes durch einzelne seiner Mitglieder gefaßt, offenbar wurde die Front selbst hier nicht mehr als fugenlos geschlossen angesehen.[26] Noch größere Gefahr für den Zusammenhalt der Prozeßpartei sah man – mit guten Gründen – in der Ritterschaft. Die münsterischen Ritter hatten durchgehend den geringsten Anteil an dem langwierigen Verfahren genommen, was wohl nicht nur auf ihre begrenzte Handlungsfähigkeit zurückgeführt werden muß; nur bei Gelegenheit der Landtage, d. h. während weniger Wochen im Jahr, konnten sie ihre Beschlüsse fassen.[27] An diesen Beschlüssen teil hatten auch Mitglieder von Familien, die – in manchen Fällen schon seit geraumer Zeit – keinen Domherrn gestellt hatten und vermutlich daher den Interessen der im Domkapitel dominierenden Geschlechter distanzierter gegenüberstanden. Das Kapitel teilte sein Votum auch der Ritterschaft mit, es sollte auch von ihr sich kein Einzelner notariell befragen lassen, *parere velint nec ne.*[28] Alle Amtsdrosten warnte man, die Erbmänner suchten *Zertrennung*, doch sei *uns als singulos niemandt zu befragen befuegt, und wir demselben zu antworten schuldig sein,* man erwarte, daß auch die Ritterschaft nur gemeinsam entscheide; das Kapitel bat die Amtsdrosten, alle zum Landtag aufgeschworenen *Cavaliers* entsprechend zu verständigen.[29] Es waren offenbar Nachrichten eingegangen, die Gegenteiliges befürchten ließen. Anfang Mai 1710 schrieb das Kapitel an den Herrn von Ketteler zu Harkotten, man habe gehört, seine im adeligen Stift Nottuln präbendierte Tochter wolle den *in Stifts Diensten stehenden Capitain von Oer heiraten* und ihre Präbende auf ein Fräulein von der

---

[25] STAAMS, Ftm. Münster, Domkap. Produkte 393/l, Konzept eines Schreibens an den Kaiser, 25. Februar 1710; Landesarchiv 522, Nr. 3b, Bd. 5, Harrach an das münsterische Domkapitel, Salzburg 3. Juli 1710, Ausf.
[26] S.o. S. 53f.
[27] S.o. S. 60ff.
[28] STAAMS, Ftm. Münster, Domkap. Protokolle Nr. 71, 29. Juli 1710.
[29] Ebd. Landesarchiv 522, Nr. 3b, Bd. 5, Domkapitel *ad ambtmannos,* Münster 30. Juli 1710, wohl Entw.

Tinnen resignieren. Dies komme, wegen der beim Reichstag übergebenen *remonstration ... wirklich ungelegen.* Beim Stift Nottuln werde man gleichzeitig Vorstellungen machen.[30] Der *alß ein guter Patriot* Angesprochene antwortete, er haben den *consens zur mariage und resignation noch nicht gegeben, sondern Ersuchen der Frau v. Tinnen abgeschlagen,* er hoffe, seine Tochter werde nicht gegen seinen Willen heiraten und resignieren, er wolle sie *davon Vatterlich zu dehortiren nicht ermangeln.*[31] Auch der Fürstbischof selbst hatte bei aller Versicherung seiner Kooperationsbereitschaft schon zu Beginn des Jahres darauf hingewiesen, *daß auff mich fast allein aller Unlust fallen und ich den größten Verdruß, auch Vielleicht ohne Besonderen Dankh zu gewinnen, davon werde tragen müssen.*[32]

Es vergingen jedoch noch einige Monate, ehe die erbmännische Seite in Münster aktiv wurde. Erst am 3. Dezember 1710 verfaßte Notar Hermann Raestrup in Münster einen Schriftsatz, mit welchem er bestätigte, daß Gottfried von der Tinnen zu *Mullenbeck* und Henrich Johann Droste zu Hülshoff *für mich notarium persohnlich kommen* und das durch die mainzische Direktorial-Kanzlei am 11. November 1710 zu Regensburg bestätigte kaiserliche Mandat *sambt einem Memoriale* an Domkapitel und Ritterschaft vorgelegt hätten, welche Dokumente sie *bey werenden jetzigen Landtag ... zu praesentiren vorhabens sein.* Zu diesem Akt erbaten die beiden Erbmänner die Anwesenheit des Notars und zweier Zeugen. *Ambts- aydts- und pflichtshalber wiewohl ohngern* übernahm Raestrup diese Aufgabe in Gegenwart der beiden genannten Erbmänner und des Jacob Boldewin von Bock sowie der beiden Zeugen, hoffend *daß Justitia et pax sich dermahlen begegnen mögen.* Mit der Präsentation verbunden wurde die Bitte, *uns den effectum erwehnten bestättigten Uhrteill großgünstig ein zu räumen* und darüber eine *resolution* zu erteilen. Auf dem *hochfürstl. Münsterschen Hoff oder landtags Saal* fragten sie nach den Syndici Heerde und Dr. Koerdinck – für die Ritterschaft – erfuhren jedoch *per pedellum ... Syndici weeren in Landtages affairen occupirt.* Unter Tinnens Protest

---

[30] Ebd. Domkap. Produkte 393/1, 2. Mai 1710, Entw. oder Kopie.
[31] Ebd. Ketteler an seinen *Vetter,* Harkotten 4. März 1710, Ausf. Der „Vetter" ist vermutlich Nikolaus Hermann Ketteler, vgl. Wilhelm Kohl, Das Domstift St. Paulus zu Münster, Germania sacra NF 17,2, Berlin 1982, S. 716f.; s.o. S. 53f. Soweit bisher bekannt, kam diese Heirat nicht zustande.
[32] STAAMS, Ftm. Münster, Landesarchiv 522, Nr. 3b, Bd. 5, Franz Arnold an Dompropst Plettenberg, Neuhaus 18. Jan. 1710, Ausf.

auff der Treppen oder dem negst dahbey befindlichen Zimmer verließen sie den fürstlichen Hof, um am folgenden Tag einen zweiten Versuch zu unternehmen. Nach Dreiviertelstunden vergeblichen Wartens auf die Syndici legte Droste Hülshoff die Schriftstücke auf eine *tafel ...in anwesenheit der versammblet geweßene Hh Landtstände und in praesentia ... Notarij.* Als sie *gegen 12 Uhr* erneut zum Hofsaal kamen, erschien schließlich nach zwei Stunden Wartens Syndikus Heerde und erklärte, daß *die Hh Landtstände auß einander gangen und also ... nicht praesentiert werden können.* Am 5. Dezember erfuhren sie, daß kein Landtag stattfinde; sie sahen sich *aller Gelegenheit frustriert.* Schließlich erfolgte die Übergabe am 7. Dezember ohne Zeugen in Heerdes Wohnung.[33] Am 20. Dezember endlich beschloß eine Kommission aus Mitgliedern des Domkapitels und der Ritterschaft, darunter der Dompropst Plettenberg, *dem Notario Insinuanti zu ertheilen.*[34] Doch noch im folgenden Jahr, nach Eingehen eines weiteren Reskripts vom *neuen Kaiser,* schrieb das Domkapitel wiederum die Kurfürsten und viele Fürsten an und trug vor, das Kommissionsdekret könne nicht als *ein rechtsbeständiges judicatum angesehen werden,* es beruhe auf *irrigem Supposito,* weder der Kaiser noch seine Minister hätten *acta Cameralia ... gesehen,* es sei *keine forma judicij observirt,* auch habe *Kayl Majt allein die Execution nicht zu verfügen sondern damit billig anzustehen.* Die Domherrn baten um Vorstellung beim Kaiser, damit die Sache in Regensburg zur *reproposition gelangen* könne und bis dahin die Exekution ausgesetzt bleibe.[35] Noch im Juni 1715 beschloß das Kapitel *per unanimia,* den Domherrn Twickel zwecks Erreichung einer Reproposition am Reichstag nach Regensburg und Salzburg zu entsenden.[36] Doch Karl VI. verfolgte die Politik seines verstorbenen Bruders weiterhin, das letzte kaiserliche Paritions-Mandat mit seiner Unterschrift datiert vom 30. Oktober 1715, dem 30. Jahrestag der Urteilsverkündung in Wetzlar.[37]

Während im Domkapitel der Widerstand anhielt, gab die Ritterschaft immer mehr nach. Im Januar 1712 beantragte der Freiherr von

---

[33] Ebd. Bestätigung dieser Vorgänge durch den Notar Hermann Raestrup und die Zeugen Theodor Goddefelt sowie Engelbert Helts, Notarsignet.
[34] Ebd. Protokoll, 20. Dez. 1710.
[35] Ebd. undatierter Entwurf, Kaiser Joseph I. verstarb am 17. April 1711.
[36] Ebd. Domkap. Protokolle Nr. 76, 19. Juni 1715. Es handelte sich um Johann Wilhelm Twickel, Kohl (wie Anm. 31), S. 278f.
[37] Ebd. Landtagsprotokoll 91, fol. 44 – 46.

Kerckerinck zur Borg, Besitzer des in die Ritterschaftsmatrikel aufgenommenen Hauses Alvinghoff, die Einladung zum Landtag. Nikolaus Hermann Ketteler, mit dessen Schwester Kerckerinck verheiratet war, gab dem Domkapitel zu Protokoll, daß der Antragsteller, wie sein Großvater, eingeladen werden solle.[38] Beim Generalkapitel im Sommer 1712 wurde dem widersprochen und Verwahrung gegen eine Einladung des Erbmanns eingelegt, *zu conservation des ritterschaftlichen Adels, damit bei Nachbarn kein Veracht* aufkomme; die Ritterschaft solle erklären, daß kein Praejudiz für das Domkapitel entstehe; sogar mit dem Ausschluß von Rats- und Drostenstellen wurde den gegen die Intentionen des Kapitels handelnden Rittern gedroht.[39] Im September wurde beschlossen, eine *refutation* Kerckerincks durch den Fürstbischof zu entwerfen; Ketteler und zwei weitere Domherrn bestanden auf dem Eintrag ins Protokollbuch, daß dieser Beschluß nicht einstimmig gefaßt worden sei.[40]

Am Ende konformierte sich auch das Domkapitel den Forderungen aus Wien. Gerade um seine Präbenden war der Streit entbrannt; schon überlegte man, wie einem *Suchen* der Erbmänner *zu Rom zu begegnen* sei[41] – der Fall Tinnen war offensichtlich noch ganz präsent. Vermutlich wegen des enger werdenden personellen Rahmens der Erbmännerfamilien, konnten diese Befürchtungen jedoch zunächst zurückgestellt werden; dem Bruder des etwa 1714 verstorbenen Agenten Bitozzi versagte man die Übernahme der Vertretung Münsters an der Kurie *weylen man anietzo keine Prozeß zu Rom hette, alß konnte das Salarium menagiret* werden.[42] 1729 wurde der erste Domherr aus einer erbmännischen Familie nach dem langen Streit im münsterischen Domkapitel aufgeschworen; es war der Sohn des Jobst Stephan von Kerckerinck zur Borg und der Maria Agnes Dorothea von Ketteler zu Harkotten, den sein Onkel Goswin Konrad von Ketteler als Turnar präsentiert hatte.[43] Drei weitere Domherrn konnte die Familie Kerckerinck bis zum Ende des

---

[38] Ebd. Domkap. Protokolle, Nr. 73, 8. Jan. 1712.
[39] Ebd. 1. Aug. 1712.
[40] Ebd. 19. Nov. 1712.
[41] Ebd. 2. Febr. 1711.
[42] Ebd. Nr. 75, 6. Aug. 1714.
[43] Kohl (wie Anm. 31), S. 736; Friedrich Keinemann, Das Domkapitel zu Münster im 18. Jahrhundert, Veröffentlichungen der Historischen Kommission Westfalen 22, Geschichtliche Arbeiten zur Westfälischen Landesforschung Bd. 11, Münster 1967, S. 281.

Hochstifts Münster stellen; auch aus der Familie Droste Hülshoff gelangten vier Söhne in das münsterische Domkapitel. Nur zwei der zehn in der ersten Prozeßvollmacht von 1597 genannten Erbmännerfamilien ernteten den Ertrag des langen Verfahrens;[44] im Hochstift Münster erloschen waren die Schenckings, Warendorfs, Travelmanns, Clevorn und Stevening, dem im hier ansässigen Zweig der Bischopinck und den Bock stand dasselbe Schicksal nahe bevor und Gottfried von der Tinnen, der einzig überlebende verheiratete Bruder des Jacob Johann, hatte keinen Sohn.[45]

Die beiden energischsten Gegner der Erbmänner, Ferdinand von Plettenberg und Johann Bernhard Droste zu Senden, haben die Aufnahme von Erbmännern ins Domkapitel – ihre eigentliche Niederlage – nicht mehr erlebt; sie waren 1712 und 1713 verstorben.[46] Auch Johann Ludwig Kerckerinck erlebte seinen eigentlichen Sieg, die Aufnahme seines Enkels Johann Franz in das münsterische Domkapitel im Jahr 1760, nicht mehr; zehn Jahre zuvor hatte er 78jährig das Zeitliche gesegnet.[47] Doch schon bei der Aufschwörung des Johann Franz im Osnabrücker Domkapitel 1756 trat ein, was Ferdinand Plettenberg vorhergesehen oder befürchtet hatte: Auswirkungen einer Abschließung des reichsunmittelbaren Adels von den landsässigen Geschlechtern Westfalens. Abgesehen von einzelnen Aufnahmen machte das Mainzer Domstift den Westfalen ähnliche Schwierigkeiten, wie diese den Erbmännern. Als Folge beanstandete man Wappen reichsunmittelbarer Familien in den Aufschwörungstafeln von Probanden in westfälischen Kapiteln; und gerade dies widerfuhr dem Johann Franz Joseph von Kerckerinck zu Stapel in Osnabrück, weil im Stammbaum seiner Mutter, Maria Sophia von Rollingen, solche Schilde vorkamen.[48] Aus dieser Streitfrage entstand 1737 ein Prozeß am Reichshofrat, dessen Revisionsverfahren bis zum Ende des Alten Reiches nicht mehr abgeschlossen wurde. Auch der Aufstieg der im Erbmännerstreit so

---

[44] S.o. S. 28 u. Rudolfine Freiin von Oer, Wer waren die Erbmänner? in: Quellen und Forschungen zur Geschichte der Stadt Münster, NF Bd. 12, Münster 1987.
[45] Gerd Dethlefs, Rudolph von der Tinnen, in: Dreihundert Jahre Stiftung Rudolph von der Tinnen, Münster 1988, S. 69.
[46] Kohl (wie Anm. 31), S. 72 u. 714; Keinemann (wie Anm. 43), S. 236 u. 245.
[47] Freundl. Mitteilung von Herrn Marcus Weidner.
[48] Keinemann (wie Anm. 43), S. 320; vgl. auch. ebd. S. 40ff. u. ders., Das Domstift Mainz und der mediate Adel, HJB 89, 1989. Johannes Freiherr von Boeselager, Die Osnabrücker Domherrn des 18. Jahrhunderts (Osnabrücker Geschichtsquellen und Forschungen, Bd. 28), Osnabrück 1990, S. 266.

aktiven westfälischen Familie Plettenberg erlitt nach Erwerb eines Freiherrndiploms 1689 und der Aufnahme in den Reichsgrafenstand 1724 einen jähen Rückschlag – zunächst durch die Ungnade des Kurfürsten und Landesherrn Clemens August von Bayern 1733 und bald darauf durch den frühen Tod des Neffen Fürstbischof Friedrich Christians in Wien, wo er sich um die Nachfolge Friedrich Karls von Schönborn als Reichsvizekanzler beworben hatte.[49]

Schloß Nordkirchen südlich von Münster, ein „westfälisches Pommersfelden", zeugt noch heute von den Ambitionen einer Familie, die einen Aufstieg analog dem der Schönborns angestrebt hat, aber nicht nicht mehr vollenden konnte; eine Familienverbindung Plettenberg-Schönborn kam immerhin zustande.[50] An Haus Stapel ließ Johann Ludwig Kerckerinck 1719 eine repräsentative Vorburg errichten, deren Entwurf nach einer Familientradition der Architekt der Bruchsaler Residenz, Maximilian von Welsch, geliefert haben soll – wohl eine Erinnerung an den letztlich erfolgreichen Einstieg dieses Kerckerinck-Zweiges in den Erbmännerstreit.[51] Die Wappen Johann Ludwigs und seiner Ehefrau Maria Sophia von Hörde schmücken die Schauseite.

---

[49] Max Braubach, Kurköln. Gestalten und Ereignisse aus zwei Jahrhunderten rheinischer Geschichte, Münster 1949, S. 209ff.
[50] Ebd. S. 215.
[51] S.o. S. 30f.

XIII. ERGEBNISSE

Auf die vielfältigen kulturgeschichtlichen Details, die in den durchgesehenen Akten festgehalten und bei der Schilderung der Vorgänge um das Revisionsverfahren im münsterischen Erbmännerprozeß erwähnt wurden, kann hier nicht noch einmal im Einzelnen eingegangen werden. Sie illustrieren teils schon Bekanntes wie die Finanznöte des Wetzlarer Gerichts, vor allem seiner untergeordneten Bediensteten, aber auch den Gewinn, den die Bürger der Stadt aus der Anwesenheit des Reichskammergerichts zogen. Sie illustrieren ferner das an diesem Gericht beobachtete Protokoll bis hin zur Farbe der Bezüge auf den Sitzen der hohen Richter und der Parteien oder ihrer Vertreter. Sie illustrieren ferner das Netz persönlicher Beziehungen, die – sicher nicht nur von Münster aus – sich über das ganze Reich erstreckten, insbesondere zu den Stätten, an denen dieses Reich vor allem in Erscheinung trat, wie in Wetzlar, Regensburg und Wien, und von deren Einsatz der Ausgang eines Rechtsstreites zu nicht geringen Teilen abhing. Zugleich tritt auch die Form seiner Nutzung, d.h. u.a. die Bedeutung von materiellen Zuwendungen – auch in einer nahrhaften, vielleicht spezifisch westfälischen Variante – zu Tage.[1]

Weitere Erträge der hier vorgelegten Forschungen, die über eine Bestätigung der gängigen Meinung von der Zähigkeit – oder „Dickschädeligkeit" – der Westfalen hinausgehen, sind vor allem in sozial- und institutionengeschichtlicher Hinsicht zu gewinnen. Die Quellen zum Revisionsverfahren im Erbmännerstreit lassen sowohl die Erbitterung, mit welcher um ständische Positionen gekämpft wurde, klar erkennen, wie auch Funktion und Disfunktion von Reichsinstitutionen, ihr Verhältnis zueinander und ihre Instrumentalisierung nicht nur durch die streitenden Parteien.

---

[1] Vgl. o. S. 89 u. 105. Den Einsatz westfälischer Schinken zur Durchsetzung von Interessen, in diesem Fall in Wien, erwähnt auch Helmut Lahrkamp, Drei Gesandtschaften der Westfälischen Landschaft an den Wiener Kaiserhof (1675-78), BllDtLg 102, 1966, S. 36 u. 40ff.

Die hier so deutlich sichtbar werdende Segmentierung der Gesellschaft, nicht zuletzt ihres Adels, ist noch keine neue Einsicht. Aber die Antwort von Zeitgenossen auf die bisher kaum untersuchte Frage, warum denn diese Segmentierung sich seit der Mitte des 16. Jahrhunderts verschärfte, sollte doch ernster genommen werden: der Zusammenhang zwischen dem Auslaufen von Karrierechancen im Baltikum für nichterbende Söhne adeliger Familien durch das Vordringen des Moskoviter Staates in diese Region. Ein größerer Teil dieses Personenkreises als bis dahin wurde nun auf geistliche Pfründen verwiesen.[2] Dieses Interesse blieb nicht auf den katholischen oder rekatholisierten Adel beschränkt, auch Protestanten haben es artikuliert und mit der Notwendigkeit, den Familienbesitz ungeteilt zu vererben, begründet, weil sonst *vieler treflicher Geschlechter (welche sich ohne die Stifter im weltlichen Stand alle in die Länge schwerlich würden erhalten können) entliches Verderben nothwendig erfolgen* müsse.[3] Eine im sozialen Wandel vom Handelspatriziat der Hanse zum Landadel begriffene Gruppe wie die münsterischen Erbmänner sah dies offensichtlich ebenso und drängte daher auf Anerkennung ihrer Stiftsmäßigkeit wie sie vordem in den weniger verfestigten Gesellschaften des ausgehenden Mittelalters und des baltischen „Kolonialraumes" weitgehend verwirklicht gewesen war. Die in dem – kaum noch vermehrbaren – Pfründenbestand der Stifter fest etablierten adeligen Gruppen – die in Münster keineswegs die Gesamtheit der Ritterschaft umfaßten – empfanden dieses Streben offenbar als Bedrohung ihrer materiellen Grundlagen und blockten – eben mit westfälischer Hartnäckigkeit – ab.

Noch ein anderer Grund für diese Hartnäckigkeit wird erkennbar: die Aspiration auch westfälischer landsässiger Familien auf Pfründen im Mainzer Domkapitel, die nicht nur zu den einträglichsten im Reich zählten, sondern die darüber hinaus Chancen auf das nach dem Kaisertum höchste Amt im Reich eröffneten, das des Erzkanzlers und Kurfürsten von Mainz. Die Anerkennung der münsterischen Erbmänner als stiftsmäßig und daraus möglicherweise folgende Wechselheiraten könnten, so befürchtete man nicht ohne Grund, solchen Aspirationen

---

[2] Vgl. o. S. 23, Anm. 17.
[3] Vorstellung der rheinischen, fränkischen, thüringischen, harzburgischen und anderer Grafen und Herren von 1566, zit. b. Johann Christian Lünig, Europäische Staats-Consilia, 2. Teil, Leipzig 1715, S. 473; vgl. auch Rudolfine Freiin von Oer, Konfessionell gemischte Dom- und Stiftskapitel in Nordwestdeutschland. FS Günter Christ, Beiträge zur Geschichte der Reichskirche in der Neuzeit Bd. 14, Stuttgart 1994, S. 140.

im Wege stehen.⁴ Auch dieses Ziel wurde mit Zähigkeit und hohem Einsatz verfolgt; man begann reichsunmittelbare Rittergüter zu erwerben, um die sich verschärfenden Zulassungskriterien des vornehmsten, dem niederen Adel im Reich offenstehenden Domkapitels zu erfüllen.⁵ Freilich griff auch hier derselbe Mechanismus gesellschaftlicher Differenzierung: Ganz ähnlich wie die führenden Familien des westfälischen Adels den Erbmännern den Zutritt zu ihren Domkapiteln zu versperren strebten, blockten die Mainzer Domherrn die Aufnahme landsässiger Adeliger vom Niederrhein und aus Westfalen nach Möglichkeit ab. Nicht nur der frühe Tod des Ferdinand Plettenberg hat seiner Familie eine Wiederholung des kometenhaften Aufstiegs verwehrt, den das Haus Schönborn nur eine Generation früher hatte erreichen können.⁶ Es half wenig, daß die „Verlaufsplanung" gesellschaftlicher Karrieren für beide Prozeßparteien dieselbe war: Aufstieg als Familie, nicht als Individuum. Nicht daß der Aufstieg aufgrund individueller Leistungen der Gesellschaft um 1700 unbekannt gewesen wäre; vor allem die Militärgeschichte bietet hierfür eine Fülle von Beispielen. Gesellschaftlicher Aufstieg eines Einzelnen mündete jedoch sowohl in der Intention der ihn Erstrebenden wie in der ihn Gewährenden in die soziale Etablierung als Familie oder „Haus". Beide Prozeßparteien erstrebten langfristigen und dauerhaften Erfolg für ihre Familien mit allen ihnen zur Verfügung stehenden Mitteln, vom Rechtsstreit durch alle nur möglichen Instanzen und unter Einsatz aller damals üblichen Praktiken bis hin zur Wahl des Ehegatten bzw. der Verhinderung den Zielen abträglicher ehelicher Verbindungen⁷.

Man focht nicht mit gleichen Waffen; hinter der klagenden Partei stand außer der größten Vermögensmasse im Hochstift Münster, der des Domkapitels, auch die gesamte Steuerkraft des Landes zum Zeitpunkt einer wirtschaftlichen Blüte, da das Land vom Spanischen Erbfolgekrieg verschont blieb. Zwar wurden von einzelnen Domherrn und insbesondere in der Ritterschaft Bedenken gegenüber der Finanzierung des Verfahrens aus Landesmitteln laut, durchgesetzt haben sie sich nicht.⁸ Die Erbmänner konnten nur auf die eigenen Vermögen zurück-

---

⁴ S.o. S. 118ff., Anm. 14 und Friedrich Keinemann, Das Domstift Mainz und der mediate Adel, HJb 89, 1969.
⁵ Gerhard Theuerkauf, Kaspar von Fürstenberg, in: Fürstenbergische Geschichte Bd. 3, Münster 1971, S. 5.
⁶ S.o. S. 125f.
⁷ S.o. S. 76 u. 121.
⁸ S.o. S. 55 u. 90.

greifen; sie legten zusammen, solange sie es vermochten.[9] Überstanden haben diesen finanziellen Kraftakt nur drei erbmännische Familien, von denen eine, die von der Tinnen, bald nach dem so teuer erkauften Sieg ihr Ende im Mannesstamm fand.

Die hier innerhalb des katholischen Stiftsadels deutlich werdenden Spannungen hat der Wiener Hof offenbar sorgfältig beobachtet. Verbal anerkannte man auch in Münster das kaiserliche Nobilitierungsregal, doch hat man sich einer kaiserlichen Entscheidung der im Erbmännerstreit zur Diskussion stehenden Frage auf diesem Wege solange als möglich widersetzt.[10] Ob die dafür angeführten Argumente einer möglicherweise anfechtbaren Wahl zum Erzkanzler oder gar zum Kaiser, von denen, die sie vorbrachten, selbst ernst genommen wurden, darf bezweifelt werden.[11] Im damals so mächtigen Hause Schönborn und in weiten Kreisen des stiftsmäßigen Adels stießen die Intentionen des münsterischen Domkapitels zunächst ganz offenbar auf Verständnis.

Die Position der Münsteraner Kläger vertiefte aber die Gräben im Verhältnis zwischen Stiftsadel und Neonobilitierten, die um so unüberbrückbarer erschienen, je mehr Personen aus dem Kreis der Letztgenannten Mitglieder des Reichshofrates und der kaiserlichen Konferenz wurden.[12] Die 1709 gefallene Entscheidung lag ganz im Interesse dieser Adelsgruppe; sie tangierte zudem den Wert kaiserlicher Standeserhöhungen, d. h. deren Akzeptanz in der Gesellschaft des alten und vor allem des Stiftsadels. Nach anfänglichem Hinneigen des jungen Kaisers zur Position der Schönborns dürfte Joseph I. dies erkannt und nicht nur im Sinne der Erbmänner, sondern zugleich zugunsten der Gewichtung von Nobilitierungsstrategien des Wiener Hofes entschieden haben.

Der in den eingesehenen Archiven recht gut dokumentierte Weg dorthin gewährt auch Einsichten in die Institutionen des Reiches und in ihre Beziehungen zueinander. So sind z.B. die Schwankungen im labilen Verhältnis zwischen dem Reichskammergericht und der ihm vorgeordneten Instanz, dem Kaiser und dem Reichstag, durch die Skandale um die Assessoren Schütz und Pürck, besonders aber während der Turbulenzen in Wetzlar um die zerstrittenen Präsidenten Solms und Ingelheim gut zu verfolgen, aber auch das Streben der hohen

---

[9] S.o. S. 80.
[10] S.o. S. 123f.
[11] S.o. S. 37f.
[12] S.o. S. 72.

Richter sich und ihrer Institution nichts zu vergeben.[13] Daß dabei der Kammerrichter, Kurfürst Erzbischof Johann Hugo von Orsbeck, hinter ihnen stand, wird ebenso sichtbar, wie, daß diese Loyalität den münsterischen Klägern offenbar gar nicht oder erst sehr spät bewußt wurde.[14]

Ebenso deutlich wird, daß der Kurfürst/Erzkanzler, der Erzbischof von Mainz, hinsichtlich seiner Befugnisse gegenüber dem Reichskammergericht in einer gewissen Konkurrenz zum Kammerrichter des Reiches stand. Auch seine Kompetenzen reichten mit der Aufsicht über Kanzlei und Leserei weit in die Interna des Reichskammergerichts hinein. Seine reichsrechtlich festgelegte Teilnahme an allen Visitations- und Revisionskommissionen eröffnete ihm fernere Kontrollmöglichkeiten der Tätigkeit des Gerichts.[15] Bis zu einer bestimmten Linie hat Lothar Franz seinen Einfluß zugunsten der Kläger genutzt; doch als er keine Chance für eine Entscheidung im Sinne des westfälischen Stiftsadels mehr sah, entzog er diesem seine Unterstützung. Die eigene und die Stellung seines Amtes im Reich durch eine offenkundige Niederlage im Einsatz für die Kläger zu beschädigen, war weder er noch sein Neffe Friedrich Karl, der Reichsvizekanzler in Wien, bereit.[16]

Schließlich gewährt die ungewöhnliche Streitsache aus Münster und ihr ebenso ungewöhnlicher Verlauf manchen Einblick in das Funktionieren der Reichsverfassung insgesamt. Wie schwerfällig ihr Geschäftsgang verlief, ist seit langem bekannt; ebenso, daß man stets auf einen möglichen Konsens hin arbeitete und daß ein Zusammenhang zwischen diesen beiden Tendenzen bestand. Wie aber diese schon den Zeitgenossen geläufigen Einsichten zugunsten eigener Interessen genutzt werden konnten, dürfte hier klarer sichtbar geworden sein, als in manchem anderen Fall. Denn das Gleichgewicht zwischen den Organen des Reiches mußte ständig neu austariert werden, zwischen dem Kaiser und dem Reichstag z. B. nach jedem Wechsel im kaiserlichen Amt, zwischen den einzelnen Kurien des Reichstags, die je unterschiedliche Interessen gegenüber dem Wiener Hof verfolgten, und schließlich zwischen dem Kaiser, dem Reichstag und den höchsten Gerichten im Reich. Die im Westfälischen Frieden verfügte Religionsparität auch in

---

[13] S.o. S. 85ff.
[14] S.o. S. 82.
[15] Vgl. Claudia Helm, Das Reichskammergericht und Aschaffenburg, in: Hans-Bernd Spies, (Hg.), Carl von Dalberg, Neustadt/Aisch 1994, S. 281f.
[16] S.o. S. 119f.

den Revisionskommissionen lähmte mit der hierdurch bedingten paarzahligen Besetzung und der dadurch gegebenen und von Beobachtern durchaus gesehenen Gefahr einer „paritas votorum" dieses Instrument zur Entscheidungsfindung zusätzlich.[17] Die *Extraordinari Revisionskommission* im Erbmännerstreit machte dies reichsweit offenkundig. Möglicherweise hatte Rudolf Smend mit seiner nicht auf einer Gesamtübersicht des überlieferten Prozeßmaterials beruhenden Festellung doch recht, diese Revisionskommission sei die letzte im alten Reich gewesen; jedenfalls häuften sich fortan die direkten Rekurse an den Reichstag, wenn die Reichsgerichte erstinstanzlich entschieden und ihre Entscheidungen angefochten worden waren.[18] Am Reichstag jedoch nahmen die Vorbehalte gegenüber der Zuweisung von Justizfragen zu, vermutlich weil man die geringe Eignung seines Geschäftsganges für Fallentscheidungen sah und der Verschleppung von Rechtsstreitigkeiten entgegenwirken wollte. Der münsterische Reichstagsgesandte, Dietrich Plettenberg, hatte im Mai 1709 dem Domkapitel erläutert, daß *Justiz Sachen Reichstag schwerlich interessieren.*[19] Ganz sicher wird im beschriebenen Fall das kaiserliche Interesse an Wahrung – wenn nicht Ausweitung – der höchstrichterlichen Funktion im Reich deutlich, nicht zuletzt auch infolge des Thronwechsels von 1705. Als eigentliche Gegenspieler erscheinen vor allem die Kurfürsten, während die Stimmenverhältnisse im Reichsfürstenrat sich eher schwankend und nicht selten vom Wiener Einfluß bestimmt darstellen. Ähnliches glaubten die Zeitgenossen vom reichsstädtischen Kollegium feststellen zu müssen.

Nicht abschließend beurteilen können wird man Vorgänge wie die hier beschriebenen, ohne einen Hinweis auf das ebenfalls labile Verhältnis zwischen Kaiser und Papst, deren *Kollision* gleich anderen Horrorvisionen als Argument zwar vorgetragen, deren spannungsreiche Beziehungen aber vielmehr von den Parteien ganz bewußt genutzt wurden. Hier schätzte die Klägerpartei die Machtverhältnisse weitaus realistischer ein als die Erbmänner; Tinnens allseits gerühmte hohe Gelehrsamkeit – nicht zuletzt im kanonischen Recht – wog die kühle

---

[17] S.o. S. 98. Vgl. auch Gabriele Haug-Moritz, Kaisertum und Parität, ZHF 19, 1992.
[18] S.o. S. 6. Hierzu vor allem Jophann Stephan Pütter, Patriotische Abbildung des heutigen Zustandes beyder höchsten Reichsgerichte, Göttingen 1749, S. 18ff., 62.
[19] S.o. S. 84. Auch J. St. Pütter trat – ein Jahr nach Erscheinen des Esprit des lois – gegen eine Zuweisung gerichtlicher Entscheidungen an den Reichstag ein (wie Anm. 18), S. 120.

Berechnung eines Fürstbischof Friedrich Christian von Plettenberg nicht auf.[20] Auch die römische Kurie hätte Tinnens Fall gern zur Ausweitung ihres Einflusses in der Reichskirche genutzt, sah aber davon ab, den Konflikt um einer münsterischen Präbende und um einer münsterischen Personengruppe willen gegenüber dem Reichsbistum, der Reichskirche und dem Kaiser auf die Spitze zu treiben. Münsters exponierte Position an der Nordgrenze des kontinentalen Katholizismus verlangte – tatsächlich oder in der von den Münsteranern genährten Vorstellung Roms – weitgehende Zugeständnisse an die gesellschaftlichen und politischen Verhältnisse im Land.

Auffallen dürfte ferner das geringe Durchscheinen der „historischen Folie" in den durchgesehenen Quellenbeständen. Nie wird der Spanische Erbfolgekrieg, nie die Kämpfe auf den süddeutschen Schlachtfeldern oder die dadurch verursachten Turbulenzen in Regensburg auch nur erwähnt. Die Parteienvertreter erhalten Instruktionen oder schreiben Tagebücher und Berichte, als herrsche im ganzen Reich ein ebensolcher Friede wie im Hochstift Münster. Einzig die Zerstörung der Stadt Speyer und des Reichskammergerichts findet ausführliche Erwähnung – aber sie tangierte das beschriebene Revisionsverfahren ganz unmittelbar. Krieg störte – solange er nicht zu nahe rückte – das „normale Leben", auch im Rechtsleben, nicht sehr – er war ohnehin frühneuzeitlicher „Normalzustand" und verlangte daher nicht nach besonderer Erwähnung.

---

[20] S.o. S. 52.

QUELLEN UND LITERATUR

Archivalische Quellen

Staatsarchiv Münster (STAAMS)
RKG M 1653
Fürstentum Münster, Landesarchiv, 522, Nr. 2c, Bd. 7
    Nr. 3a, Bd. 1 u. 2
    Nr. 3b, Bd. 1 bis 6
  Domkapitel, Protokolle 1685 bis 1716
    Produkte 393, 1 u. 2
  Ritterschaft, Akten 145, 1 bis 22
    Akten 54 u. 74

Stadtarchiv Münster (StAMS)

Archiv Haus Stapel
Akten 2, 15 u. 33

Archiv Ketteler-Harkotten
Möllenbeck, Akten VIII, H 1 bis 15

Archiv Haus Hülshoff

Archiv Nordkirchen
Kastenarchiv (KA)

Archiv Freiherr von Oer
v. Heyden, Akten 258

Bundesarchiv, Außenstelle Frankfurt

Haus-Hof- und Staatsarchiv Wien (HHSTA)
  Mainzer   Erzkanzler Archiv (MEA)
                Reichskammergerichtsakten 105b (RKG-)
                Reichstagsakten (RTA)
                    Nr. 288 bis 293, 330 bis 335

Reichskanzlei 14
    Reichskammergerichtsvisitationsakten, 1705 bis 1715 (RKG-)
Staatskanzlei Regensburg
    Karton 24 u. 25
Vorträge

Gedruckte Quellen

a) Prozeßschriften

Abermalige Vorstellung, o. O. 1709

Abgenöthigte in Recht und Geschichten wohlbegründete Gegenvorstellung, o. O. 1710

Abgenöthigte in Recht und Geschichten wohl begründete Vorstellung, o. O. (nach 1709)

Alle diejenige, welche eine beständige Liebe und Eiffer zur Gerechtigkeit tragen, o.O. (nach 1709)

Besser gegründete Gegen-Vorstellung und kurtze Deduction, daß 'Vorstellung cum refutatione' auff irrigem praesupposito beruhe, o. O. 1709

Compendiosa & brevis Deductio warum ... Revisio der effectus suspensivus zu verstatten, Regensburg, 30. Juni 1695, wohl von Dietrich von Plettenberg

Contraria juxta se posita Magis Eluscentia sive Facti Species, o. O. 1703

Erbmannorum Civitatis Monasteriensis Praetense Nobilitatis Equestris Profligata, Münster 1707

Extractus aus dem Rescripto de 15. April 1710 an den Kayserlichen Principal-Commissarium ... Cardinal Lamberg

Genuina Facti-Species & super Ortu & Processu der Stadt Münsterischen Erbmänner, o. O. (nach 1710)

Gründliche und actenmäßige Deduction, o. O. 1697

Hochbemüßigte Gegen-Vorstellung über das Kaiserliche Commissions Decret in Sachen Münster gegen die Erbmänner, 13. Okt. 1705

In Jure et Facto Wohlgegründete Deduction wider die Stadt Münsterische Erbmänner auf das Kaiserliche Decret vom 14. Februar 1708, o. O.

Justitia pressa, non oppressa, o. O. (nach 1685)

Kurtze Gründliche Anweisung, wie daß in der sogenannten Stadt Münsterischen Erbmänner Sache, die Münsterische desideria in puncto adjuctionis der Kayserlichen Commission ... o. O. (nach 1707)

Kurtze hochbemüßigte Duplicae in Sachen der Stifts Münsterischen Erbmänner das Kaiserliche Commissionsdecret vom 13. Oktober 1705 betreffend, o. O.

Kurtze Wohlbegründete Remonstration ... lapsi bienni, o. O. o. J.

Kurtze und wohlgegründete Remonstration zu dem am 25. July 1715 iüngsthin dictirten von Bischof Domkapitel und Ritterschaft in Regensburg übergebenen Memoriale gehörig, o. O.

Kurtze und wohlbegrundete Replicae in Sachen Münster gegen sogenannte Erbmänner, o. O. o. J.

Kurtze gründliche Vorstellung, o. O. 1707

Libellus Supplex Reverendissimis Illustrissimis, Excellentissimis ... Dominis ad tractatus pacis universalis cum plenipotentia deputatis legatis Monasterij & Osnabrugi, nomine praenobilium Erbmannorum

Monasteriensium, mensibus Aprili & Maio 1646 oblatus, 8. April 1647

Mandatum de exequendo sine clausula in Sachen der gemeinen Erbmänner des Stiffts Münster contra den Bischoffen daselbsten und consorten, o.O. 1702

Memoriale, dictatum Ratisbonae die 17 May 1708, wohl von Dietrich von Plettenberg

Nothdringliches Memoriale, dictatum Ratisbonae 27. Januar 1706, wohl von Tinnen und Kerckerinck

Ortus et processus der Stadt Münsterischen Erbmänner, Münster 1708

Pro Memoria über der sogenannten Münsterischen Herren Erbmänner abgenöthigte in Recht und Geschichten wohlbegründete Gegen-Vorstellung, o. O. o. J.

Quaestio Judicibus in pari numero in diversas opiniones abeuntibus, Quorum opinio seu sententia praeferri debeat? o. O. o. J.

Quaestio ab Erbmannis alias proposita et resoluta ... o. O. 1708

Quaestio ab Erbmannis proposita fuit: Judicibus pari numero in diversas sententias abeundibus: quae aut quorum sententia praeferanda sit? o. O. o. J.

Schencking, Johann, Pro militari progenitorum suorum Nobilitate Defensiores in Comitiis Ratibonae anno [15]76 exhibita fuit, Basel(?)

Species facti, Wien 1705

Triumphus ante Victoriam Decantatus novissimis hisce diebus a quodam ... a Monasteriensi, sub hoc praesumptuoso titulo Erbmannorum Nobilitas Equestris profligata, Explusus a Lectore Veritatis & Justitiae Amonte die 27 Junii 1707, o. O.

Unumstößlicher Erweis daß denen den 13. und 17. Augustis 1708 abgegebene Votis ... kein ander Conclususm ... als ... 17. Augustis in Druck abgefasset werden können, als welches besagten 17. Augusti ist dictirt worden

Vorläuffige Anmerkungen über die gegen die sogenannte Münsterische Erbmänner publicirte Deduction, und Schema Votorum o. O., nach 1708

Vorstellung über das kayserl. Commissions – Decret vom 13. October 1705, o. O.

Wohlbegründete Anweisung daß eine jegliche deren sogenannten Statt Münsterischen Erbmännischen Familien ... Münster 1707

b) Literatur vor 1800, die den Erbmännerstreit erwähnt und/oder sich mit damit in Zusammenhang stehenden Fragen befaßt

Abgeforderter Bericht vom Ursprung, Beschaffenheit, Umständen und Verrichtungen derer Kayserlichen Reichs-Cammergerichtlichen Visitatoren, Leipzig 1766

Berg, Günther Heinrich, Darstellung der Visitation des Kaiserlichen und Reichs-Kammergerichts nach Gesetzen und Herkommen, Göttingen 1794

Bocris(ius), Johann Heinrich, Reichsgesätzliche Prüfung der Frage: Ob nicht denen Remediis Revisionis et Supplicationis nach dem eigenen Sinn derer Reichsgesäze noch heut zu Tage der effectus Suspensivus Ordnungs-mäßig zu vergönnen, und in welchen Fällen auch an solcher Würckung die Berufungen auf den Reichs-Tag Theil nehmen, Leipzig 1751

Cocceji, Heinrich von/Homberg, Reiner K., De abusu mandatorum sine clausula, Frankfurt 1716

Cramer, Freiherr Johann Ulrich von, Wetzlarische Nebenstunden Bd. 53, Ulm, 1765; Bd. 101, Ulm 1770

Deckherr, Johann/Uffenbach, Johann C. von, Concordia supremorum tribunalium S. Rom. Imperii sive relectiones tractatus singularis et methodici de celsissimo consilio caesareo imperiali aulico Dn. Joh. Christophori ab Uffenbach, o.O. 1691

Driver, Fridericus Mathias, Bibliotheka Monasteriensis, Münster 1799

Dürr, Franz Anton, Abhandlung vom Rekurse an die Reichs-Versammlung in wieweit derselbe den Rechten nach zulässig, und ob der neulich von Sr. Kurfürstlichen Gnaden zu Mainz in der Schwarzacher Sache gegen das Kammergericht genommene Rekurs gegründet sey?, Mainz 1785

Faber, Anton (Pseudonym für: Christian Leonhard Leucht), Europäische Staatskanzley, Bd. 11 (Frankfurt) 1706, Bd. 12, 1708, Bd. 13, 1709, Bd. 15, 1711, Bd. 16, 1712

Gerken, Paul Henning, Otium Vienna Ratisbonense, Hildesheim 1717

Günderode, Hektor Wilhelm, Erläuterungen der Geschichte des teutschen Stadtadels, Sämtliche Werke Bd. 1 u. 2, hg. von Ernst Ludwig Posselt, Leipzig 1787, 1788

Häberlin, Karl Friedrich, Handbuch des Teutschen Staatsrechts Bd. 1, Berlin 1794

Happel, Christian Valentin, De Recursu ad Caesarem Majestatem vel ad Comitia universalia, Erfurt (?), o. J. (etwa 1707 - 09, abgedruckt als Anhang III bei Georg Kahle, Ludwig M./Uhrhan, Johannes J., Commentatio de exceptione suspecti iudicis admisso in causis iustitiae recursui ad comitia I.R.G. universalia non adhibenda nec ulli statuum voto opponenda, Göttingen 1747

(Harpprecht, Freiherr Johann Heinrich von), Staats-Archiv des Kayserlichen und des H. Römischen Reichs Cammergerichts Bd. 5, Frankfurt 1767, Bd. 6, 1768

Heldmann, Franciscus Hermann, De Restitutione in integrum, Dissertatio juridica inauguralis, Praeside Conrado Ludekingio, Lemgo 6. Juli 1715, Rintelen o. J.

Lang, Friedrich Wendel, Lehre von dem Rechtsmittel der Revision an dem Kasiserlichen und des Reichs Cammergericht, Teil I (mehr offenbar nicht erschienen) Tübingen 1780

Lauhn, Bernhardus Fridericus Rudolphus, Recursum ad Comitia Imperii universalia ab Statibus Imperii austraegarum denegatam instantiam Vinariae o.O. 1739

Leucht (s. Faber)

Ludolf, Georg Melchior, Appendix ad praecedentem Commentationem de Jure Camerali, Appendix III, De Recursu ad Caesarem Majestatem vel ad Comitia, Erfurt 1702

Ludolf, Georg Melchior, De Jure Camerali, o. O. ²1722

Ludolff, Johann Wilhelm, Concert der neuen Kayserlichen und Reichs-Cammer-Gerichts-Ordnung, Wetzlar 1717

Ludovici, Jakob Friedrich, Einleitung zum Civil-Process, Halle, ⁴1714

Lünig, Johann Christian, Reichs-Archiv Teil IV, Pars Specialis Continuatio I, Leipzig 1711

Lünig, Johann Christian, Das Teutsche Reichs-Archiv, Pars Generalis Bd. 1 u. 2, Leipzig 1713

Lünig, Johann Christian, Des Teutschen Reichs-Archivs Spicilegii Ecclesiastici, Teil 17, Leipzig 1716

Lünig Johann Christian, Continuatio Spicilegii Ecclesiastici des Teutschen Reichs-Archivs Bd. 19, Leipzig 1720

Lünig, Johann Christian, Des Teutschen Reichs-Archivs Spicilegii Ecclesiastici Continuatio II, Leipzig 1721

Lutterloh, Johannes Otto, De Recursu a primis Imperii Romano-Germanici Tribunalibus ad Comitia Genuino Fundamento, Dissertatio Inauguralis, Lipsiae 1789

Majer, Johannes A./Gabler, Christoph L., Disputatio juridica de remedio revisionis, Tübingen 1709

Meiern, Johann Gottfried von, Acta Comitialia Ratisbonense, Regensburgische Reichstagshandlungen von den Jahren 1657 und 1654, Göttingen 1740

Mohl, Bernhard Ferdinand, Historisch-politische Vergleichung der beyden höchsten Reichsgerichte, Ulm 1789

Moser, Johann Jacob, Miscellanea Juridico Historica de Revisione, Bd. 1 u. 2, Frankfurt 1729, 1730

Moser, Johann Jacob, Historisch- und Rechtliche Betrachtung des Recursu von denen höchsten Reichs-Gerichten an den Reichs-Convent, o. O. ²1738

Moser, Johann Jacob, Einleitung in das Churfürstlich-Maynzische Staats-Recht, Frankfurt 1755

Neurodes, Severin Theodor, Gegenwärtige Verfassung des Hl. Römischen Reichs in Staats- und Justiz-Sachen, Jena 1752

Oberländer, Samuel, Lexicon Juridicum Romano-Teutonicum, Nürnberg 1753

Ompteda, Freiherr Diedrich Heinrich von, Geschichte der vormaligen ordentlichen Cammergerichts-Visitationen, Regensburg 1792

Pachner von Eggenstorff, Johann Joseph, Vollständige Sammlung aller de anno 1663 bis anhero abgefaßten Reichsschlüsse, Bd. 3, Regensburg 1776

Puetter, Johann Stephan, Patriotische Abbildung des heutigen Zustandes beyder höchsten Reichsgerichte, (Göttingen) 1749

Puetter, Johann Stephan, Litteratur des teutschen Staatsrechts Bd. 1, Göttingen 1776

Das Reichs-Friedens-Schlussmaessige Revisions Gericht ueber die Urtheile des K. u. R. C. Gerichts, aus echten Urkk. und Gruenden, vornehmlich aus der von dem Kaiser Joseph I. u. gesamten Reich dem zur Revision der K. u. R. C. G. Urtheile in der Muenster'schen ErbmaennerSache deputirten Staenden u. ihren Subdelegierten, als Kais. u. ReichsCommissariis, ertheilten Vollmacht erlaeutert. Zur Vereinigung beider Religionstheile, o.O. 1776

Roth, Henr. Balth., De remedio Revisorio adversus sententias Camerae Imperialis, Jena 1680

Schmauß, Johann Jacob, Senckenberg, Heinrich Christian, Neue und vollständige Sammlung der Reichs-Abschiede, welche von Zeiten Kayser Conrads II. bis jetzo auf den Teutschen Reichstägen abgefasset worden, 4. Teil, Bd. II, Frankfurt 1747

Seuffert, Johann Michael, Versuch einer Geschichte des teutschen Adels in den hohen Erz- und Domkapiteln, Frankfurt 1790

Seyfarth, Johann Friedrich, Teutscher Reichs-Prozeß nebst beygefügten Abkürzungen des Processus aus dem in den Königlich Preussischen Landen eingeführten Codico Fridericiano, Halle, ²1756

Strube, David Georg, Nebenstunden IV, Hannover 1755

Uffenbach (s. Deckherr)

Winckler, Georg Ernst, Concert der neuen Kayserlichen und Reichs-Cammer-Gerichtsordnung, Wetzlar 1717

Zedler, Johann Heinrich, Universal Lexikon, Bd. 8, Halle u. Leipzig 1734; Bd. 31, Halle 1731

Ziegesar, Augustus Fridericus Carolus de, De visitatione iudicii cameralis imperii: commentatio iuridica, o.O. 1767

Textausgaben nach 1800

Detmer, Heinrich (Hg.), Herrmanni a Kerssenbroch Anabaptistici furoris Monasterium inclitam Westphaliae Metropolim evertendis historica narratio. Die Geschichtsquellen des Bistums Münster Bd. 6, 2. Hälfte, Münster 1899

Hansen, Joseph (Hg.), Westfalen und Rheinland im 15. Jahrhundert, Die Soester Fehde Bd. 2. PubllPreußStaatsarch 42, Leipzig 1890

Hofmann, Hanns Hubert (Hg.), Quellen zum Verfassungsorganismus des Heiligen Römischen Reiches deutscher Nation 1495 – 1815, Darmstadt 1976

Janssen Johannes (Hg.), Die Münsterischen Chroniken von Röchell, Stevermann und Corfey. Die Geschichtsquellen des Bistum Münster Bd. 3, Münster 1856

Kamptz, Karl Albert von, Die Provinzial- und statutarischen Rechte in der Preußischen Monarchie 2. Teil, Berlin 1827

Keller, Ludwig (Hg.), Die Gegenreformation in Westfalen und am Niederrhein, Teil 1. PubllPreußStaatsarch 9, Leipzig 1881

Kerssenbroch, Hermann von (s. Detmer)

Laufs, Adolf, Die Reichskammergerichtsordnung von 1555. Quellen und Forschungen zur höchsten Gerichtsbarkeit im Alten Reich Bd. 2, Köln 1976

Müller, Ernst, Die Abrechnung des Johannes Hageboke über die Kosten der Belagerung der Stadt Münster 1534-1535. (= Veröffentlichungen der Historischen Kommission Westfalens. Die Geschichtsquellen des Bistums Münster, Bd. 8), Münster 1937

Oer, Rudolfine Freiin von, Das Urteil des Reichskammergerichts im Münsterschen „Erbmännerprozeß" vom 30. Oktober 1685 (= Westfälische Quellen im Bild 20, hg. v. Alfred Bruns) Münster 1986

Schwarz, Wilhelm Eberhard, Die Nuntiaturkorrespondenz Kaspar Groppers (1573 – 1576). Quellen und Forschungen aus dem Gebiete der Geschichte hg. von der Görres-Gesellschaft, Bd. 5, Paderborn 1898

Sellert, Wolfgang, Die Ordnungen des Reichshofrates 1550 – 1766, 1. u. 2. Halbbd. Köln 1980 u. 1990 (= Quellen und Forschungen zur höchsten Gerichtbarkeit im Alten Reich Bd. 8, I u. II)

Widmann, Simon Peter, Geschichte der Wiedertäufer aus der lateinischen Handschrift des Herrman von Kerssenbroich 1568, Münster ³1929 (Erstdruck 1771)

Zeumer, Karl, (Hg.) Quellensammlung zur Geschichte der Reichsverfassung in Mittelalter und Neuzeit, Tübingen 1913

Literatur

Ablaing van Giessenburg, Willem Jan Baron de, De Ridderschap van het Kwartier van Nijmwegen, den Haag 1899, hg. v. Peter A. N. S. van Meurs

Ablaing van Giessenburg, Willem Jan Baron de, De Ridderschap van Veluwe, den Haag 1859

Aders, Günter, Das verschollene älteste Bürgerbuch der Stadt Münster (1350-1531), in: Westfälische Zeitschrift 110 (1960)

Anschütz, Gerhard, Das Reichskammergericht und die Ebenbürtigkeit des niederen Adels, Zeitschrift für Rechtsgeschichte, Germ. Abt. 27 (1906)

Aretin, Karl Otmar Freiherr von, Die Konfessionen als politische Kräfte am Ausgang des Alten Reiches, in: Glaube und Geschichte. Festgabe Joseph Lortz II, Baden-Baden 1958

Aretin, Karl Otmar Freiherr von, Heiliges Römisches Reich 1776-1806, Teil 1 und 2, Wiesbaden 1967 (= Veröffentlichungen des Instituts für Europäische Geschichte, Bd. 38)

Bärmann, Johannes, Mainzer Kammergerichtsvisitation und Verfassungshermeneutik im 18. Jahrhundert. FS Ludwig Petry, Bd. 2, Geschichtliche Landeskunde Bd. 5, Wiesbaden 1968

Batori, Ingrid, Das Patriziat der deutschen Stadt, in: Zeitschrift für Stadtgeschichte, Stadtsoziologie und Denkmalpflege 2 (1975)

Baudin, Louis, Elite, in: Handwörterbuch der Sozialwissenschaften, Bd. 3, Stuttgart 1961

Baumgart, Peter, Der deutsche Hof der Barockzeit als politische Institution, Hamburg 1981 (= Europäische Hofkultur im 16. und 17. Jahrhundert, Bd. 2; Wolfenbütteler Arbeiten zur Barockforschung, Bd. 9)

Mauchenheim gen. Bechtolsheim, Hartmann Freiherr von, Des Heiligen Römischen Reichs unmittelbare-freie Ritterschaft zu Franken Ort Steigerwald im 17. und 18. Jahrhundert, Teil 1, Würzburg 1972 (= Veröffentlichungen der Gesellschaft für Fränkische Geschichte, Reihe IX, Bd. 31, 1. Halbbd.)

Becker, Hans-Jürgen, Die Appellation vom Papst an ein allgemeines Konzil, Köln 1988 (= Forschungen zur kirchlichen Rechtsgeschichte und zum Kirchenrecht, Bd. 17)

Becker-Huberti, Manfred, Die tridentinische Reform im Bistum Münster unter Fürstbischof Christoph Bernhard von Galen 1650 bis 1678, Münster 1978 (= Westfalia sacra, Bd. 6)

Behnes, Clemens August, Beiträge zur Geschichte und Verfassung des ehemaligen Niederstifts Münster, Emden 1830

Bennecke, G., Ennoblement and Privilege in Early Modern Germany, in: History 56 (1971)

Berengo, Marino, Nobile e mercanti nella Lucca, Turin 1965
Bittner, Ludwig/Groß, Lothar, Repertorium der diplomatischen Vertreter aller Länder seit dem Westfälischen Frieden, Bd. 1; 1648-1715, Berlin 1936
Bittner, Ludwig, Gesamtinventar des Wiener Haus-Hof- und Staatsarchivs, Bde. I-V, Wien 1936-1940
Bleeck, Klaus/Garber, Jörn, Deutsche Adelstheorien im Zeitalter des höfischen Absolutismus, Hamburg 1981 (= Europäische Hofkultur im 16. und 17. Jahrhundert, Bd. 2)
Blockmans, Frans, Het Gentsche Stadspatriciaat tot Omstreeks 1302, Antwerpen 1938
Boeselager, Johannes Freiherr von, Die Osnabrücker Domherren des 18. Jahrhunderts. (= Osnabrücker Geschichtsquellen und Forschungen 28,) Osnabrück 1990
Bösterling-Röttgermann, Antonia, Das Kollegiatstift St. Mauritz-Münster, (Westfalia sacra Bd. 9,) Münster 1990
Borst, Arno, Das Rittertum im Hochmittelalter, in: ders. (Hg.), Das Rittertum im Mittelalter, Darmstadt 1976 (= Wege der Forschung 349)
Bosl, Karl, Über soziale Mobilität in der mittelalterlichen „Gesellschaft", in: Vierteljahrschrift für Sozial- und Wirtschaftsgeschichte 47 (1960)
Bouchard, Constance B., The Origins of the French Nobility. A Reassessment, in: The American Historical Review 86 (1981)
Brady, Thomas A., Ruling Class. Regime and Reformation at Strasbourg, Leiden 1978 (= Studies in Medieval and Reformation Thought 22)
Brady, Thomas A., Patricians, Nobles, Merchants: Internal Tensions and Solidarities in South German Urban Ruling Classes at the Close of the Middle Ages, in: Chrisman, Miriam u. Gründler, Otto (Hg.), Social Groups and Religious Ideas in the Sixteenth Century, Kalamazoo/Michigan 1978 (= Studies in Medieval Culture XIII)
Brandt, Hans Jürgen/Hengst, Karl, Die Weihbischöfe in Paderborn, Paderborn 1986
Braubach, Max, Prinz Eugen von Savoyen, Bd. II, München 1964
Braubach, Max, Ein rheinischer Fürst als Gegenspieler des Prinzen Eugen am Wiener Hof. FS Franz Steinbach zum 65. Geburtstag, Bonn 1960
Braubach, Max, Die Geheimdiplomatie des Prinzen Eugen von Savoyen, Köln 1962 (= Wissenschaftliche Abhandlungen der Arbeitsgemeinschaft ForschLd-NRW 22)
Braubach, Max, Kurköln. Gestalten und Ereignisse aus zwei Jahrhunderten rheinischer Geschichte, Münster 1949
Brunner, Otto, Adeliges Landleben und europäischer Geist. Leben und Werk Wolf Helmhards von Hohberg 1612-1688, Salzburg 1959
Bruns, Alfred (Bearb.), Die Tagebücher Kaspars von Fürstenberg Teil 1 u. 2, Münster 1985 (= Veröffentlichungen der Historischen Kommission für Westfalen 19; Westfälische Briefwechsel und Denkwürdigkeiten, Bd. 8)
Christ, Günter, Selbstverständnis und Rolle der Domkapitel in den geistlichen Territorien des alten Deutschen Reiches in der Frühneuzeit, in: Zeitschrift für historische Forschung 16, (1989)

Conze, Werner, Adel, Aristokratie, in: Brunner, Otto/Conze, Werner/Koselleck, Reinhart (Hg.), Geschichtliche Grundbegriffe. Historisches Lexikon zur politisch-sozialen Sprache in Deutschland Bd. 1, Stuttgart 1972 S. 1-48

Dick, Bettina, Die Entwicklung des Kammergerichtsprozesses nach den Ordnungen von 1495 bis 1550, Köln 1981 (= Quellen und Forschungen zur höchsten Gerichtsbarkeit im Alten Reich, Bd. 10)

Diestelkamp, Bernhard (Hg.), Die politische Funktion des Reichskammergerichts, Köln 1993 (= Quellen und Forschungen zur höchsten Gerichtsbarkeit im Alten Reich, Bd. 24)

Diestelkamp, Bernhard, Das Reichskammergericht in der Deutschen Geschichte, Köln 1990 (= Quellen und Forschungen zur höchsten Gerichtsbarkeit im Alten Reich, Bd. 21)

Diestelkamp, Bernhard, Das Reichskammergericht im Rechtsleben des 16. Jahrhunderts. FS Adalbert Erler, Aalen 1976

Dollinger, Philippe, Patriciat noble et Patriciat Bourgeois à Strasbourg au XIVe siècle, in: Revue d'Alsace 90 (1950)

Domarus, Max, Der Reichsadel in den geistlichen Fürstentümern, in: Rössler, Hellmuth (Hg.), Deutscher Adel 1555-1740, Darmstadt 1965, S. 147-171 (= Schriften zur Problematik der deutschen Führungsschichten in der Neuzeit, Bd. II)

Dotzauer, Winfried, Die deutschen Reichskreise in der Verfassung des Alten Reiches und ihr Eigenleben (1500-1806), Darmstadt 1989

Duby, Georges, Les trois ordres ou l'imaginaire du féodalisme, Paris 1978

Duchhardt, Heinz, Reichskammerrichter Franz Adolf Dietrich von Ingelheim (1659/1730-1742), in: Nassauische Annalen 81 (1970)

Duchhardt, Heinz, Kurmainz und das Reichskammergericht, in: Blätter zur deutschen Landesgeschichte 110 (1974)

Duchhardt, Heinz, Die Aufschwörungsurkunde als sozialgeschichtliche und politische Quelle, in: Archiv für mittelrheinische Kirchengeschichte 26 (1974)

Duchhardt, Heinz, Die Mainzer Koadjutorwahl von 1710, in: Geschichtliche Landeskunde 7 (1972)

Eger, Wolfgang (Red.), Geschichte der Stadt Speyer, Bd. 1 u. 2, Speyer ²1983

Ehbrecht, Wilfried, Verhaltensformen der Hanse bei spätmittelalterlichen Bürgerkämpfen in Westfalen, in: Westfälische Forschungen 26 (1974)

Elben, Ruth, Das Patriziat der Reichsstadt Rottweil, Stuttgart 1964 (= Veröffentlichungen der Kommission für geschichtliche Landeskunde in Baden-Württemberg, Reihe B, Bd. 30)

Elsener, Ferdinand, Stiftsadel gegen eidgenössisches Patriziat. FS Willibald M. Plöchl, Wien 1967

Ennen, Edith, Frühgeschichte der europäischen Stadt, Bonn 1953

Euler, Friedrich W., Wandlungen des Konnubiums im Adel des 15. und 16. Jahrhunderts, in: Rössler, Hellmuth (Hg.), Deutscher Adel 1430-1555, Darmstadt 1965, S. 58-94 (= Schriften zur Problematik der deutschen Führungsschichten in der Neuzeit, Bd. I)

Feine, Hans Erich, Die Besetzung der Reichsbistümer vom Westfälischen Frieden bis zur Säkularisation 1648-1803, Stuttgart 1921 (= Kirchenrechtliche Abhandlungen 97/98)

Fenske, Lutz/Militzer, Klaus (Hg.), Ritterbrüder im livländischen Zweig des Deutschen Ordens, Köln 1993 (Quellen und Studien zur Baltischen Geschichte, Bd. 12)

Frank, Karl Friedrich von, Standeserhebungen und Gnadenakte für das Deutsche Reich und die österreichischen Erblande bis 1806 sowie kaiserlich österreichische bis 1823, 5 Bde., Schloß Senftenegg 1967-1974

Franzen, August, Die Informativprozesse anläßlich der Bischofswahlen des Kölner Weihbischofs Georg Paul Stavius und der Straßburger Bischöfe Franz Egon und Wilhelm Egon von Fürstenberg, in: Annalen des Historischen Vereins Nordrhein 155/156 (1954)

Fürnrohr, Walter, Der immerwährende Reichstag zu Regensburg. Das Parlament des Alten Reiches, Regensburg 1963 (= Verhandlungen des Historischen Vereins für die Oberpfalz, Bd. 103)

Garber, Klaus, Zur Statuskonkurrenz von Adel und gelehrtem Bürgertum im theoretischen Schrifttum des 17. Jahrhunderts. Veit Ludwig von Seckendorffs „Teutscher Fürstenstaat", Hamburg 1981 (= Europäische Hofkultur im 16. und 17. Jahrhundert, Bd. 2; Wolfenbütteler Arbeiten zur Barockforschung, Bd. 9)

Gatz, Erwin, Die Bischöfe des Heiligen Römischen Reiches 1648 bis 1805, Berlin 1990

Gehrke, Heinrich, Die Rechtsprechungs- und Konsilienliteratur Deutschlands bis zum Ende des Alten Reiches, Jur. Diss., Frankfurt 1972

Geisberg, Caspar, Beziehungen Westfalens zu den Ostseeländern, besonders Livland, in: Westfälische Zeitschrift 30 (1872)

Geisberg, Max, Das Stammbuch des Bernhard Schencking, in: Westfalen 18 (1933)

Gervinus, Georg Gottfried, Einleitung in die Geschichte des neunzehnten Jahrhunderts, Leipzig 1853

Gesellschaft für Reichskammergerichtsforschung, 300 Jahre Reichskammergericht in Wetzlar, Wetzlar 1993

Granier, Gerhard, Der deutsche Reichstag während des Spanischen Erbfolgekrieges (1700-1714), Phil. Diss. Bonn 1954

Grebner, Christian, Kaspar Gropper (1514 bis 1594) und Nikolaus Elgard (ca. 1538 bis 1587). Biographie und Reformtätigkeit, Theol. Diss. Münster 1982 (= Reformationsgeschichtliche Studien und Texte 121)

Gross, Lothar, Die Geschichte der deutschen Reichshofkanzlei von 1559 bis 1806, Wien 1933 (= Inventare des Wiener Haus-Hof- und Staatsachivs V)

Gschließer, Oswald von, Der Reichshofrat, in: Veröffentlichungen der Kommission für Geschichte des ehemaligen Österreich 33 (1942)

Hafke, Heinz Christian, Zuständigkeit in geistlichen Sachen und konfessionelle Besetzung der höchsten Reichsgerichte nach dem Westfälischen Friedensschluß, Jur. Diss. Frankfurt 1972

Hanschmidt, Alwin, Die freiherrliche Familie von Fürstenberg und die Reichskirche im 17. und 18. Jahrhundert, in: Petri, Franz (Hg.), Bischofs- und Kathedralstädte des Mittelalters und der frühen Neuzeit, Köln 1976

Hantsch, Hugo, Reichsvizekanzler Friedrich Karl Graf von Schönborn (1674-1746), Augsburg 1929

Hartmann, Helmut, Der Stiftsadel an den alten Domkapiteln zu Mainz, Trier, Bamberg und Würzburg, in: Mainzer Zeitschrift 73/74 (1979)

Haug-Moritz, Gabriele, Kaisertum und Parität. Reichspolitik und Konfessionen nach dem Westfälischen Frieden, in: Zeitschrift für Historische Forschung 19 (1992)

Hauptmeyer, Carl-Hans, Probleme des Patriziats oberdeutscher Städte vom 14. bis zum 16. Jahrhundert, in: Zeitschrift für Bayerische Landesgeschichte 40 (1977)

Hausmann, Jost (Hg.), Fern vom Kaiser. Städte und Stätten des Reichskammergerichts, Köln 1995

Hellstern, Dieter, Der Ritterkanton Neckar-Schwarzwald 1560-1805, Tübingen 1971 (= Veröff. Stadtarchiv Tübingen, Bd. 5)

Helm, Claudia, Das Reichskammergericht und Aschaffenburg, in: Spies, Hans-Bernd (Hg.), Carl von Dalberg, 1744-1817, Neustadt/Aisch 1994

Henkel, Andreas, Beiträge zur Geschichte der Erbmänner, Phil. Diss. Münster 1910

Hersche, Peter, Die deutschen Domkapitel im 17. und 18. Jahrhundert Bd. 1 – 3, Bern 1984

Hilling, Nikolaus, Die römische Rota und das Bistum Hildesheim am Ausgang des Mittelalters (1464-1513). Hildesheimische Prozeßakten aus dem Archiv der Rota zu Rom, Münster 1908 (= Reformationsgeschichtliche Studien und Texte 6)

Hinz, Manfred, Der Mandatsprozeß des Reichskammergerichts, Jur. Diss. Berlin 1966

Hofmann, Hanns Hubert/Franz, Günther (Hg.), Deutsche Führungsschichten in der Neuzeit. Eine Zwischenbilanz, Boppard 1980 (= Die deutschen Führungsschichten in der Neuzeit, Bd. 12)

Hömberg, Albert K., Giselbert von Warendorp: Fernhändler oder Ministerialadeliger? in: Petri, Franz (Hg.), Westfalen, Hanse, Ostseeraum, Münster 1955 (= Veröffentlichungen des Provinzial Instituts Reihe 1, Heft 7)

Holsenbürger, J., Droste-Hülshoff, Teil 1: Die Herren von Deckenbrock und ihre Besitzungen, Münster 1868

Hövel, Ernst, Das Bürgerbuch der Stadt Münster 1538 bis 1660, Münster 1936 (= Veröffentlichungen der Historischen Kommission für Westfalen, R. 6: Quellen und Forschungen zur Geschichte der Stadt Münster i.W., Bd. VIII)

Hüllinghorst, Bernd (Bearb.), Protokolle der Vogtei Enger des Amtsmannes Otto Consbruch, 1650-1654, Herford 1993 (= Herforder Geschichtsquellen, Bd. 3)

Hüsing, Augustin, Der Kampf um die katholische Religion im Bistum Münster nach Vertreibung der Wiedertäufer 1535-1585, Münster 1883

Hüttl, Ludwig, Geistlicher Fürst und geistliche Fürstentümer im Barock und Rokoko, in: Zeitschrift für Bayerische Landesgeschichte 37 (1974)
Ingrao, Charles W., Josef I. Der „vergessene" Kaiser, Wien 1982 (amerik. Ausgabe West Lafayette 1979)
Jahns, Sigrid, Die Assessoren des Reichskammergerichts in Wetzlar, Wetzlar 1986 (= Schriftenreihe der Gesellschaft für Reichskammergerichtsforschung, Heft 2)
Jahns, Sigrid, Juristen im Alten Reich. Das Richterliche Personal des Reichskammergerichts 1648-1806, in: Diestelkamp, Bernhard (Hg.), Forschungen aus Akten des Reichskammergerichts, Köln 1984 (= Quellen und Forschungen zur Höchsten Gerichtsbarkeit im Alten Reich, Bd. 14)
Jakobi, Franz-Josef, Geschichte der Stadt Münster Bd. 1, Münster 1993
Jedin, Hubert, Die Reichskirche der Schönbornzeit, in: Trierer Theologische Zeitschrift 65 (1956)
Karttunen, Liisi, Les Nonciatures Apostoliques permanentes de 1650 à 1800, Genf 1912
Kaser, Max, Das römische Zivilprozeßrecht, 1966 (Handbuch der Altertumswissenschaft, Abt. 10, Teil 2, Bd. 4)
Keinemann, Friedrich, Zur Beurteilung des Fürstbischofs Franz Arnold Wolff Metternichs, in: Westfälische Zeitschrift 118 (1968)
Keinemann, Friedrich, Das Domstift Mainz und der mediate Adel, in: Historisches Jahrbuch 89 (1969)
Keinemann, Friedrich, Das Domkapitel zu Münster im 18. Jahrhundert, Münster 1967 (= Veröffentlichungen der Historischen Kommission Westfalens XXII. Geschichtliche Arbeiten zur westfälischen Landesforschung 11)
Ketteler, Josef, Vom Geschlechterkreis des Münsterschen Honoratiorentums, in: Mitteilungen der Westdeutschen Gesellschaft für Familienkunde Bd. 5 (1926), H. 9
Kirchhoff, Karl-Heinz, Die Erbmänner und ihre Höfe in Münster, in: Westfälische Zeitschrift 116 (1966)
Kirchhoff, Karl-Heinz, Die münsterischen Erbmänner, in: Der Landkreis Münster 1816-1966, Oldenburg 1966
Kirchhoff, Karl-Heinz, Die Unruhen in Münster/Westf. 1450-1457. Ein Beitrag zur Topographie und Prosopographie einer städtischen Protestbewegung, in: Ehbrecht, Wilfried (Hg.), Städtische Führungsschichten und die Gemeinde in der werdenden Neuzeit, Köln/Wien 1980 (= Städteforschung, R. A.: Darstellungen, Bd. 9)
Klaveren, Jacob von, Die historische Erscheinung der Korruption, in: Vierteljahrschrift für Sozial- und Wirtschaftsgeschichte 44 (1957) 45 (1958)
Klingenstein, Grete, Der Wiener Hof in der Frühen Neuzeit. Ein Forschungsdesiderat, in: Zeitschrift für Historische Forschung 22 (1995)
Klocke, Friedrich von, Westdeutsche Ahnenproben in feierlichster Form im 16., 17. und 18. Jahrhundert, Münster 1940
Klocke, Friedrich von, Untersuchungen zur Rechts- und Sozialgeschichte der Ministerialitäten in Westfalen, in: Westfälische Forschungen 2 (1939)

Klocke, Friedrich von, Patriziat und Rittertum an Soester Geschlechtern betrachtet, Leipzig 1922

Klocke, Friedrich von, Genealogische Beziehungen zwischen Westfalens Patriziat und Livlands Ritterschaft, in: ders., Westfalen und Nordosteuropa, Wiesbaden 1964 (= Schriften der Arbeitsgemeinschaft für Osteuropaforschung der Universität Münster)

Klocke, Friedrich von, Von westdeutsch-westfälischer Adels- und Ahnenprobe in Mittelalter und Neuzeit, insbesondere beim münsterschen Domkapitel, in: Westfälisches Adelsblatt 2 (1925)

Klocke, Friedrich von, Das Patriziatsproblem und die Werler Erbsälzer, Münster 1965 (= Veröffentlichungen der Historischen Kommission Westfalens XXII, Geschichtliche Arbeiten zur Westfälischen Landesforschung 7)

Klocke, Friedrich von, Nachrichten aus dem untergegangenen ältesten Ratswahlbuch (1351-1531), Münster 1927 (= Quellen und Forschungen zur Geschichte der Stadt Münster, Bd. 3)

Kohl, Wilhelm, Das Domstift St. Paulus zu Münster, Bd. 1-3, Berlin 1982, 1987, 1989 (= Germania sacra, NF 17, Bd. 1-3, Bistum Münster, Bd. 4,2)

Kohl, Wilhelm, Westfälische Geschichte Bd. 1, Düsseldorf 1983

Kopp, Herbert, Das Patriziat im mittelalterlichen Reutlingen, in: Zeitschrift für Württembergische Landesgeschichte 15 (1956)

Koser, Otto, Repertorium der Akten des Reichskammergerichts. Untrennbarer Bestand, Bd. I: Prozeßakten aus der Schweiz, Italien, den Niederlanden und dem Baltikum sowie der freiwilligen Gerichtsbarkeit, Heppenheim 1933 (= Veröffentlichungen des Gesamtvereins der Deutschen Geschichts- und Altertumsvereine, Bd. 2)

Kramer, Hans, Habsburg und Rom in den Jahren 1708-1709, Innsbruck 1936 (= Publikationen des österreichischen Historischen Instituts in Rom, Bd. III)

Kramm, Heinrich, Studien über die Oberschichten der mitteldeutschen Städte im 16. Jahrhundert, 2 Bde., Köln 1981 (= Mitteldeutsche Forschungen, Bd. 87,1 u. 87,2)

Kratsch, Dietrich, Justiz – Religion – Politik. Das Reichskammergericht und die Klosterprozesse im ausgehenden 16. Jahrhundert, Tübingen 1990 (= Jus Ecclesiasticum, Bd. 39)

Krumbholtz, Robert, Die Gewerbe der Stadt Münster bis zum Jahre 1661. PubllPreußStaatsarch 70, Leipzig 1898, Ndr. Osnabrück 1965

Kuhn, Heinrich, Der Hohenloische Prozeß des Hauses Leiningen-Westerburg, Diss. Jur. Mainz 1968

Lahrkamp, Helmut, Drei Gesandtschaften der Westfälischen Landschaft an den Wiener Kaiserhof (1675-1678), in: Blätter für deutsche Landesgeschichte 102 (1966)

Lahrkamp, Helmut, Das Patriziat in Münster, Limburg 1968 (= Deutsches Patriziat. Schriften zur Problematik der deutschen Führungsschichten in der Neuzeit, Bd. 3)

Lahrkamp, Helmut, Dietrich Caspar von Fürstenberg, in: Westfalen 43 (1965)

Lahrkamp, Helmut, Münstersche Reichskammergerichtsnotare 1549/1651,

Münster 1970 (= Quellen und Forschungen zur Geschichte der Stadt Münster, NF, Bd. 5)

Lampe, Joachim, Aristokratie, Hofadel und Staatspatriziat in Kurhannover, 2 Bde., Göttingen 1963

Lang, Hans Otto, Die Vereinigten Niederlande und die Fürstbischofs- und Koadjutorwahlen in Münster im 18. Jahrhundert, Münster 1933 (= Münstersche Beiträge zur Geschichtswissenschaft, H. 54/55)

Latzke, Walther, Das Archiv des Reichskammergerichts, in: Zeitschrift für Rechtsgeschichte 91, Germ. Abt. (1961)

Leopold, Doris, Das Wiener Domkapitel zum Hl. Stephan in seiner personellen Zusammensetzung in der Zeit von der Reformation Ferdinand I. bis zu seiner Erhebung zum Metropolitankapitel, 1554-1722, Phil. Diss. Wien 1947 (Mschr. Ms.)

Lieberich, Heinz, Landherren und Landleute. Zur politischen Führungsschicht Baierns im Spätmittelalter, München 1964 (= Schriftenreihe zur baierischen Landesgeschichte, Bd. 63)

Lieberich, Heinz, Rittermäßigkeit und bürgerliche Gleichheit. FS Hermann Krause, Köln 1975

Lojewski, Günther von, Bayerns Weg nach Köln, Bonn 1962 (= Bonner historische Forschungen, Bd. 21)

Lossen, Max, Der Kölnische Krieg, Bd. 1, Gotha 1882, Bd. 2, München 1897

Malettke, Klaus (Hg.), Ämterkäuflichkeit: Aspekte sozialer Mobilität im europäischen Vergleich (17. und 18. Jahrhundert), Berlin 1980 (= Einzelveröffentlichungen der Historischen Kommission zu Berlin, Bd. 26)

Märtins, Renate, Wertorientierungen und wirtschaftliches Erfolgsstreben mittelalterlicher Großkaufleute. Kollektive Einstellungen und sozialer Wandel im Mittelalter, Bd. 5, Köln 1976

Maschke, Erich, Deutschordensbrüder aus dem städtischen Patriziat, in: ders., Domus Hospitalis Theutonicorum. Europäische Verbindungslinien der Deutschordensgeschichte. Gesammelte Aufsätze aus den Jahren 1931-1963, Bonn 1970 (= Quellen und Studien zur Geschichte des Deutschen Ordens, Bd. 10)

Maschke, Erich, Die Familie in der deutschen Stadt des späten Mittelalters, in: Sitzungsberichte der Heidelberger Akademie der Wissenschaften, Phil.-Hist. Klasse 1980

Mathy, Helmut, Über das Mainzer Erzkanzleramt in der Neuzeit, in: Geschichtliche Landeskunde 2, Wiesbaden 1965

Mauchenheim s. Bechtolsheim

Mencke, Klaus, Die Visitationen am Reichskammergericht im 16. Jahrhundert, Köln 1984 (= Quellen und Forschungen zur höchsten Gerichtsbarkeit im Alten Reich, Bd. 13)

Merveldt, Dietrich Graf von, Geschlecht Merveldt und Wigbold Wolbeck, Wolbeck 1989

Moorrees, W., Het Münstersche Geslacht van der Wyck, den Haag 1911

Müller, Klaus, Wien und Kurmainz 1673-1680. Ein Beitrag zur Geschichte

der kaiserlichen Diplomatie im Reich, in: Rheinische Vierteljahresblätter 32 (1968)
Mummenhoff, Karl E. Schloß Nordkirchen, München 1974
Nörr, Knut Wolfgang, Ein Kapitel aus der Geschichte der Rechtsprechung: Die Rota Romana, Frankfurt 1975 (= Ius Commune, Bd. 5)
Oer, Rudolfine Freiin von, Die „verdrießliche Negotiation" des Syndikus Heerde am Kaiserhof in den Jahren 1708 bis 1710, in: Westfälische Zeitschrift 137 (1987)
Oer, Rudolfine Freiin von, Wer waren die Erbmänner?, in: Lahrkamp, Helmut (Hg.), Beiträge zur neueren Stadtgeschichte, Münster 1987 (= Quellen und Forschungen zur Geschichte der Stadt Münster, NF, Bd. 12)
Oer, Rudolfine Freiin von, Karrieren westfälischer Germaniker im 16. und 17. Jahrhundert, in: Paul Leidinger u. Dieter Metzler (Hg.), FS Karl-Ernst Jeismann, Münster 1990
Ortner, Franz, Reformation, katholische Reform und Gegenreformation im Erzstift Salzburg, Salzburg 1981
Pastor, Ludwig von, Geschichte der Päpste seit dem Ausgang des Mittelalters, 16 Bde., Freiburg 1886-1933, Bd. 9, Freiburg 1925
Pfeiffer, Gerhard, Nürnberger Patriziat und fränkische Reichsritterschaft, Nürnberg 1961 (= Norica. Beiträge zur Nürnberger Geschichte; Veröffentlichungen der Stadtbibliothek Nürnberg 4)
Philippi, Friedrich, Zur Verfassungsgeschichte der westfälischen Bischofsstädte, Osnabrück 1894
Philippi, Friedrich, Standesverhältnisse der münsterschen Erbmänner, in: Westfalen 12 (1924/25)
Planitz, Hans, Geschichte des städtischen Meliorats, in: Zeitschrift für Rechtsgeschichte, Germ. Abt. 67 (1950)
Powis, Jonathan K., Der Adel, Paderborn 1986
Press, Volker, Das Reichskammergericht in der deutschen Geschichte, Wetzlar 1987 (= Schriftenreihe der Gesellschaft für Reichskammergerichtsforschung, Heft 3)
Ranieri, Filippo, Recht und Gesellschaft im Zeitalter der Rezeption, Köln 1985 (= Quellen und Forschungen zur höchsten Gerichtsbarkeit im Alten Reich, Bd. 17, Teilbd. 1 u. 2)
Ranieri, Filippo, Die Arbeit des Reichskammergerichts in Wetzlar. Kontinuität und Diskontinuität im Vergleich zur Speyrer Zeit, Wetzlar 1988 (= Schriftenreihe der Gesellschaft für Reichskammergerichtsforschung, Heft 4)
Ranke, Leopold von, Deutsche Geschichte im Zeitalter der Reformation, hg. v. Horst Michael, Bd. 1, Wien/Hamburg/Zürich 1933 (Leopold von Rankes Historische Meisterwerke, Bd. 19-20)
Rauch, Karl, Stiftsmäßigkeit und Stiftsfähigkeit in ihrer begrifflichen Abgrenzung. FS Heinrich Brunner, Weimar 1910
Raumer, Kurt von, Die Zerstörung der Pfalz von 1689, München 1930
Reinhardt, Rudolf, Zur Reichskirchenpolitik der Pfalz-Neuburger Dynastie, in: Historisches Jahrbuch 84 (1964)

Reiser, Rudolf, Adeliges Stadtleben im Barockzeitalter. Internationales Gesandtenleben auf dem Immerwährenden Reichstag zu Regensburg, München 1969 (= Miscellanea Bavarica Monacensia, Heft 17)
Riedenauer, Erwin, Kaiser und Patriziat. Struktur und Funktion des reichsstädtischen Patriziats im Blickpunkt kaiserlicher Adelspolitik von Karl V. bis Karl VI., in: Zeitschrift für Bayerische Landesgeschichte 30 (1967)
Riedenauer, Erwin, Der barocke Reichsadel in Franken, Neustadt/Aisch 1972 (= Jahrbuch für fränkische Landesforschung 32)
Riedenauer, Erwin, Kontinuität und Fluktuation im Mitgliederstand der fränkischen Reichsritterschaft. FS Karl Bosl, München 1969
Rössler, Hellmuth (Hg.), Deutsches Patriziat 1430-1740, Limburg 1968 (= Schriften zur Problematik der deutschen Führungsschichten in der Neuzeit, Bd. 3)
Roth von Schreckenstein, Karl Heinrich Freiherr von, Geschichte der ehemaligen freien Reichsritterschaft in Schwaben, Franken und am Rheinstrom, Bd. 1 (-1437) u. 2, Tübingen 1859 u. 1871
Rothert, Hermann, Westfälische Geschichte, Bd. II u. Bd. III, Gütersloh 1950 u. 1951
Rothert, Hermann, Geschichte der Stadt Osnabrück im Mittelalter, Nachdr. Osnabrück 1966 (= Osnabrücker Mitteilungen, Bd. 57)
Saalfeld, Diedrich, Die ständische Gliederung der Gesellschaft. Deutschland im Zeitalter des Absolutismus. Ein Quantifizierungsversuch, in: Vierteljahrshefte für Sozial- und Wirtschaftsgeschichte 67 (1980)
Sante, Georg Wilhelm, Die kurpfälzische Politik des Kurfürsten Johann Wilhelm, vornehmlich im spanischen Erbfolgekrieg, in: Historisches Jahrbuch 44 (1924)
Schäfer, Karl Heinrich, Deutsche Notare in Rom am Ausgang des Mittelalters, in: Historisches Jahrbuch 33 (1912)
Schalk, Ellery, From Valor to Pedegree: Ideas of Nobility in France in the sixteenth and seventeenth centuries, Princeton 1986
Scheurmann, Ingrid (Bearb.), Frieden durch Recht. Ausstellungskatalog, Mainz 1994
Schilling, Heinz, Die politische Elite nordwestdeutscher Städte in den religiösen Auseinandersetzungen des 16. Jahrhunderts, in: Mommsen, Wolfgang J. (Hg.), Stadtbürgertum und Adel in der Reformation, Stuttgart 1979 (= Veröffentlichungen des Deutschen Historischen Instituts London, Bd. 5)
Schilling, Heinz, Wandlungs- und Differenzierungsprozesse innerhalb der bürgerlichen Oberschichten West- und Nordwestdeutschlands im 16. und 17. Jahrhundert, in: Biskup, Marian/Zernack, Klaus (Hg.), Schichtung und Entwicklung der Gesellschaft in Polen und Deutschland im 16. und 17. Jahrhundert, Wiesbaden 1983 (= Vierteljahrsschrift für Sozial- und Wirtschaftsgeschichte, Beiheft 74)
Schilling, Heinz, Vergleichende Betrachtungen zur Geschichte der bürgerlichen Eliten in Nordwestdeutschland und in den Niederlanden, Wien 1985 (= Städteforschung, Reihe A, Bd. 23)

Schilling, Heinz, Die politische Elite nordwestdeutscher Städte in den religiösen Auseinandersetzungen des 16. Jahrhunderts, Stuttgart 1979 (= Veröffentlichungen des Deutschen Historischen Instituts London, Bd. 5)

Schindling, Anton, Der westfälische Frieden und der Reichstag, in: Weber, Hermann (Hg.), Politische Ordnungen und soziale Kräfte im Alten Reich, Wiesbaden 1980 (= Veröffentlichungen des Instituts für Europäische Geschichte. Beiträge zur Sozial- und Verfassungsgeschichte des Alten Reiches, Nr. 2)

Schindling, Anton, Die Anfänge des Immerwährenden Reichstags zu Regensburg, Mainz 1991 (= Veröffentlichungen des Instituts für Europäische Geschichte, Bd. 143. Beiträge zur Sozial- und Verfassungsgeschichte des Alten Reichs, Nr. 11)

Schlaich, Klaus, Maioritas – protestatio – itio in partes – corpus Evangelicorum. Das Verfahren im Reichstag des Heiligen Römischen Reiches Deutscher Nation nach der Reformation, in: Zeitschrift für Rechtsgeschichte, Kan. Abt. 13 (1977) 14 (1978)

Schmidt-Scharff, Werner, Die Matrikel der Praktikanten am Reichskammergericht in Wetzlar 1693-1806, in: Archiv für Sippenforschung 11 (1934)

Schmidt, Peter, Das Collegium Germanicum in Rom und die Germaniker, Tübingen 1984 (= Bibliothek des Deutschen Historischen Instituts in Rom, Bd. 56)

Schmidt-von Rhein, Georg, Das Reichskammergericht in Wetzlar, Wetzlar 1990 (= Schriftenreihe der Gesellschaft für Reichskammergerichtsforschung, Heft 9)

Scholz, Klaus, Das Stift Alter Dom St. Pauli in Münster, Berlin 1995 (= Germania sacra, NF 33: Bistum Münster, Bd. 6)

Schorn, Franz, Johann Hugo von Orsbeck, Köln 1976

Schröcker, Alfred, Ein Schönborn im Reich. Studien zur Reichspolitik des Fürstbischofs Lothar Franz von Schönborn (1655-1729), Wiesbaden 1978 (= Beiträge zur Geschichte der Reichskirche in der Neuzeit, Band 8)

Schröcker, Alfred, Die Patronage des Lothar Franz von Schönborn (1655-1729), Wiesbaden 1981 (= Beiträge zur Geschichte der Reichskirche in der Neuzeit, Band 10)

Schröcker, Alfred, Das Verhältnis des Fürstbischofs Lothar Franz zum Mainzer Domkapitel, in: Mainzer Zeitschrift 73/74 (1978/1979)

Schröcker, Alfred, Zur Religionspolitik Kurfürst Lothar Franz von Schönborns, in: Archiv für hessische Geschichte und Altertumskunde 36 (1978)

Schröcker, Alfred, Der Nepotismus des Lothar Franz von Schönborn, in: Zeitschrift für bayerische Landesgeschichte 43 (1980)

Schröcker, Alfred, Kurmainz und die Kreisassoziationen zur Zeit des Kurfürsten Lothar Franz von Schönborn, in: Aretin, Karl Otmar Freiherr von, Der Kurfürst von Mainz und die Kreisassoziationen 1648-1746, Wiesbaden 1975 (= Veröffentlichungen des Instituts für Europäische Geschichte, Abt. Universalgeschichte, Beiheft)

Schröcker, Alfred, Die deutsche Genealogie im 17. Jahrhundert zwischen

Herrscherlob und Wissenschaft, Köln 1977 (= Archiv für Kulturgeschichte, Bd. 59)

Schröer, Alois, Die Kirche in Westfalen im Zeichen der Erneuerung (1555-1648), Bd.1, Münster 1986

Schröer, Alois, Christoph Bernhard von Galen. Korrespondenz mit dem Heiligen Stuhl 1650-1678, Münster 1972 (Westfalia sacra, Bd. 3)

Schubert, Friedrich Hermann, Die deutschen Reichstage in der Staatslehre der frühen Neuzeit, Göttingen 1966

Schulz, Knut, Ministerialität und Bürgertum in Trier, Bonn 1968 (= Rheinisches Archiv 66)

Schulz, Knut, Die Ministerialität als Problem der Stadtgeschichte, in: Rheinische Vierteljahresblätter 32 (1968)

Schulze, Winfried (Hg.), Ständische Gesellschaft und soziale Mobilität, München 1988 (= Schriften des Historischen Kollegs, Kolloquien 12)

Schulze, Winfried, Vom Gemeinnutz zum Eigennutz. Über den Normenwandel in der ständischen Gesellschaft der Frühen Neuzeit, in: Historische Zeitschrift 243 (1986)

Schwarz, Wilhelm Eberhard, Der päpstliche Nuntius Kaspar Gropper und die katholische Reform im Bistum Münster, in: Westfälische Zeitschrift 86/I (1910)

Sellert, Wolfgang, Über die Zuständigkeitsabgrenzung von Reichshofrat und Reichskammergericht insbesondere in Strafsachen und Angelegenheiten der freiwilligen Gerichtsbarkeit, Aalen 1965 (= Untersuchungen zur deutschen Staats- und Rechtsgeschichte, NF 4)

Sellert, Wolfgang, Die Akzessorietät von Kostentragung und Prozeßerfolg. FS Adalbert Erler, Aalen 1976

Sellert, Wolfgang, Die Problematik der Nachprüfbarkeit von Urteilen des Reichshofrats und des Reichskammergerichts durch Revision und Supplikation. Consilium Magnum, 1473-1973, Brüssel 1977

Sellert, Wolfgang, Die Ladung des Beklagten vor das Reichskammergericht, in: Zeitschrift für Rechtsgeschichte, Germ. Abt. 84 (1967)

Sellert, Wolfgang, Zur Geschichte der rationalen Urteilsbegründung gegenüber den Parteien insbesondere am Beispiel des Reichshofrats und des Reichskammergerichts, in: Dilcher, Gerhard/Diestelkamp, Bernhard (Hg.), Recht, Gericht, Genossenschaft und Policey. Symposion für Adalbert Erler, Berlin 1986

Smend, Rudolf, Zur Geschichte der Formel „Kaiser und Reich" in dem letzten Jahrhundert des Alten Reiches. FS Karl Zeumer, Weimar 1910

Smend, Rudolf, Das Reichskammergericht, Weimar 1911 (Ndr. Aalen 1965)

Spielman, John R., Leopold I. of Austria, London 1977

Sprunck, Alfons, Die Trierer Kurfürsten Karl Kaspar von der Leyen und Johann Hugo von Orsbeck und die Statthalter der Spanischen Niederlande von 1675 bis 1700, in: Rheinische Vierteljahresblätter 32 (1968)

Steinbicker, Clemens, Das Geschlecht Koerdinck – Tuchhändler, Buchdrucker und Beamte, in: Prinz, Joseph (Hg.), Ex officina literaria. Beiträge zur Geschichte des westfälischen Buchwesens, Münster 1968

Stolze, Alfred Otto, Der Sünfzen zu Lindau, Konstanz 1956
Stollberg-Rilinger, Barbara, Handelsgeist und Adelsethos, in: Zeitschrift für Historische Forschung 15 (1988)
Stupperich, Robert, Dr. Johann von der Wyck. Ein münsterscher Staatsmann der Reformationszeit, in: Westfälische Zeitschrift 123 (1973)
Schmale, Wolfgang, Der Prozeß als Widerstandsmittel. Überlegungen zu Formen der Konfliktbewältigung am Beispiel der Feudalkonflikte im Frankreich des Ancien Régime (16.-18. Jahrhundert), in: Zeitschrift für Historische Forschung 13 (1986)
Theuerkauf, Gerhard, Land und Lehnswesen vom 14. bis zum 16. Jahrhundert. Ein Beitrag zur Verfassung des Hochstifts Münster und zum nordwestdeutschen Lehnrecht, Münster/Köln/Graz 1961 (= Neue Münstersche Beiträge zur Geschichtsforschung, Bd. 7)
Theuerkauf, Gerhard, Kaspar von Fürstenberg, in: Lahrkamp, Helmut u.a. (Hg.), Fürstenbergische Geschichte, Bd. III, Münster 1971
Thiekötter, Hans, Die ständische Zusammensetzung des münsterschen Domkapitels im Mittelalter, Münster 1933 (= Münstersche Beiträge zur Geschichtsforschung, 3. Folge 5, Bd. 56)
Tibus, Adolf, Die Weihbischöfe Münsters, Münster 1862
Tietze, Hans (Bearb.), Geschichte und Beschreibung des St. Stephansdomes in Wien, Wien 1931 (= Österreichische Kulturtopographie, Bd. 23)
Tiggesbäumker, Günter, Paul Wigand und August Heinrich Hoffmann von Fallersleben in Corvey, in: Corvey Journal 7 (1996)
Tinnen, Exekutorium der Stiftung Rudolph von der Tinnen (Hg.), 1688-1988. Dreihundert Jahre Stiftung Rudolph von der Tinnen, Münster 1988
Tophoff, Theodor, Die Gilden binnen Münster, in: Westfälische Zeitschrift 35/I (1877)
Treitschke, Heinrich von, Deutsche Geschichte im 19. Jahrhundert, Teil 1, Leipzig [7]1904
Twickel, Max Georg Freiherr von, Die Münstersche Stiftung des Johannes Heerde. FS Alois Schröer, Münster 1972 (Westfalia sacra, Bd. 4)
Twickel, Max Freiherr von, Die verfassungsgeschichtliche Entwicklung und persönliche Zusammensetzung des Hohen Domkapitels zu Münster in der Zeit von 1400-1588, Phil. Diss. Münster 1952 (Mschr. Ms.)
Uytven, R. van, Plutokratie in de „oude demokratieen der Nederlanden" Handelingen, Oudenarde 1962 (= Koninklijke Zuidnederlandse Maatschappij voer Taal- en Letterkunde en Geschiedenis 16)
Veit, Andreas Ludwig, Mainzer Domherren vom Ende des 16. bis zum Ausgang des 18. Jahrhunderts in Leben, Haus und Habe, Mainz 1924
Walz, Rainer, Stände und frühmoderner Staat, Neustadt/Aisch 1982 (= Bergische Forschungen 17)
Weikert, Wolfgang, Erbmänner und Erbmännerprozesse, Münster/New York 1990
Weitzel, Jürgen, Zur Zuständigkeit des Reichskammergerichts als Appellationsgericht, in: Zeitschrift für Rechtsgeschichte, Germ. Abt. 90 (1973)

Weitzel, Jürgen, Der Kampf um die Appellation ans Reichskammergericht, Köln 1976 (= Quellen und Forschungen zur höchsten Gerichtsbarkeit im Alten Reich, Bd. 4)

Wigand, Paul, Denkwürdigkeiten für die deutsche Staats- und Rechtswissenschaft, gesammelt aus dem Archiv des Reichskammergerichts zu Wetzlar, Leipzig 1654

Wiggenhorn, Heinrich, Der Reichskammergerichtsprozeß am Ende des alten Reiches, Jur. Diss. Münster 1966

Wild, Karl, Lothar Franz von Schönborn, Bischof von Bamberg und Erzbischof von Mainz, 1693-1729, Heidelberg 1904 (= Heidelberger Abhandlungen, Heft 8)

Wines, Roger, The Imperial Circles. Princely Diplomacy and Imperial Reform 1681-1714, in: Journal of Modern History 39 (1967)

Winkler, Arnold, Über die Visitationen des Reichs-Kammergerichts, Wien 1907

Wolf, Hubert, Die Reichskirchenpolitik des Hauses Lothringen (1680-1715), Stuttgart 1994 (= Beiträge zur Geschichte der Reichskirche in der Neuzeit, Bd. 15)

Wriedt, Klaus, Zum Profil der lübeckischen Führungsgruppen im Spätmittelalter. Neue Forschungen zur Geschichte der Hansestadt Lübeck, Lübeck 1985 (= Veröffentlichungen zur Geschichte der Hansestadt)

Zuhorn, Karl, Vom münsterschen Bürgertum um die Mitte des XV. Jahrhunderts, in: Westfälische Zeitschrift 95 (1939)

PERSONENREGISTER

Albani, Francesco 54
Albrecht, Johann Peter 40, 67
Alexander VIII., Papst, 47, 50 f.
Arnold, Moritz Christian 83
August II., König von Polen, Kurfürst von Sachsen 79, 82, 99

Bennigsen, Erich von 83, 86
Berg, Günther Heinrich 15
Bernstorff, Joachim Andreas von 84, 89 f., 94 f.
Bevern, Maximilian von 48 f.
Bischopinck, Henr. von 1
Bischopinck, Johannes von 29
Bisping, Johann Moritz 58, 108
Bitozzi, Antonio 42, 47, 50, 53, 58, 124
Blumer, Dr. Heinrich Angelo 103, 106, 107
Bock, Henr. von 1
Bock, Jacob Boldewin von 122
Bock, Lambert von 1
Bock zu Heimbsburg, von 84
Bocris, Johann Heinrich 14
Bodmann, Rupert von, Fürstabt zu Kempten 79, 118
Bole 31, 35
Bünighmann 31, 35

Clemens XI., Papst, 82
Clemens August von Bayern, Kurfürst von Köln, Fürstbischof von Münster 126
Clerff, 104
Clevorn, Joh. 1
Cochenheim, Freiherr von 43, 78
Consbruch, Caspar Florentin von 50, 103, 105, 113
Cramer, Freiherr Johann Ulrich von 14
Cyrus, Johann Peter 35, 40 f.

Dalberg, Franz Eberhard von 40
Diepenbrock 83 f., 109
Droste zu Vischering, 62, 109
Droste zu Hülshoff, Bernd (Bernhard) 1, 48, 62, 68
Droste zu Hülshoff, Henrich Johann 122 f.
Droste zu Senden, Johann Bernhard 55, 57 ff., 66, 90, 109, 116, 125
Dumstorff, von 61
Dürr, Franz Anton 14

Eberhard Ludwig, Herzog von Württemberg 79
Eichrodt, 4, 67
Ernst von Bayern, Kurfürst von Köln, Bischof von Münster 5, 26, 28
Eugen von Savoyen, Prinz 113

Franz Ludwig, Pfalzgraf bei Rhein, Kurfürst von Trier 42, 47
Freißen, Arnoldus 48
Friedrich, Kurfürst von Brandenburg 67, 69 = Friedrich I. 75, 99, 119
Friedrich August s. August II.
Friedrich Christian (von Plettenberg) s. Plettenberg
Friedrich Wilhelm, Pfalzgraf bei Rhein 47
Friesenhausen, Christoph Johann von 84 f., 89 f., 94
Fürstenberg, Ferdinand von, Bischof von Paderborn und Münster 29, 58
Fürstenberg, Franz Egon von 31
Fürstenberg, Wilhelm Egon von 31

Galen, Freiherr von 41
Galen, Christoph Bernhard von, Bischof vom Münster 29, 45
Galen, Christoph Heinrich von 58, 70 ff., 74, 76 f., 105
Gerken, Paul Henning 13
Gervinus, Georg Gottfried 2
Goddefelt, Theodor 123
Graes, Hedwig Christina von, verh. Kerckerinck 28, 30 f., 33 f., 39, 75
Gudenus, Christoph 50, 70 f.

Häberlin, Karl Friedrich 15
Harpprecht, Freiherr Johann Heinrich von 14
Harrach, Graf Franz Anton, Erzbischof von Salzburg 111, 120 f.
Heems, von 75
Heerde, Paul Matthias 50, 55, 57 ff., 74, 104 ff., 121 ff.
Heunisch, Adam Ignatius 77, 104 f., 112 ff., 120
Honing, Theodor 52, 54
Hörde, Maria Sophia von 22, 76, 107, 115, 126
Hove, Gottfried zur 107

Imperiali, Kardinal 47, 71, 74
Ingelheim, Freiherr Anselm Franz von, Kurfürst von Mainz 36
Ingelheim, Freiherr Franz Adolf Dietrich von 79, 87, 95, 130
Innozenz XII., Papst, 51, 54
Isfordinck, Heinrich 107

Johann Wilhelm, Kurfürst von der Pfalz 50, 67 f., 75, 78, 106, 119
Johann Hugo s. Orsbeck
Joseph I. 4 ff., 17, 77 f., 90, 93, 95, 97, 99 f., 105 f., 111 ff., 115 ff., 120, 123, 130 f.

Karl IV. 3
Karl VI. 5, 123
Karl, Landgraf von Hessen 79, 82
Karl von Lothringen 82
Kerckerinck zu Giesking, Bertold 1
Kerckerinck zu Stapel, Hedwig Christina s. Graes

Personenregister

Kerckerinck zu Stapel, Johann Franz Joseph von 125
Kerckerinck zu Stapel, Johann Ludwig von 8, 22, 28, 30 f., 33 f., 43, 48 f., 52 f., 62, 66 f., 74 ff., 80, 83 ff., 91 f., 94 f., 106 ff., 112, 116, 125 f.
Kerckerinck zu Stapel, Matthias 30 f.
Kerckerinck zur Borg, Jobst Stephan 124
Kerckerinck zur Borg, Johann Ludwig 1, 124
Kerssenbrock, Ferdinand von 112
Kerssenbrock, Hermann von 18 ff., 24 f., 112
Ketteler, Goswin Konrad von 124
Ketteler, Nikolaus Hermann von 52 ff., 122, 124
Ketteler zu Harkotten 121, 122
Ketteler zu Harkotten, Maria Agnes Dorothea von 124
Koerdinck, Bernhard Ignatius 74, 76 ff., 85, 104, 116
Kolbe von Wartenburg, Johann Kasimir 75
Korff Schmising, Heinrich von 63

Lamberg, Graf Johann Philipp 98, 110 f., 116 f.
Lamberg, Graf Leopold Matthias 58
Landsberg, Franz Ludolf Jobst von 53, 109, 116
Lang, Friedrich Wendel 14
Leibniz, Gottfried Wilhelm 104

Leiden, Jan van 25
Leopold I. 13, 36, 49 ff., 56, 58, 69 ff., 73 f., 76 f.
Liechtenstein, Fürst Anton 51, 69 ff.
Lucius, Johann Melchior 83 f.
Ludolf, Georg Melchior von 13
Ludwig XIV. 46
Lünig, Johann Christian 10, 13, 20

Mansfeld, Fürst Franz Heinrich 113
Max Heinrich von Bayern, Kurfürst von Köln, Bischof zu Münster 29, 35, 39 ff., 43 ff.
Mayer, Johann Franz 83
Merle, Philipp Christian von 43, 66, 83, 85, 89
Merveldt, Freiherr Dietrich Burchard von 52, 85 f., 89 f., 109, 116
Michael, Johann 86
Moser, Johann Jacob 13
Mühlen, Christoph Bernhard zur 40 f.
Müldner, Johann Christian 83

Nagel, Philipp Ludwig H. von 63
Nidder, Johann Balthasar 86 f., 89

Ompteda, Diedrich Heinrich von 14 f.
Orsbeck, Johann Hugo von, Fürstbischof von Speyer und Kurfürst von Trier 33, 36, 75, 79, 82, 84, 86, 105, 119, 131

Otten, Ignaz Anton von 73, 78, 96, 98, 102, 112, 116, 118
Öttingen-Wallerstein, Graf Wolfgang 77

Pfau, Johann Caspar 75 f., 101, 103, 108
Pfeffinger, Johann Friedrich 14, 20
Plettenberg, Dietrich Heinrich von 72 f., 78, 81, 98 ff., 108, 110 ff., 116 ff., 132
Plettenberg, Ferdinand von 45, 48 f., 71 ff., 100, 102 ff., 110, 123, 125, 129
Plettenberg, Friedrich Christian von, Fürstbischof von Münster 29, 41 ff., 45 f., 62, 68, 72, 82, 133
Plettenberg, Werner Anton von 83
Pürck, Johann Adam 43, 78 f., 87, 130
Pütter, Johann Stephan 4, 132

Raesfeld, von 109
Raestrup, Hermann, Notar, 122 f.
Ranke, Leopold von 9
Reck(e), Matthias Friedrich von der 50, 63
Reiffenberg, Johann Philipp von 83 f., 86
Rochow, Samuel Friedrich von 84
Rollingen, Maria Sophia von 125
Rudolf II. 29

Salm, Fürst Karl Otto Theodor 72, 77 f., 105 f., 110 f.
Schencking Dr. jur., Johannes 3, 4, 25 f., 30, 42, 73 f., 92
Schencking, Herm. 1, 3 ff., 8
Schönborn, Lothar Franz von, Kurfürst von Mainz 49, 70, 72 f., 75, 79, 82 f., 87, 96, 98, 103, 116 ff., 126, 131
Schönborn, Friedrich Karl von, Reichsvizekanzler, 58, 103, 105, 112 f., 120, 123, 131
Schütz von Holthausen, Franz Anton Wolfgang 42, 83, 93, 130
Seiblin 31, 33, 44, 47
Seilern, Johann Friedrich von 77, 105, 113
Sigismund Alexander, Pfalzgraf und Bischof von Augsburg 49 ff., 54, 56 f., 71, 77
Smend, Rudolf 4, 6, 11, 132
Solms-Laubach, Graf Friedrich Christian von 87, 95, 97, 130
Sparr, Johann Karl von 53
Stavius, Georg Paul 31
Steding, Wilhelm Heinrich 84
Stevening zu Wilkinghege, Everwin 1
Stevening zum Brock, Everwin 1
Streit, Joseph Urban 83
Strube, David Georg 14
Sultz, Johann Reiner von der 35 ff., 39, 42, 89

Thun Hohenstein, Graf Johann Ernst, Erzbischof von Salzburg 69, 111
Tinnen zu Möllenbeck, Gott-

Personenregister

fried von der 36, 38, 54, 122, 125
Tinnen, Fräulein von 122
Tinnen, Jacob Johann von der 6, 8, 30 f., 33 f., 36, 41, 47 ff., 51 f., 54, 59, 61, 64, 67 ff., 73 ff., 79 f., 84 ff., 90, 94 ff., 101, 103 f., 106 ff., 110, 124 f., 130, 132
Tinnen, Lubbert von der 48
Tinnen, Rudolph von der 1, 6, 8, 21, 33, 36
Torck, Rotger 42
Travelmann, Egbert 1
Travelmann, Richmod 36
Twickel, Jobst Matthias von 71, 74, 109
Twickel, Johann Wilhelm von 123

Vittinghoff gen. Schell, Franz Johann von 116

Vogt, Cuno Jacob 87

Warendorf, Boldewin von 1
Westerholt, Freiherr Hermann Otto von 63, 88
Wigand, Paul 2 ff., 9, 16 f.
Wincob, Johann Matheis 83, 94
Windischgrätz, Graf Ernst Friedrich 105, 113
Wolff Metternich, Franz Arnold von, Fürstbischof von Paderborn und Münster 5, 29, 81 f., 91, 99, 106, 109 f., 120, 122
Wolfgang Wilhelm, Pfalzgraf bei Rhein 42
Wratislaw, Graf Johann Wenzel 105, 113
Wulfert 63

Zimmermann, Carl Paul 97

QUELLEN UND FORSCHUNGEN ZUR HÖCHSTEN GERICHTSBARKEIT IM ALTEN REICH

Herausgegeben von Friedrich Battenberg/ Bernhard Diestelkamp/ Ulrich Eisenhardt/ Gunter Gudian (†)/ Adolf Laufs/ Wolfgang Sellert

-*Eine Auswahl*-

Bd. 21: Bernhard Diestelkamp (Hrsg.): Das Reichskammergericht in der deutschen Geschichte. Stand der Forschung und Forschungsperspektiven. 1990. V, 198 S. Gb. ISBN 3-412-21888-X

Bd. 22: Manfred Uhlhorn: Der Mandatsprozeß sine clausula des Reichshofrats. 1991. XLV, 239 S. Gb. ISBN 3-412-03189-5

Bd. 23: Bernd-Rüdiger Kern: Die Gerichtsordnungen des Kurpfälzer Landrechts von 1582. 1991. LVIII, 431 S. Gb. ISBN 3-412-00790-0

Bd. 24: Bernhard Diestelkamp (Hrsg.): Die politische Funktion des Reichskammergerichts. 244 S. Gb. ISBN 3-412-07092-0

Bd. 25: Tilman Seeger: Die Extrajudizialappellation. 1993. 344 S. Gb. ISBN 3-412-06392-4

Bd. 26: Sigrid Jahns: Das Kammergericht und seine Richter. Verfassung und Sozialstruktur eines höchsten Gerichtes im Alten Reich. 1995. 2 Bde. zus. 2350 S. Gb. ISBN 3-412-11094-9

Bd. 27: Markus Scheffer: Die Gerichtsbarkeit auf Reichs-, Wahl- und Krönungstagen. 1995. XII, 143 S. 10 Abb. Gb. ISBN 3-412-02295-0

Bd. 28: Bernhard Ruthmann: Die Religionsprozesse am Reichskammergericht (1555-1648). Eine Analyse anhand ausgewählter Prozesse. 1996. X, 616 S. Gb. ISBN 3-412-13495-3

Bd. 29: Bernhard Diestelkamp (Hrsg.): Oberste Gerichtsbarkeit und Zentrale Gewalt im Europa der Frühen Neuzeit. 1996. 256 S. Gb. ISBN 3-412-02896-7

Bd. 30: Julia Maurer: Der „Lahrer Prozeß" 1773-1806. Ein Untertanenprozeß vor dem Reichskammergericht. 1996. XXXVIII, 413 S. Gb. ISBN 3-412-03396-0

Bd. 31: Peter Oestmann: Hexenprozesse am Reichskammergericht.1997. XIV, 699 S. Gb. mit Schutzumschlag. ISBN 3-412-01597-0

BÖHLAU VERLAG KÖLN WEIMAR WIEN
Theodor-Heuss-Str. 76, D - 51149 Köln

Peter Oestmann

Hexenprozesse am Reichskammergericht

(Quellen und Forschungen zur Höchsten Gerichtsbarkeit
im Alten Reich, Band 31)
1997. XIV, 699 Seiten. Gebunden mit Schutzumschlag.
ISBN 3-412-01597-0

Unter welchen Voraussetzungen war das Reichskammergericht in Hexensachen zuständig? Welche Haltung vertraten die Gerichtsmitglieder zum Hexereidelikt und zum Hexenprozeß mit Folter und Wasserproben? Wie stand das Gericht zur Verteidigung im Hexenprozeß und zur Beschaffenheit der Hexengefängnisse? Konnte es verfolgte Frauen und Männer vor dem Flammentod retten?
Anhand der erhaltenen Kammergerichtsakten rekonstruiert das Werk die Rechtsprechung des Reichskammergerichts, behält dabei aber immer die Einzelschicksale im Blick. Auch was aus den Familien wurde, die in Speyer um Rechtsschutz nachgesucht hatten, und wie die territorialen Hexenverfolgungen nach Erhebung einer Reichskammergerichtsklage weiterliefen, wird in einer subtilen Analyse der verfügbaren Quellen dargestellt.

BÖHLAU VERLAG KÖLN WEIMAR WIEN
Theodor-Heuss-Str. 76, D - 51149 Köln